21世纪普通高等学校信息素质教育系列教材

信息检索与论文写作

主　编　吴长江
副主编　周永忠　王卫红　陈湘玲

华中科技大学出版社
http://press.hust.edu.cn
中国·武汉

内 容 提 要

本书主要围绕信息素养教育,从中外文数据库的检索、AI 技术在搜索中的应用、文献管理到论文写作与投稿指南等,共分 8 个章节组织内容:第 1 章主要介绍了信息素养的概念、信息素养教育现状和发展趋势,以及信息检索原理、信息检索语言和信息检索技术等信息检索基础知识;第 2 章主要讲解了国内常用数据库中国知网、万方数据知识服务平台、维普中文期刊服务平台和超星发现系统的检索方法与检索案例;第 3 章主要讲解了国外常用数据库 Web of Science 数据库、Engineering Village 数据库、ACS 数据库、IEEE 数据库、ASCE 数据库的检索方法与检索案例;第 4 章主要介绍了特种文献检索,如专利文献、标准文献、学位论文等的检索;第 5 章主要介绍了搜索引擎和搜索的未来趋势、开放存取资源的获取等网络信息资源检索;第 6 章主要讲解了 AI 技术在搜索中的应用及 AI 素养教育;第 7 章主要介绍了常用的文献管理工具;第 8 章主要介绍了学位论文写作与投稿指南。另外,本书还将常见数据库的检索操作制成了视频,通过扫描书中二维码即可观看视频内容。

本书适合作为普通高等教育本科信息检索课程的教材,也可作为从事教学、科研、管理等工作的广大读者提高信息获取能力的参考书。

图书在版编目(CIP)数据

信息检索与论文写作 / 吴长江主编. -- 武汉:华中科技大学出版社,2025. 5. -- ISBN 978-7-5772-1809-0

Ⅰ. G254.9;H152.2

中国国家版本馆 CIP 数据核字第 20254PW562 号

信息检索与论文写作

Xinxi Jiansuo yu Lunwen Xiezuo

吴长江　主编

策划编辑:袁　冲	
责任编辑:白　慧	
责任监印:朱　玢	
出版发行:华中科技大学出版社(中国·武汉)	电话:(027)81321913
武汉市东湖新技术开发区华工科技园	邮编:430223
录　　排:华中科技大学惠友文印中心	
印　　刷:武汉市洪林印务有限公司	
开　　本:787mm×1092mm　1/16	
印　　张:11.5	
字　　数:266 千字	
版　　次:2025 年 5 月第 1 版第 1 次印刷	
定　　价:49.00 元	

前　言

在数智化浪潮的冲击下，"素养"这一概念正经历着深刻的演变。面对新的技术环境，高校需要培育适应数智时代的新型素养人才。随着信息生态环境的改变，信息素养被注入了新的内涵，信息素养教育内容呈现出新的转向：从图书馆素养拓展至数据素养、元素养、媒体素养等综合素养的培养。当前，信息素养教育模式主要有通识课程模式、嵌入式教育模式、MOOC与"翻转课堂"及混合模式等。随着信息素养和数字素养教育的不断发展，AI素养教育、科学数据素养教育、批判性信息素养教育等成为素养教育新的发展方向。为了适应这一发展要求，我们组织编写了《信息检索与论文写作》一书。本书具有以下特点：

（1）新颖性。本书内容新颖，涵盖信息素养教育现状和发展趋势、电子资源数据库最新检索界面、网络信息资源的最新链接、AI技术在搜索中的应用等，体现了信息检索与素养教育的最新发展动态。

（2）直观性。本书在介绍电子信息资源时，使用了大量数据库操作界面的截图，直观明了，可帮助学生快速理解并掌握数据库操作技能，提高学习效率和实践能力。

（3）实用性。本书以文献类型为主线，以电子信息资源为核心，重点介绍了数据库和网络信息的检索方法。内容选择以实用为原则，通过大量的案例来介绍文献数据库的检索，便于学生自学和实践。另外，在介绍网络资源建设时，提供了大量开放存取资源、电子图书资源、在线课程资源等网络资源的链接，便于读者查阅。

（4）全面性。本书覆盖了从信息检索、文献管理到论文写作与投稿等完整的科学研究过程，以学术研究范式为核心，详细解析了电子文献的检索策略，以及文献获取技巧、论文写作与使用规范，适用于多学科领域，能够为学生科研素养的提升提供全面的指导。

本书由吴长江负责统稿和审定，吴长江（第1章1.1节、第2章、第7章、第8章）、高语彤（第1章第1.2节）、王卫红（第3章）、陈湘玲（第4章4.1节）、高芳裙（第4章4.2节）、程卫红（第5章5.1、5.3节）、陈欣欣（第5章5.2节）、周永忠（第6章）等参与编写工作。在本书编写过程中，我们得到了武汉工程大学图书馆领导和同事的大力支持和帮助，在此一并表示衷心感谢。在书稿的撰写过程中，我们借鉴了相关同行的宝贵经验，参考了许多学者的研究成果，限于篇幅，本书的参考文献中只列出了其中最具代表性的文献。

鉴于当前处在互联网迅速发展时期，书中提供的网站名称及网址可能会发生变动，请读者在必要时通过搜索引擎检索更新。当前信息检索技术日新月异，加之我们水平与能力有限，书中错误和不当之处在所难免，敬请同行专家和广大读者批评指正，以利于今后予以完善。

编　者

2025 年 3 月

目　　录

1

第1章 信息素养教育与信息检索概述

1.1 信息素养概述

1.1.1 信息素养的概念

信息素养(information literacy)一词最早由美国信息产业协会主席保罗·泽考斯基(Paul Zurkowski)于1974年提出,他认为"信息素养是人们在解决问题时利用信息的技术和技能"。美国大学和研究图书馆协会(Association of College & Research Libraries, ACRL)于1989年发布了关于信息素养的具有里程碑意义的报告,将信息素养确定为信息时代的生存技能,指出"具备信息素养的人,必须能够识别何时需要信息,并能够有效地定位、评估和使用所需信息"。从此以后,信息素养这一概念被广泛使用。

2013年,联合国教科文组织发布了《全球媒体与信息素养评估框架》(*Global Media and Information Literacy Assessment Framework*),强调具有信息素养的个体应具备五个维度的能力:了解自身的信息需求;有效地获取信息并评估信息质量;提取和存储信息;道德地使用和传播信息;应用信息创造和传播知识。可见,信息素养是一个多元动态的概念,随着信息技术的发展和教育形态的变迁,信息素养不断被赋予新的内涵。但究其根本,信息素养具备如下几点特征:信息素养是一种随着信息社会发展而不断演化的综合能力素养;注重培养人们获取、使用、理解和评估信息的能力,致力于构建终身学习、全民学习的知识型社会;强调信息的隐私权和道德意识,并将其应用于实际问题的解决。

从定义逐渐完善的过程来看,信息素养是一种综合性的概念,其基本内容包括:要有信息意识,能有效地利用信息源,能对信息进行批判性思考,并将有用信息融入自己的知识体系,能主动鉴别各类信息,获取所需信息并能进行评价和分析;具有开发和传播信息的能力等。信息素养的内涵主要包括信息意识、信息知识、信息能力和信息道德四个要素。

1. 信息意识

信息意识即人的信息敏感程度,是人们对自然界和社会的各种现象、行为、理论观点等,从信息角度的理解、感受和评价能力。信息时代处处隐藏着各种信息,能否很好地利用现有信息资料,是人们信息意识强不强的重要体现。信息意识的强弱决定人们捕捉、判断和利用信息的自觉程度,直接影响到利用信息的效果。

2.信息知识

信息知识包括信息基础知识和信息技术知识两大部分。信息基础知识主要是指信息的概念、内涵、特征,信息源的类型、特点,信息组织的理论和基本方法,信息搜集和管理的基础知识,信息分析方法和原则,信息交流的形式、类型和模式等;信息技术知识包括信息技术的基本常识与历史,信息系统的结构、组成和工作原理,信息技术的作用与影响以及有关信息技术的法律法规等。

3.信息能力

身处信息时代,如果只具有强烈的信息意识和丰富的信息知识,而不具备较高的信息能力,就无法有效地利用各种信息工具去搜集、获取、传递、加工和处理有价值的信息。

信息能力是指人们在社会生活、科学研究中查找、整理加工、传递交流和利用信息的一种直接的或潜在的能力,它包括信息获取能力、信息选择能力、信息整理能力、信息评价能力、信息利用能力和信息交流能力等。

4.信息道德

信息道德是指在信息的采集、加工、存储、传播和利用等信息活动各个环节中,用来规范其间产生的各种社会关系的道德意识、道德规范和道德行为的总和,如保护知识产权、尊重个人隐私、抵制不良信息、维护信息安全等。它通过社会舆论、传统习俗等,使人们形成一定的信念、价值观和习惯,从而使人们自觉地通过自己的判断来规范自己的信息行为。

1.1.2 信息素养教育现状和发展趋势

随着大数据时代信息技术的迅猛发展以及人工智能(artificial intelligence,AI)的不断涌现,信息素养被注入了新的内涵。国内外学者在信息素养教育研究领域取得了重要进展,新的信息素养内涵、元素养教育理论等不断发展。

1.信息素养教育现状

1)信息素养教育内容的泛化、深化和细化

随着信息生态环境的改变,信息素养被注入了新的内涵,信息素养教育内容出现了新的转向,研究内容更加丰富。

首先,教育内容从图书馆素养拓展到数据素养、元素养、媒体素养等综合素养的培养。一方面,基于数据素养培养的教育内容日益受到重视;另一方面,元素养相关的教育内容得到广泛关注。其次,教育重点从信息检索技能深化至批判性思维、自我反思等元认知能力以及研究能力的培养。再次,教育对象从大学生扩展到社会大众,教育阶段从一个阶段(层次)延伸到多个阶段(层次)。在大数据和新媒体环境下,信息素养教育不再局限于单一群体或者是单个阶段,而是面向更广泛的人群和更丰富的层次,因此教育内容也随着对象和需求的变化而不断调整。

2)信息素养教育模式的多元化

对于信息素养教育模式,国内外学者已做了大量的研究。目前,信息素养教育模式主要有通识课程模式、嵌入式教育模式、"MOOC"与"翻转课堂"及混合模式等。

信息素养教育表现出来的特征主要有:以一定的理论为基础,如建构主义学习理论、位置学习理论、元素养理论、整体主义哲学等基础理论;以学习者为主体,以学习为中心,在强调学习者是学习的"主体"和"内因"的基础上,把学习内容、学习过程、学习评价和学习结果有机融合在一起,真正让学习成为教师和学习者共同参与的过程和活动;可视化、媒体化及交互性等特征明显,通过师生和生生之间的互动,学生更易成为知识的发现者和生产者;游戏化形式突出,这种形式不仅活跃了课堂氛围,而且提升了学习效果;模式效果评价多样化,主要采用实验对照法、问卷调查法及访谈法三种方法实施。

2.信息素养教育发展趋势

1)AI 素养教育成为信息素养教育的新方向

随着信息素养和数字素养教育的不断发展,AI 素养教育成为信息素养教育的新方向。AI 素养教育能够使学生理解和运用与 AI 相关的技术和解决方案,提升他们在数字时代的竞争力。AI 素养教育包括了解 AI、机器学习、深度学习等相关 AI 基础知识,学习使用并评估 AI 工具的输出结果,以及学习 AI 相关法律法规、探讨 AI 伦理问题和学术诚信问题等。通过系统的 AI 素养教育,可以培养学生的 AI 思维能力和 AI 伦理意识,增强学生在数智时代的竞争力。

2)科学数据素养教育是信息素养教育的延伸和扩展

在科学研究中,越来越多的研究建立在对已有数据的重新组织和分析利用的基础之上,科学数据的重要性和价值日益凸显。信息素养的内涵和外延也随着大数据时代的到来而发生改变,在新的信息生态环境中,以科学数据管理和利用为核心的科学数据素养教育,成为当前高等教育中信息素养教育的重要内容之一。在某种程度上,可以将科学数据素养看作信息素养的延伸和扩展。

3)批判性信息素养教育成为信息素养教育的一个重要分支

融合了批判性思维的批判性信息素养,要求个体能够找到质量可靠的信息,能够识别信息的偏见、意图、背景和潜在影响。批判性信息素养教育的着力点在于引导大学生正确质疑信息,培养其客观认识信息的产生、传递、利用与文化、社会、经济等因素之间的关系。

1.2 信息检索基础知识

1.2.1 信息检索原理

信息检索原理的核心是用户信息需求与文献信息集合的比较和选择,是两者匹配的过程,即把表达用户信息需求的检索提问特征与信息检索系统中的信息特征标识进行匹配,从中找出一致或基本一致的信息。从广义上讲,信息检索包括信息的存储和检索两个方面。

1. 信息存储

标引人员根据信息源的外部特征和内容特征,对大量无序的原始信息进行主题概念分析,根据一定的检索语言抽取出主题词、分类号以及文献的其他特征进行标识或者写出文献的内容摘要,编制检索工具或建立检索系统,完成信息的加工存储过程。

2. 信息检索

用户对检索课题加以分析,形成检索表达式及检索策略。计算机按照用户的输入内容,选出符合要求的信息并输出。计算机检索的过程实际上是一个比较、匹配的过程,检索提问只要与数据库中的信息的特征标识及其逻辑组配关系相一致,则属于"命中",即找到了符合要求的信息。

存储是检索的基础,检索是存储的目的。文献信息的存储和检索的全过程如图 1-1 所示。

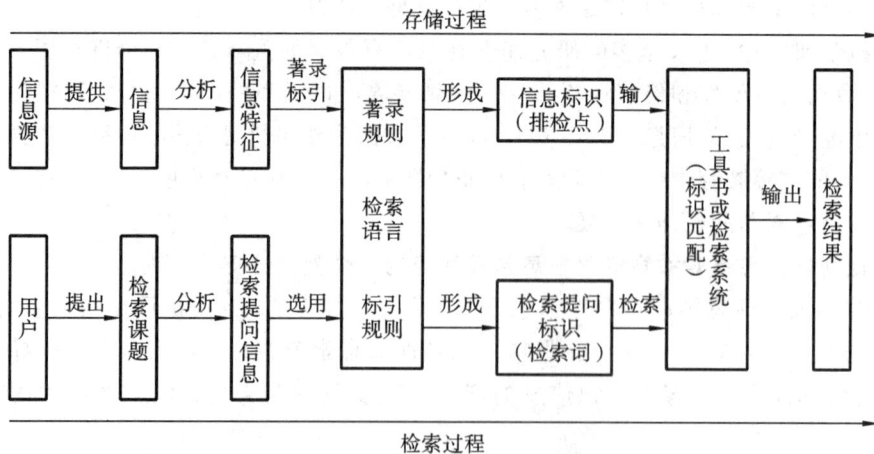

图 1-1 信息检索的基本原理

1.2.2　信息检索的意义

1. 借鉴前人经验,避免重复劳动

科学研究具有连续性和继承性,没有继承就没有创新。正如伟大的科学家牛顿所说:"如果我比别人看得更远些,那是因为我站在巨人的肩膀上。"这句名言极其深刻地概括了科学研究的连续性和继承性特点。

通过文献检索和调研,我们可以了解自己所从事的研究方向的国内外现状——国内外是否有人做过或者正在做同样的工作,做到了何种程度,取得了哪些成果,尚存在什么问题等。文献检索的一个基本目的就是借鉴前人经验,避免重复劳动,避免重新研究别人已解决了的问题,避免犯别人已经犯过的错误,少走弯路,提高研究效率。

2. 跟踪学科前沿,了解研究现状

在全球范围内,同一领域的研究人员不计其数,我们在开展科学研究之前,必须充分了解与把握研究的主流方向和研究热点,尤其要明确科研难点与课题方向。这就需要我们对国际范围内同行的研究成果进行树枝状的文献检索与综述,充分掌握某一课题从问题的产生、提出、发展到解决的完整过程,包括疑问、难点、现状等一系列脉络。只有对同行们的研究方向及研究重点、研究成果了如指掌,在此基础上开展选题研究,才不会出现重复研究、主次不清、偏离主流等问题,这也是我们创新研究的前提。

我们应了解与自己研究方向有关的科研机构,熟悉本研究领域的国际领袖人物,密切关注该研究领域的论文并认真研读。比如,定期读几篇 *Nature*、*Science* 等世界顶级杂志中的文章,经常浏览自己从事领域的核心期刊,不仅能拓宽知识面,还可能出现新的想法、新的思路,从中找到创新的突破口。

3. 掌握检索方法,培养终身学习能力

古语云:"授人以鱼,三餐之需;授人以渔,终生之用。"科技迅速发展,知识更新加快,通过信息检索的系统学习,掌握检索方法和检索技巧,能够帮助我们快速、准确地找到所需的信息,从而提高学习和工作的效率。只有掌握了文献检索方法与技能,才能具有获取新知识,即终身学习的能力。

1.2.3　信息检索语言

为了使检索的过程,即信息特征标识和检索提问特征的匹配顺利进行,两者都需要用一定的语言(即检索语言)来表达。设置检索语言的主要目的就是把信息的存储与检索联系起来,把标引人员与用户联系起来,以便彼此理解、实现交流。信息检索语言是人们在加工、存储和检索信息时用来描述信息内容和信息需求的词汇或符号及其使用规则构成的供标引和检索的工具。

1.分类语言

分类语言是将表示各种知识领域的类目按知识分类原理进行系统排列并以代表类目的数字、字母符号作为文献主题标识的一类情报检索语言,亦称分类法。

分类语言的优点是逻辑结构清晰,但也存在概念容量有限以及集中与分散的矛盾问题。使用分类语言建立的文献情报检索系统能够使检索者纵览全局、触类旁通,系统地掌握和利用一个学科或专业领域的知识。

国内外常用的重要分类语言有《中国图书馆分类法》《国际十进分类法》《杜威十进分类法》《国际专利分类法》等。

《中国图书馆分类法》是我国编制出版的大型综合性分类法,是目前国内图书馆使用最为广泛的分类法体系,简称《中图法》,目前已更新至第五版。它是目前我国应用最广泛的图书分类法,不仅用于图书馆图书的分类、排架、目录组织等,也用于期刊论文分类、数据库检索等领域。

《中图法》由类目表、注释和说明、标记符号、索引4部分构成,类目表是其主体,共分为5个基本部类。在5个基本部类的基础上,按照从总到分、从一般到具体的编排进一步展开,形成22个基本大类。各级类目的分类号是由字母和数字组合而成的。

5个基本部类:

马克思主义、列宁主义、毛泽东思想、邓小平理论;

哲学、宗教;

社会科学;

自然科学;

综合性图书。

22个基本大类:

A 马克思主义、列宁主义、毛泽东思想、邓小平理论;

B 哲学、宗教;

C 社会科学总论;

D 政治、法律;

E 军事;

F 经济;

G 文化、科学、教育、体育;

H 语言、文字;

I 文学;

J 艺术;

K 历史、地理;

N 自然科学总论;

O 数理科学和化学;

P 天文学、地球科学;

Q 生物科学;

R 医药、卫生;

S 农业科学;

T 工业技术;

U 交通运输;

V 航空、航天;

X 环境科学、安全科学;

Z 综合性图书。

2. 主题语言

主题语言是使用语词标识的一类情报检索语言,亦称主题法。主题语言可分为标题词语言(标题法)、单元词语言(元词法)和叙词语言(叙词法)。标题词语言属于先组式语言,单元词语言和叙词语言属于后组式语言。关键词语言(键词法)因性能与上述几种语言相似,通常也归入主题语言一类,实质上它是一种在情报检索中直接使用自然语言的方法,对取自文献本身的语词只做极少量的规范化处理,也不显示文献主题概念之间的关系,是一种准情报检索语言。

1) 标题词语言

标题词是指从自然语言中提取并经过规范化处理的、能够准确表示事物概念的词、词组或短语。它通常在文献的标题中出现,是表征文献主题内容的核心元素。

标题词语言属于先组式检索语言,通常由主标题词和副标题词组成,依赖固定的结构进行组配。因此,标题词语言的应用具有一定的局限性,尤其是在处理现代复杂的科学技术主题时。随着知识领域的不断发展,单一的主、副标题词组合已难以全面、准确地表达复杂的主题内容。这导致了标引和检索工作的增加,同时也影响了检索结果的准确性和系统的整体效率。因此,标题词语言在现代信息检索中逐渐显现出不足,尤其在高效、精确的检索需求下,已逐渐被其他检索语言取代。

2) 单元词语言

单元词(也称为元词)是指能够用来描述主题的最小、最基本的词汇单位。它强调的是字面上的意义,具有较低的概念性,通常是单个词汇的基本形式。

单元词语言是一种后组式检索语言,它通过组织一组单元词来执行检索。与叙词语言不同,单元词语言不涉及词汇之间复杂的语义关系,主要依赖字面组合进行检索。在检索时,单元词可以自由组配,灵活性较强。然而,由于单元词之间没有固定的关联,其检索准确性较低,特别是在查准率方面表现欠佳。因此,单元词语言逐渐被叙词语言所替代,尤其是在需要高精度检索的场合。

3) 叙词语言

叙词是指基于概念并经过规范化、优选处理的词或词组,它能够反映词汇之间的语义关系,并具有组配功能。叙词语言是一种动态的、概念性的检索工具,常常用来描述事物的属性和相互关系。

叙词语言是后组式检索语言,它通过一套完整的参照系统,展示词与词之间的语义关系。这种语言通过概念的分析与综合进行组配,而非单纯地依靠字面意义,因此能够有效地描述复杂的主题关系。叙词语言的主要优势在于其灵活性和较强的表达能力,能够实现对概念之间联系的准确描述。目前,许多信息检索系统和数据库(如《汉语主题词表》和《INSPEC 叙词表》)都使用叙词语言来提高检索的精确度和相关性。

1.2.4　信息检索技术

1. 布尔逻辑检索(Boolean logic search)

布尔逻辑检索是一种比较成熟、较为流行的检索技术,其检索基础是逻辑运算,绝大部分计算机信息检索系统都支持布尔逻辑检索。

布尔逻辑检索是用布尔逻辑算符将检索词(关键词、主题词)、短语或代码进行逻辑组配,凡符合逻辑组配所规定的条件的为命中文献,否则为非命中文献。它是信息检索中最常用的一种检索方法。逻辑算符主要有逻辑"与"、逻辑"或"和逻辑"非"三种,如表 1-1所示。

表 1-1　布尔逻辑检索

逻辑算符	图解	含义	功能	示例
逻辑"与" (AND、*)		检索出"既含有检索词A又含有检索词B"的文献	用来缩小检索范围,提高检出文献与检索要求的相关性,提高查准率	生物柴油AND微藻
逻辑"或" (OR、+)		检索出"含有检索词A或含有检索词B"的文献	用来扩大检索范围,提高文献的检出数量,防止漏检,提高查全率	人工智能OR AI
逻辑"非" (NOT、—)		检索出"含有检索词A,但不含有检索词B"的文献	用来缩小检索范围,减少文献输出量,提高检索词的准确性	energy NOT nuclear

大多数网络信息检索工具都支持布尔逻辑运算,但各自采用的表现形式不尽相同:有的用 AND、OR、NOT(有的工具要求用大写,有的要求用小写,有的则大、小写均可);有的以符号"*""+""—"代替;有的直接把布尔逻辑算符隐含在菜单中,如 Google 的默认算符是逻辑"与"。

2. 截词检索(truncation search)

对于词干相同而词尾不同的词(如 library、libraries、librarian、librarianship)和一些英美拼法不同的词(如 defence、defense),如果检索时将这类词全部输进去,会增加检索时间,采用截词法可解决这一问题。

所谓截词检索,是指在检索标识中保留相同的部分,用相应的截词符代替可变化部分。检索中,计算机会将所有含有相同部分标识的记录全部检索出来。截词符大多用"?"或"＊"表示,在一般情况下,"?"代表 0 至 1 个字符,"＊"代表 1 至多个字符。

根据截词符在检索词中的位置,可分为前截词、中间截词和后截词 3 种截词方式。

1)前截词(词首截词)

前截词即截词符在检索词的开头,如输入"＊ology",可检索出 biology、geology、physiology、sociology、archaeology 等所有以 ology 结尾的单词及其构成的短语。

2)中间截词(词中截词)

中间截词即截词符在检索词的中间,如 wom?n,"?"只代表一个字符,该例可检索出 woman、women 和 womyn。

3)后截词(词尾截词)

后截词即截词符在检索词的后面。绝大多数检索工具用"＊"表示词尾的无限截词,如输入 econom＊,则允许 econom 后面有 1 至多个字符的变化,可检索出 economy、economic、economics、economical、economist 和 economize 等所有以 econom 这 6 个字母开头的单词及其构成的短语。

中文检索在需要扩大检索范围时也可采用截断技术,如在只知作者姓而其名不详时,可在表示其姓的字后加"?"做姓氏截断,如"黄?",表示检索所有黄姓作者的文献。

3. 字段限制检索(field limiting search)

组成数据库的最小单位是记录,一条完整记录中的每一个著录事项为字段。在信息检索过程中,为了提高查全率或查准率,需要将检索范围限制在特定的字段中,即字段限制检索。

一般而言,一篇记录中主要用来表达文献内容特征的字段称为基本索引字段(basic index fields),如篇名、文摘、叙词、自由词。叙词和自由词都是代表文献主题内容的语词,但前者选自各个数据库的专用词表,属规范化用语;后者则选自原始文献,属不规范的自然语言。在数据库基本索引字段中,叙词和自由词包括单词和词组,联机检索主要就是通过基本索引字段中的单词和词组来检索有关文献记录。表达文献外部特征的字段称为辅助索引字段(additional index fields),如著者、机构名称、语种、刊名、来源、出版年等。常用的索引字段名称及其代码如表 1-2 所示。

表 1-2　常用的索引字段名称及其代码

字段名称	字段代码	字段中文名称
title	TI	题名（篇名）
subject	SU	主题词
keyword	KW	关键词
author	AU	作者姓名
author affiliation	AF	作者机构
abstracts	AB	文摘内容
source	SO	文献来源
publication year	PY	出版年份
language	LA	语种
address of author	AD	作者地址
accession number	AN	记录存储号
classification code	CL	分类号
CODEN	CN	期刊代码
ISSN	IS	国际标准刊号

不同的检索系统，对基本索引字段与辅助索引字段采取不同的限定检索方法。如 Dialog Solutions 系统基本索引字段的限定由"/"与一个基本索引字段符组成，称为后缀限定；辅助索引字段由字段符"="组成，一般将辅助索引字段代码置于检索词前，称为前缀，常与基本索引字段配合使用，起着进一步限定检索范围的作用。

例如，"AU＝Wang li AND AF＝Wuhan University"，表示要查找作者单位是"Wuhan University"，并且作者姓名为"Wang li"的文献。又如，"TI＝life insurance AND PY＝2019"，表示要查找"2019 年"出版，并且篇名含有"人寿保险"的文献。

网络信息资源检索实际上不分字段，但大多数网络检索工具都具有类似于字段限制检索的功能，依据此功能，可将检索限制在特定的范围中，如标题（title）、图像（image）、文本（text）、主机名（host）、域名（domain）、链接（link）、统一资源地址（URL）、新闻组（newsgroup）、电子邮件（e-mail）等。

4. 邻近检索（proximity search）

邻近检索有时又被称为位置限制检索，是用一些特定的算符（位置算符）来表达检索词与检索词之间的顺序和词间距的检索方式。其依据是：文献记录中词语的相对次序或位置不同，所表达的意思可能不同，而同样一个检索表达式中词语的相对次序不同，其表达的检索意图也不一样。布尔逻辑算符有时难以表达某些检索课题确切的提问要求，如检索词之间的位置关系。字段限制检索虽能通过限定检索词所处的字段使检索结果在一定程度上满足提问要求，但无法对检索词之间的相对位置进行限制。不同检索系统支持的位置限制检索不同,如 ScienceDirect Online 中,W/nn 表示两个单词之间最多可插入 nn 个单词,顺序不限,其作用类似于 Dialog Solutions(该系列数据库已并入 ProQuest 系统)中的 NEAR/♯ 或 N/♯;而用 PRE/nn 表示两个单词之间最多可插入 nn 个单词,顺序不能改变,其作用类似于 Dialog Solutions 中的 PRE/♯ 或 P/♯。Westlaw 用/p 表示两个检索词须在同一个段落(paragraph)中;用/s 表示两个检索词须在同一个句子(sentence)中;用+s 表示两词必须在同一个句子中出现,且第一个词须在第二个词之前;用+p 表示两词必须在同一个段落中出现,且第一个词须在第二个词之前;用/n 表示两词相距不超过"n"个字词;用+n 表示两词相距不能超过"n"个字词,且第一个词须在第二个词之前。同一种检索运算在不同系统默认的值不同,以(N)为例,有的系统中允许其连接的两个检索词之间可以插入 10 个词。

有时候,可用英文单词表示位置限制的语法,如用 BEFORE 指定该运算符左边的词必须出现在右边的词之前,用 AFTER 指定该运算符左边的词必须出现在右边的词之后。不过,只有少数检索工具支持 BEFORE、AFTER 运算。

5. 加权检索(weighted search)

加权检索是某些检索系统中提供的一种定量检索技术。加权检索同布尔逻辑检索、截词检索等一样,也是文献检索中的一种基本检索手段,但与它们不同的是,加权检索的侧重点不在于判定检索词或字符串是不是在数据库中存在、与别的检索词或字符串是什么关系,而在于判定检索词或字符串在满足检索逻辑后对文献命中与否的影响程度。运用加权检索可以命中核心概念文献,因此它是一种缩小检索范围且提高检准率的有效方法。

加权检索的基本方法是:在每个检索词后面加写一个数字,该数字表示检索词的"权"(weight)值,表明该检索词的重要程度。在检索过程中,一篇文献能否被检索命中,不仅取决于其是否与用户输入的检索词相对应,还取决于它所含检索词的"权"值之和。如果一篇文献所含检索词的"权"值之和大于或者等于所指定的权值(即阈值),该文献被命中,否则不被命中。

例如,设定检索词及其权重为 Radar(10)、Laser(10)、Communication(20),并将阈值设为 30。在此条件下,只有当文献包含以下任意一种组合时才会被命中:同时包含 Radar、Laser 和 Communication 三个检索词;包含 Radar 和 Communication 两个检索词;包含 Laser 和 Communication 两个检索词。

在加权检索中,计算机边检索边统计被检文献的权值之和,然后将文献按权值的大小排序,凡在用户指定的阈值之上者作为检索命中结果输出。阈值可视命中文献量的多寡灵活地进行调整。阈值越高,命中的文献越少。由于输出的命中文献是按照权值大小进行排列的,排列的次序反映了文献切题程度的变化,有利于用户确定阅读次序。凡是布尔逻辑检索能检索到的文献,加权检索也能命中。采用加权检索方法时,必须将计算"权"值的函数作为子程序纳入检索系统中。

并不是所有系统都能提供加权检索这种检索技术。而能提供加权检索的系统,对权的定义、加权方式、权值计算和检索结果的判定等方面,又有不同的技术规范。

6. 短语检索(phrase search)

短语检索也称为词组检索或字符串检索,它是将一个词组或者短语作为一个独立运算单元进行严格匹配,以提高查准率的一种检索方法。在短语检索中,短语用双引号" "表示,检索出与" "内形式完全相同的短语,以提高检索的精度和准确度,因此也有人称之为精确检索。

在实际检索中,往往将上述多种检索技术结合使用,如要查找"标题中含有网络营销"的资料,可以利用布尔逻辑算符 AND、OR 和截词检索等,并将检索结果限制在题名字段。

1.2.5 信息检索步骤

1. 课题分析

要查找信息资料,首先必须对检索课题进行分析研究,明确检索要求,掌握与课题有关的基本知识、名词术语,以确定研究该课题需要查找的文献类型、所属学科、发表时间、语言种类等,还要明确检索的目的;其次要明确检索的主题内容,能准确、完整地表达主题概念。检索者要学会结合学科背景、专业知识,进一步挖掘隐蔽的概念。一般首选手册、百科全书、专著、综述文献等作为分析课题的手段,可以对该领域的研究有全面的了解和把握。

2. 选取检索词

在信息检索中,检索词选取得准确与否往往成为决定检索效果的关键。关键词可分为 3 个层次:

①表面关键词,指直接从检索课题名称中获取的字面对应的关键词。

②扩展关键词,指对表面关键词进行同义词、近义词、全称与简称转换或上下位词扩展等,从而获取的关键词。

③背景关键词,指对课题相关背景知识进行分析,从而获取的关键词。

这三个层次的关键词中,第一层表面关键词的获取最为简单,学生通常无须专门学习即可掌握;第二层扩展关键词的获取难度中等,检索者经过一段时间的检索实践后也可以掌握;第三层背景关键词的获取最具挑战性,这类关键词虽然与课题字面表述无直接关联,但与课题的知识结构密切相关,检索者需要结合专业背景知识和个人知识储备,通过分析、理解和联想才能获得。

3. 编制检索表达式

在计算机检索系统中,检索提问与存储标识之间的匹配是由计算机自动完成的。因此,在确定检索词后,检索人员需要编制一个既能表达检索课题需求,又能被计算机识别的检索表达式。检索表达式利用信息检索技术中的逻辑算符、位置算符、截词算符及系统规定的其他组配连接符号将检索词连接起来,从而确定检索词之间的关系。检索表达式编制得是否合理,将直接影响查全率和查准率。

例:难加工材料绿色切削加工的研究进展和方向。

选择检索词的最简单方法是将检索课题从字面上进行切分。初步切分:难加工材料、绿色切削加工、研究、进展、方向。最后选择:难加工材料、绿色切削加工(研究、进展、方向等词涵盖面太宽,无检索意义,故不宜作为检索词)。

如果仅用"难加工材料"和"绿色切削加工"做检索词,不仅查获的文献数量不多,技术信息含量也不足,为了扩大检索范围,还应根据相关背景知识增加其同义词和下位词。

难加工材料的同义词有难切削材料、难削材料等。

难加工材料的下位词有不锈钢、钛合金、铝合金和高温合金等。

绿色切削加工的同义词有绿色切削等。

绿色切削加工的下位词及其同义词有干式切削、干切削、低温切削、冷风切削、绿色湿式切削、微量润滑等。

根据上述各个检索词之间的逻辑关系,编制了如下两个检索表达式。

检索表达式1:

(难加工材料＋难切削材料＋难削材料)＊(绿色切削加工＋绿色切削)

检索表达式2:

(不锈钢＋钛合金＋铝合金＋高温合金)＊(干式切削＋干切削＋低温切削＋冷风切削＋绿色湿式切削＋微量润滑)

4.完成初步检索

编制好检索表达式之后,就可以通过选定的检索系统或数据库来完成检索。多数系统提供多种检索方式,用户可以根据自己的需求和能力进行选择。如 CNKI 的学术文献总库提供一框式检索、高级检索、专业检索、作者发文检索、句子检索等检索方式。

在实际检索过程中,初次检索的结果往往不能完全符合用户的要求,比如说检索到的文献非常多,但是其中有很多文献并不相关,查准率较低;或者文献虽然相关,但是良莠不齐,难以区分;又或者检索到的文献过少,查全率很低,无法获知课题研究全貌等。这时,就需要对检索效果进行评价,决定是否需要调整检索策略,从而提高检索效果。

5.评价检索效果

对信息检索效果的评价可以从三个方面进行:①质量标准,主要通过查全率与查准率进行评价;②费用标准,即检索费用,是指用户为检索课题所投入的费用;③时间标准,是指检索花费的时间,包括检索准备时间、检索过程时间、获取文献时间等。其中,查全率和查准率是判定检索效果的主要标准。

查全率指的是检出的相关文献量与系统文献库中相关文献总量的比例,它反映该系统文献库中实有的相关文献量在多大程度上被检索出来。

$$查全率＝检出的相关文献量/文献库内相关文献总量×100\%$$

查准率指的是检出的相关文献量与检出文献总量的比例，是衡量信息检索系统检出文献准确度的尺度。

$$查准率＝检出的相关文献篇数/检出的全部文献篇数×100\%$$

查全率与查准率是评价检索效果的两项重要指标。查全率和查准率与文献存储与信息检索是直接相关的，也就是说，与系统的收录范围、索引语言、标引工作和检索工作等有着非常密切的关系。查全率与查准率在一定程度上是成反比关系的，为了提高查全率，就要以牺牲部分查准率为代价，反之亦然。在不同的情况下，对二者的要求也不同，有时文献的全面更为重要，这时就要以提高查全率为重点；有时希望找到的文献准确率更高，就以提高查准率为重点。应当根据具体信息检索需要，合理调节查全率和查准率，保证检索效果。

除了查全率和查准率以外，相关排序度、过滤功能、运行速度、进阶检索等也是评价信息检索效果的重要指标。

1）扩大检索范围，提高查全率

对查全率要求较高的检索课题，检索过程的控制主要从扩大检索范围入手：

· 对检索范围和检索条件做必要的扩大，如选择多个数据库、选择所有文献类型以及原文语种等。

· 处理好族性检索和特性检索的关系，充分运用主题词表中上位词、下位词、代用词、族首词等进行扩展检索，扩大检索范围。

· 尽量少用对课题检索意义不大的词，如展望、现状、应用、利用、研究、影响等。应选择课题中核心的、重要的关键词列在检索表达式中。

· 采用截词检索。有些数据库提供了截词检索功能，运用数据库规定的截词算符进行检索，有助于增加命中文献的数量。

· 利用布尔逻辑"或"（OR）运算符。将同义词、近义词、缩略词或俗名、学名等用逻辑"或"运算符连接进行检索，将增加命中文献的数量。

· 调整检索字段。如果有些检索词在关键词字段中检索效果不理想，可以尝试将其检索范围扩展至标题（或篇名）、摘要，甚至全文等。

· 利用数据库的模糊检索功能。数据库的模糊检索功能可以扩大检索范围。

· 善于利用数据库提供的同义词表、智能检索和分类检索，以提高查全率。

· 将中文检索词翻译成外文检索词时，要注意选择不同的拼写形式。

2）缩小检索范围，提高查准率

对查准率要求较高的检索课题，检索过程的控制主要从缩小检索范围入手：

· 对检索范围做有效限制，如限定文献类型、字段、原文语种、发表时间、核心文献来源等。

· 提高检索词的专指度。处理好族性检索和特性检索的关系，选择专指度较高的词进行检索，以提高检准率。

· 增加概念进行限制,用逻辑"与"(AND)连接主题词来限定主题概念的相关检索项;利用逻辑"非"(NOT)排除一些不相关的概念,可以缩小检索范围。

· 尽量选择题名或关键词字段,并与其他字段进行组合检索,以提高检准率。

· 利用数据库提供的二次检索功能,增加新的检索词以进一步缩小检索范围。

· 检索固定性词组或短语时,运用邻近算法或位置算符限定词组检索。

· 综合利用主题检索和分类检索,提高检准率。

6. 调整检索策略

检索策略是指在分析信息检索需求的基础上,选择适当的数据库并确定检索途径和检索词,确定各词之间的逻辑关系与检索步骤的一种计划或思路,以制定出检索表达式并在检索过程中修改和完善检索表达式。检索表达式是检索策略的具体体现,构造检索表达式要受到检索策略的指导和约束。

从广义上讲,检索策略是指为实现检索目标而制订的全盘计划和方案;从狭义上讲,检索策略是指检索表达式。因此,检索表达式是检索策略的综合体现,通常由检索词和各种逻辑算符、词间位置算符及系统规定的其他连接符号构成。

检索策略是整个文献检索过程的灵魂,它直接影响检索效果的优劣。好的检索策略往往需要通过反复调整才能形成,应根据检索结果的数量及对结果相关性的判断,不断调整检索字段、修改检索词、完善检索表达式。"变"是制定检索策略的永恒主题,这一过程需要经历"检索→阅读→策略调整→再检索"的循环往复。随着对课题了解的不断深入,检索策略也需要持续优化和完善。在检索过程中,检索者要根据具体情况不断分析,调整检索标识和检索途径,直到获得满意的检索结果。

第 2 章 中文数据库检索

2.1 中国知网

2.1.1 数据库概述

中国知网
检索视频

中国知网(中国知识基础设施工程,China National Knowledge Infrastructure,简称 CNKI,http://www.cnki.net)是一个综合性的数字文献资源系统,整合了多种类型的学术资源,包括学术期刊、学位论文、会议、报纸、年鉴、专利、标准、成果、图书等十多个子库。数据每日更新,支持跨库检索。CNKI 首页如图 2-1 所示。

图 2-1 CNKI 首页

2.1.2 数据库检索方法

CNKI 可以实现跨库统一检索、跨库统一导航、跨库分组排序和跨库知网节等功能,检索方法主要有以下几种。

1. 一框式检索

CNKI 将学术期刊、学位论文、会议文献、专利、标准、成果等多种文献资源整合起来，使用户能方便快捷地找到所需文献，避免了原来需要在不同数据库中逐一检索的麻烦。一框式检索能够进行全文、篇名、作者、作者单位、关键词、摘要、参考文献、分类号、文献来源等不同检索字段的检索，满足用户的检索需求。

2. 单库检索

CNKI 也提供了不同文献类型的单库检索，通过标签页的切换，可跳转各个数据库进行检索，如要检索期刊文献，点击"学术期刊"标签，即可进行期刊文献的检索。

3. 高级检索

高级检索能够完成更精准的检索，如要进行期刊文献的精准检索，点击"学术期刊"标签，再点击"高级检索"，即可进入学术期刊的高级检索界面，如图 2-2 所示。

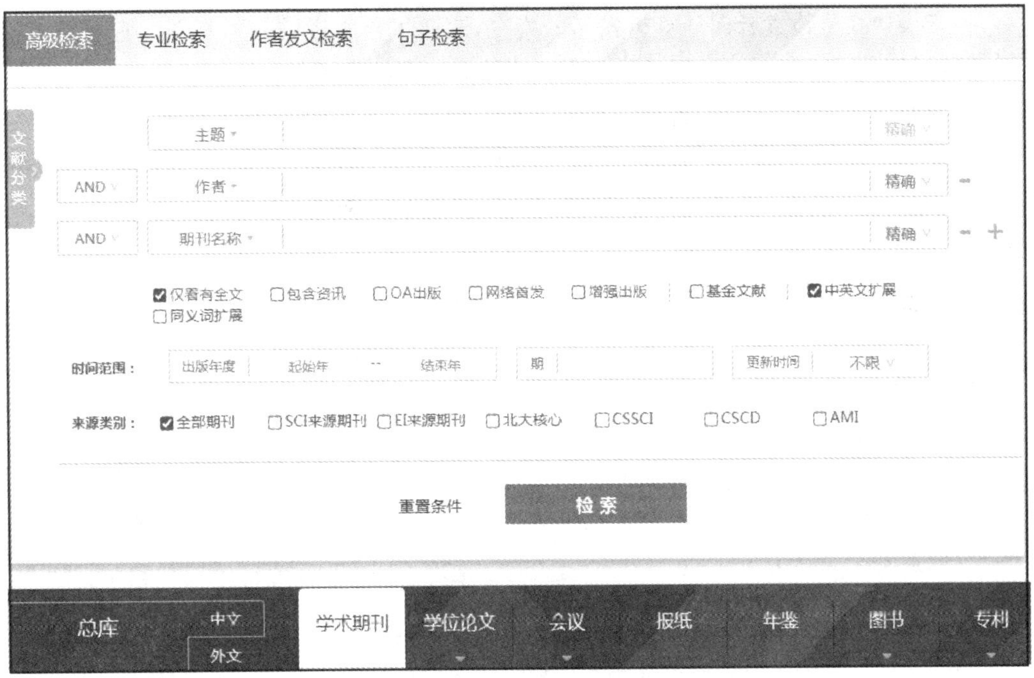

图 2-2　学术期刊的高级检索界面

在学术期刊的高级检索中，可通过调整检索项（主题、篇名、关键词、摘要等）、逻辑运算关系（AND、OR、NOT 等）、相关度（精确、模糊）、时间范围、来源类别（全部期刊、北大核心、CSSCI 等）来实现精准检索。点击检索项前的"➕"按钮，可增加逻辑检索行，添加另一个文献内容特征检索项；点击"➖"按钮，可减少逻辑检索行。

另外，中国知网还提供专业检索、作者发文检索和句子检索等检索方法。

2.1.3 数据库检索案例

查找有关磷矿浮选药剂研究的文献,检索步骤如下。

1. 课题分析,找出核心检索词

一个课题往往包含多个关键词,应先分析课题,将课题进行分词,找出关键词。本课题在字面上提供了"磷矿"、"浮选"和"药剂"三个关键词,但仅仅用课题的表述作为检索词来进行查找的检索策略是不完善的。有些课题的实质性内容往往很难从课题的名称上反映出来,需要从课题所属的专业角度对课题所隐含的概念和相关的内容做深入分析,才能提炼出能够确切反映课题内容的检索概念。如本课题中"药剂"的隐含词有"捕收剂""抑制剂"等。如果不加分析地进行检索,便会造成漏检。

2. 构建检索表达式,进行检索

检索表达式是检索者向计算机发布的指令,表达了检索者的检索意图。它通常由检索词、逻辑算符、通配符等组成,是搜索引擎理解和运算的查词串。

本课题的检索表达式为:磷矿 AND (药剂 OR 捕收剂 OR 抑制剂)。

打开 CNKI,进入高级检索界面,输入检索词,选择检索字段和逻辑运算符。在实际检索中,在篇名中检索"磷矿",并选择模糊检索,其他在关键词中进行检索,"浮选"不作为检索词,效果更好,如图 2-3 所示。

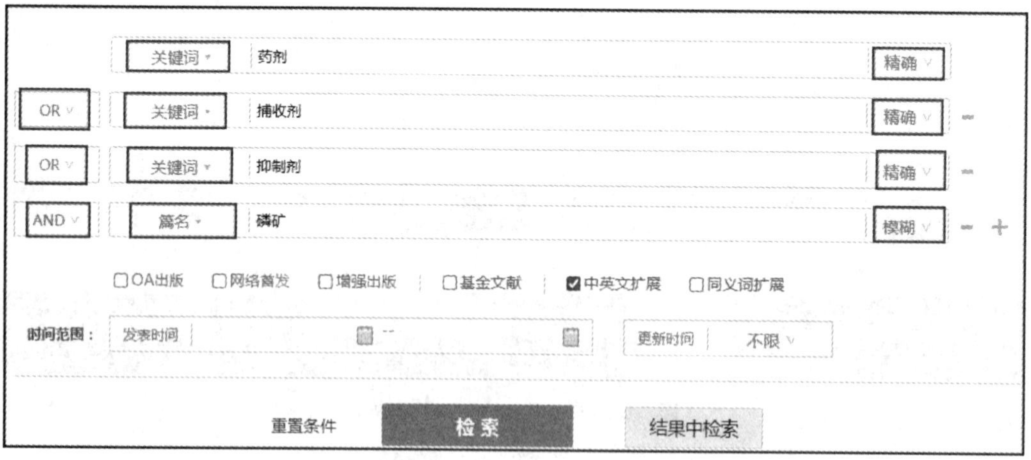

图 2-3 检索输入方法

3. 检索结果

点击"检索"按钮,得到 425 条检索结果,如图 2-4 所示。

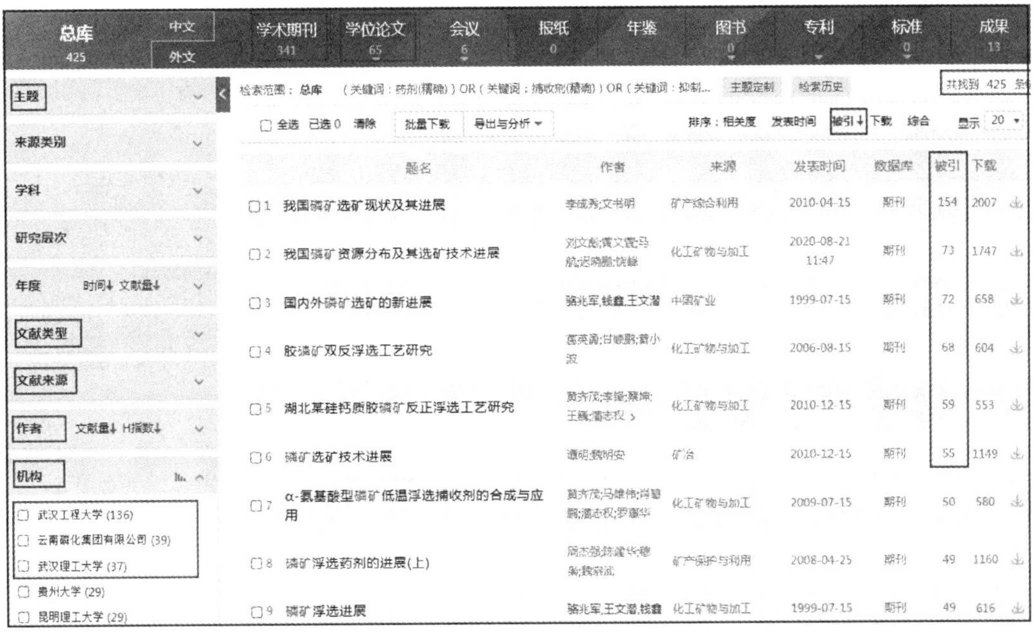

图 2-4　检索结果

检索完成后,知网提供了分组浏览和排序功能,以及文献导出、查看摘要信息和引文网络信息等功能。

(1)分组浏览。对于检索结果,CNKI 提供了主题、来源类别、学科、研究层次、年度、文献类型、文献来源、作者、机构等分组浏览方式,达到细化检索的目的。如按机构分组,可帮助找到该领域学术研究文献的高产机构,全面了解研究机构的情况,如图 2-5 所示。

(2)排序。CNKI 提供了相关度、发表时间、被引、下载等 4 种评价性排序手段,帮助我们从不同角度选择想要的内容。如按"被引"排序,可了解被引频次最高的文献,这往往是最受欢迎、影响力较大、文献价值较高的文献。

(3)文献导出。可以将文献以 NoteExpress、Endnote 等格式导出,实现文献批量下载、阅读、管理、辅助论文写作等功能。点击"导出与分析"—"导出文献",可按用户要求格式进行文献导出。

(4)查看摘要信息。对于感兴趣的文献,点击其篇名,可得到该文献的摘要信息,如图 2-6 所示。

(5)查看引文网络信息。在摘要信息的下方,可以看到该文献的参考文献和引证文献,如图 2-7 所示。参考文献反映了本文研究工作的背景和依据。引证文献反映了本文研究工作的继续、应用和发展。利用引文网络功能,可以发现更多相关文献,作为文献检索的补充。

图 2-5　该领域学术研究的机构分布

化工矿物与加工．2020，49 (12)　查看该刊数据库收录来源

记笔记　印刷版

我国磷矿资源分布及其选矿技术进展

刘文彪[1,2]　黄文萱[3]　马航[2]　迟晓鹏[3]　饶峰[3]

1.昆明理工大学国土资源工程学院　2.云南云天化股份有限公司研发中心　3.福州大学紫金矿业学院

摘要： 磷矿是生产磷肥、黄磷及其他精细磷化工产品不可或缺的重要资源。我国磷矿资源储量丰富,但可直接利用的高品位资源少,需经选矿加工后才可利用的中低品位沉积磷块岩储量占比达75%。随着磷矿资源的大规模开发利用,磷矿原矿品位持续下降,为了适应这一状况,需要不断发展和完善磷矿选矿技术。因此在简述国内外磷矿资源分布的基础上,对浮选(包括正浮选、反浮选、正反浮选、反正浮选、双反浮选)、擦洗脱泥、重选、重浮联合选别、电磁选、光电选、焙烧—消化等选别工艺技术的研究进展进行了综合评述,并对磷矿选矿技术的未来发展趋势进行了展望。

关键词： 磷矿资源; 选矿工艺; 浮选; 重选; 电磁选; 捕收剂; 技术进展;

基金资助： 国家自然科学基金面上项目(51974093)；

DOI： 10.16283/j.cnki.hgkwyjg.2020.12.005

专辑： 工程科技Ⅰ辑

专题： 矿业工程

分类号： TD97

手机阅读　HTML阅读　原版阅读　CAJ下载　PDF下载

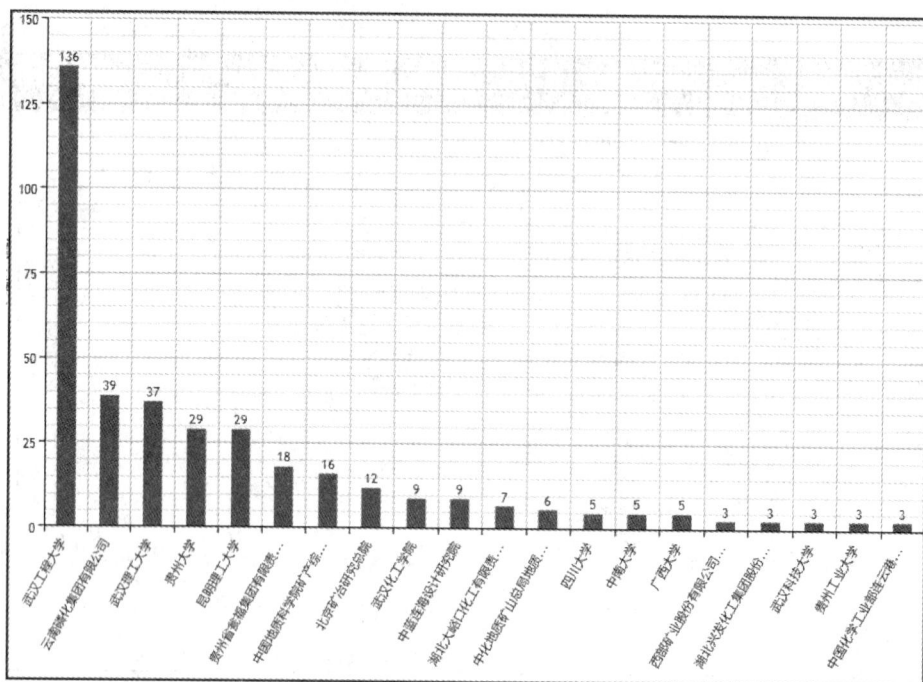

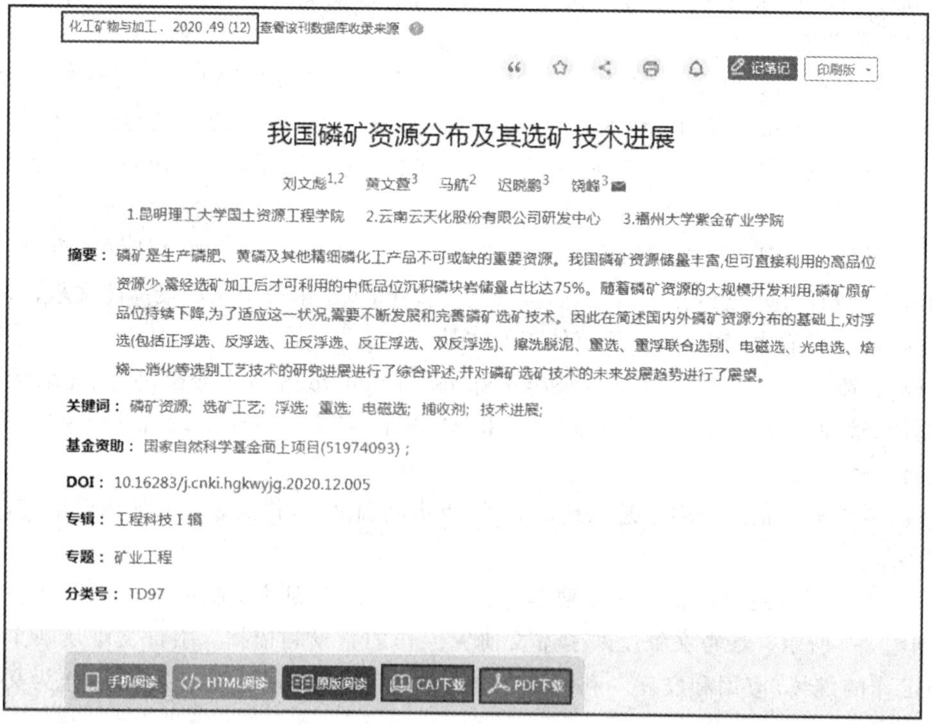

图 2-6　文献摘要信息

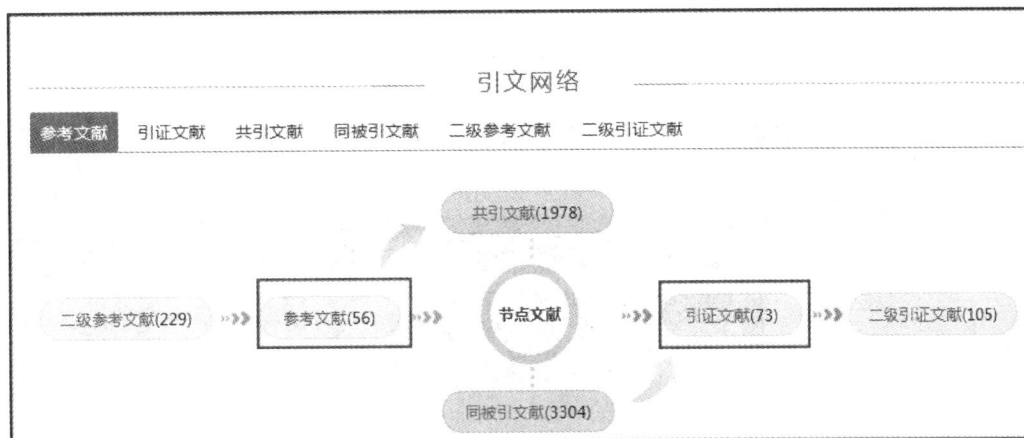

图 2-7　查看引文网络信息

2.2　万方数据知识服务平台

万方数据库检索视频

2.2.1　数据库概述

万方数据知识服务平台(https://www.wanfangdata.com.cn)是一个综合性的知识服务平台,由万方数据股份有限公司提供服务。万方数据知识服务平台涉及的文献类型包括学术期刊、学位论文、会议论文、专利、标准、科技成果、法律法规等,资源种类全、品质高、更新快。

2.2.2　数据库检索方法

万方数据知识服务平台有基本检索、高级检索、专业检索、作者发文检索四种检索方法,其首页如图 2-8 所示。

1.基本检索

基本检索是万方数据知识服务平台默认的检索方式,可实现多种文献类型,如学术期刊、学位论文、会议论文、专利文献、标准文献等的一站式检索。

2.高级检索

高级检索通过调整检索项(主题、题名、作者、关键词、摘要等)、逻辑运算关系(与、或、非等)、相关度(精确、模糊)、发表时间来实现精准检索。

图 2-8 万方数据知识服务平台首页

2.2.3 数据库检索案例

检索 2018—2024 年武汉工程大学授予的关于智能家居的学位论文。
检索步骤如下。

1.课题分析,找出检索需要的限制条件

①文献类型:学位论文。②授予单位:武汉工程大学。③检索词:"智能家居"。④限
定时间:2018—2024 年。

2.构建检索表达式,进行检索

进入万方数知识服务平台高级检索,在文献类型中,只选择"学位论文"。根据上述
分析,选择对应检索项并输入对应检索内容,如图 2-9 所示。

3.检索结果

点击"检索"按钮,得到检索结果,如图 2-10 所示。在页面左边,万方数据知识服务平
台提供了学位年度、学科分类、授予学位、导师等分组浏览方式,并提供在线阅读和下载全
文功能。

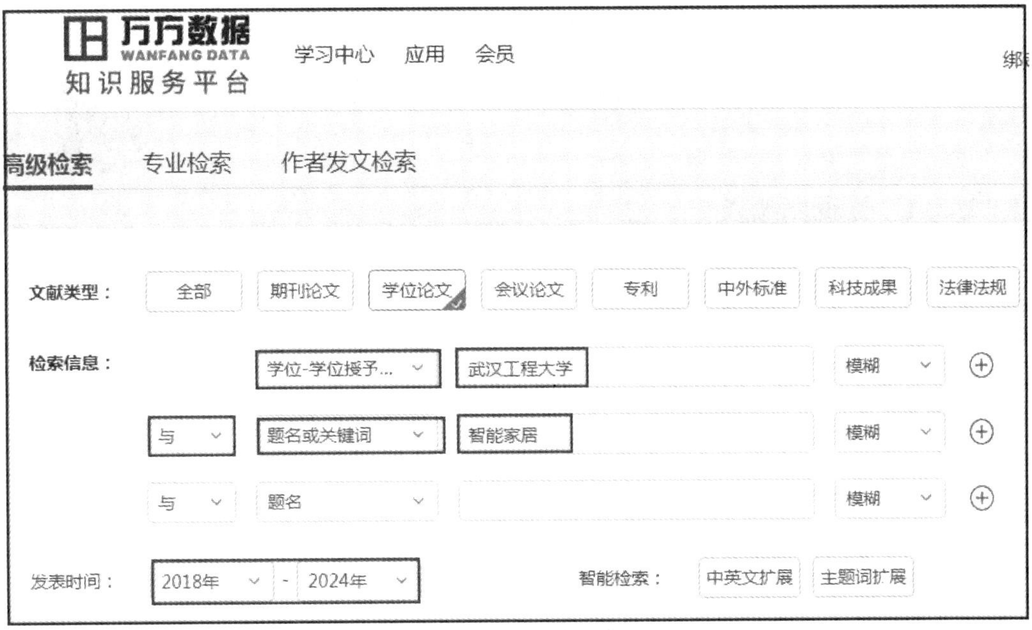

图 2-9　高级检索输入方法

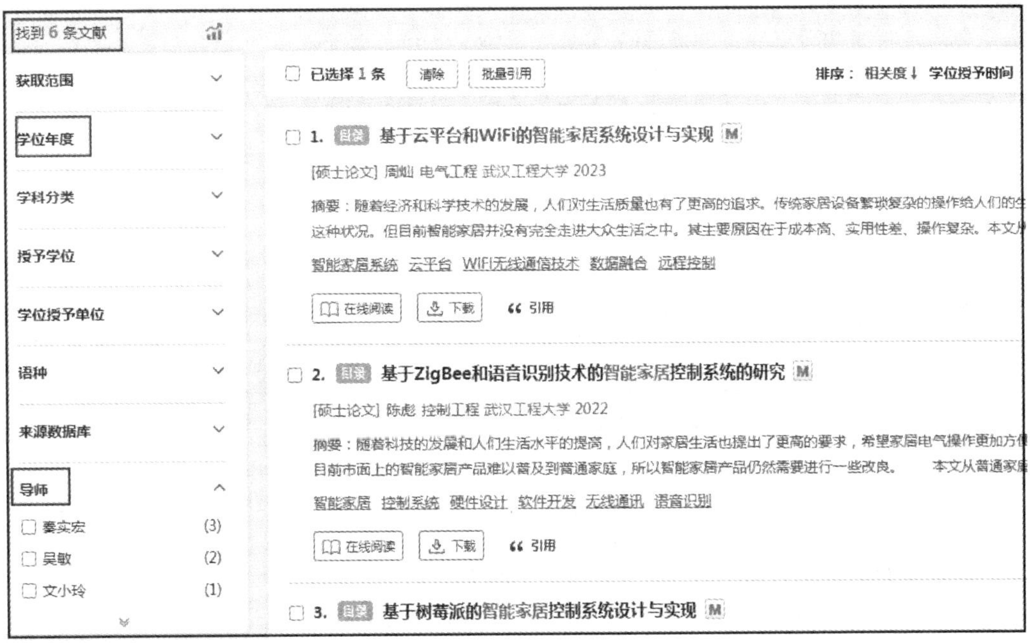

图 2-10　检索结果

2.3　维普中文期刊服务平台

2.3.1　数据库概述

维普中文期刊服务平台(http://qikan.cqvip.com)是以中文期刊资源保障为基础,以数据整理、信息挖掘、情报分析为路径,以数据对象化为核心,面向知识服务与应用的一体化服务平台。维普中文期刊服务平台收录资源覆盖所有学科大类,它在保障中文期刊资源检索及原文服务的基础上,重点强调了基于期刊资源知识本体对象的挖掘、分析和呈现。

2.3.2　数据库检索方法

维普中文期刊服务平台提供了基本检索、高级检索、期刊导航、期刊评价报告等功能(见图 2-11)。

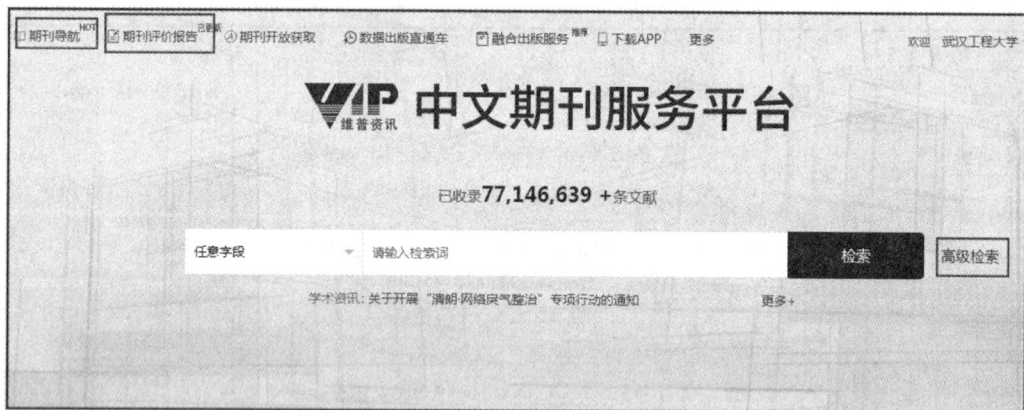

图 2-11　维普中文期刊服务平台首页

1.基本检索

在平台首页的检索框直接输入检索内容进行检索。

2.高级检索

高级检索通过调整检索项(题名、关键词、摘要、作者、第一作者、机构、刊名、分类号等)、逻辑运算关系(与、或、非)、相关度(精确、模糊)、时间限定、期刊范围(全部期刊、北大核心期刊、CSSCI 期刊等)、学科限定等,来实现精准检索。

3. 期刊导航

期刊导航分为期刊检索、期刊导航浏览两种方式。系统支持以下检索入口：刊名、ISSN、CN、主办单位、主编、邮发代号，方便用户按需切换。

4. 期刊评价报告

可查看期刊的影响因子、立即指数、被引半衰期、期刊他引率、平均引文数等信息。

2.3.3　数据库检索案例

2016 年 8 月 16 日中国率先发射了量子通信卫星，实现了量子通信技术领域的一大飞跃。以"量子通信"为检索词，比较"摘要"、"关键词"和"题名"三种不同检索字段的检索结果。

检索步骤如下。

在输入框中输入"量子通信"，检索字段分别选择"摘要"、"关键词"和"题名"进行检索，比较检索出的文献数量（检索时间：2024 年 11 月 8 日），如图 2-12 和表 2-1 所示。

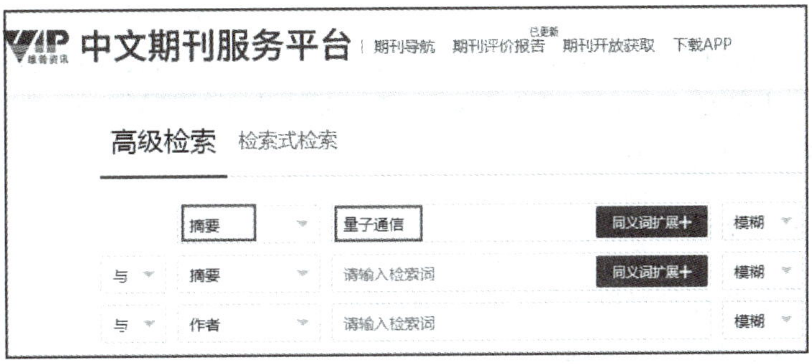

图 2-12　选择"摘要"字段进行检索

表 2-1　三次检索得到的文献数量的比较

检索字段	检索结果
摘要	3607 篇
关键词	2110 篇
题名	1172 篇

检索字段（检索项）选择的合适与否，直接影响检索的结果。在数据库检索中，一般遵循"宽进严出"的原则，并根据检索结果的多少来调整检索字段。"题名"和"关键词"是使用最多的检索字段，这两个字段既能保证文献的查全率，又能保证文献的查准率。如果用"题名"和"关键词"检索出的文献量很少，可以放宽到"摘要"字段进行检索。一般不用"任意字段"进行检索，因为查出的文献相关度太低，很多文献与检索课题无关。因此，应根据检索结果来相应调整检索字段（检索项），以得到最佳检索结果。

2.4 超星发现系统

2.4.1 数据库概述

超星发现系统实现了图书馆电子资源的目录级管理,可帮助用户更快、更准确地在海量资源中找到所需信息,并通过多维分面筛选、智能辅助检索、可视化图谱等手段,为用户提供便捷、高效而权威的学习、研究工具,使其能够全面把握学术发展趋势,发现高价值学术文献。

1.提供海量资源查询

可以通过超星发现系统查找到海量的图书、期刊、报纸、学位论文、会议论文、标准、专利、音视频等各类文献资源。

2.提供多维度便捷检索

超星发现系统采用分面搜索技术,用户可根据实际需要进行任意维度的组配检索、自由扩检和缩检,从而实现文献的精准检索,并支持将检索结果按相关性、学术性、时效性、可获得性等多种维度进行展示。

3.提供多维分面聚类

超星发现系统依托高厚度的元数据资源,通过分面分析法,可将搜索结果按各类文献的时间维度、文献类型维度、主题维度、学科维度、作者维度、机构维度、权威工具收录维度以及全文来源维度等进行任意维度的聚类。

2.4.2 数据库检索方法

1.基本检索

在检索框中输入查询内容时,系统会根据输入内容实时推荐相关检索词,帮助用户快速定位目标词汇。点击推荐词,可直接跳转至对应的检索结果页面。在检索结果页面,用户可以浏览目标关键词的相关数据,并利用系统提供的多种强大功能,包括多维度分面、高级检索、AI 检索、知识挖掘、相关论著发文量趋势图、知识关联、全网热门检索词等。

2.高级检索

点击首页检索框后面的"高级检索"链接,就可以进入高级检索页面,如图 2-13 所示。

图 2-13　超星发现高级检索页面

2.4.3　数据库检索案例

以"量子通信"为检索词,在超星发现系统中用"主题"字段检索,并进行多维分面聚类分析。

(1)在输入框中输入"量子通信",检索字段选择"主题"进行检索,如图 2-14 所示。

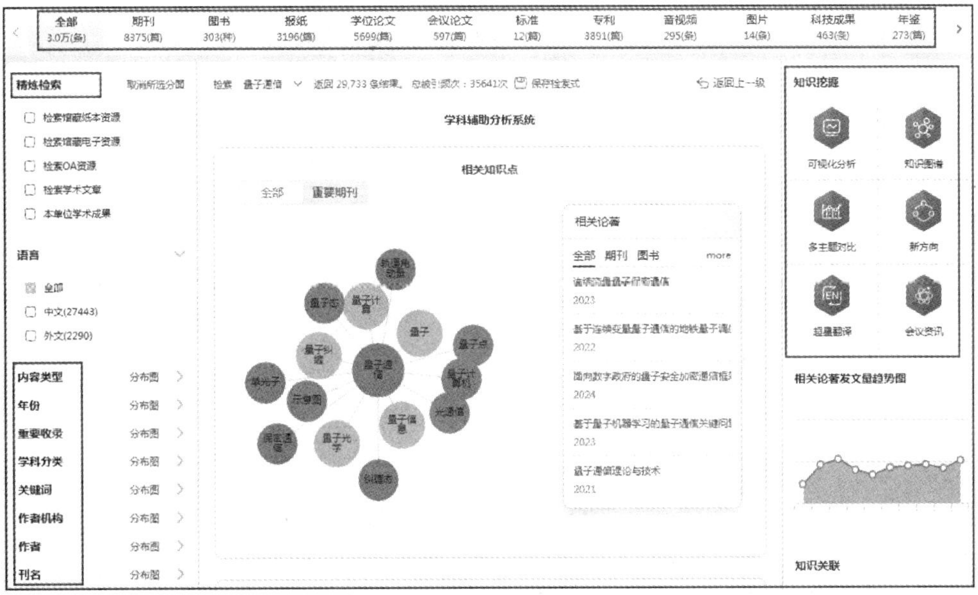

图 2-14　检索结果

（2）超星发现系统提供多维分面聚类分析功能，如相关作者和相关机构信息，如图 2-15 所示。

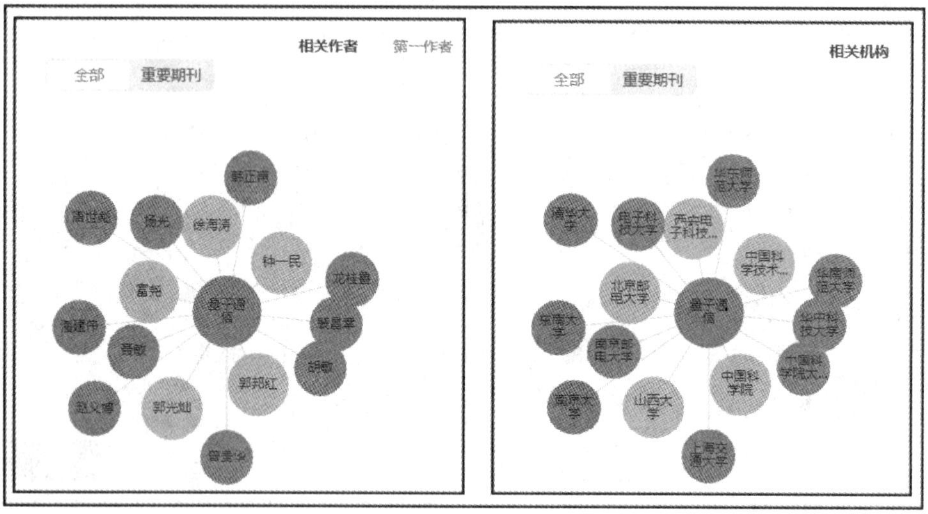

图 2-15　相关作者和相关机构信息

（3）超星发现系统还提供知识图谱信息，通过单向或双向线性知识关联构成的链状、网状结构，形成主题、学科、作者、机构、地区等关联图，从而反映出学术思想之间的相互影响和源流。知识图谱信息如图 2-16 所示。

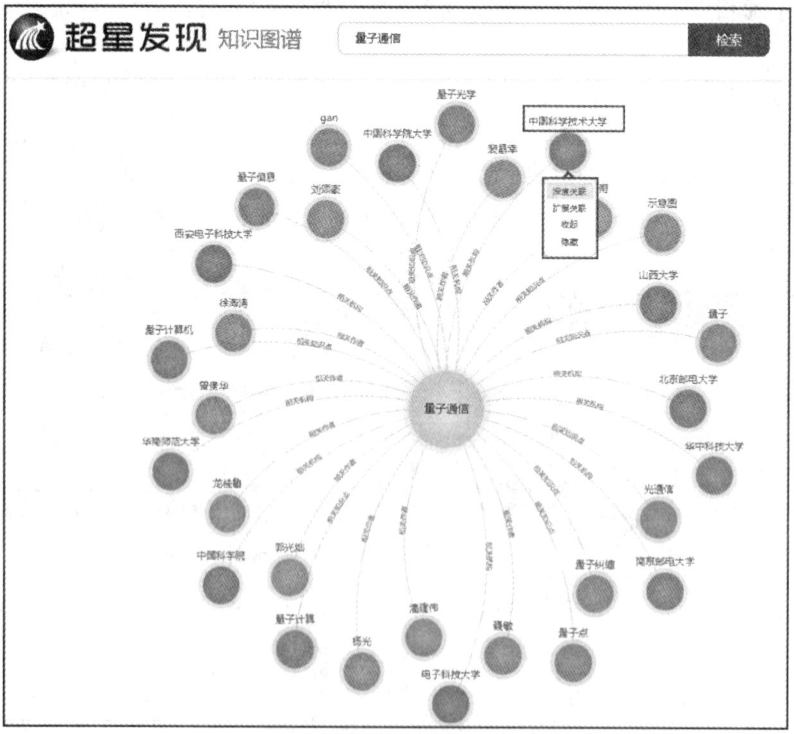

图 2-16　知识图谱信息

2.5　中文数据库检索小结

下面对中文数据库检索进行小结。

1.用检索词而不是用句子进行检索

在数据库检索中,主要是通过关键词进行检索,因此检索词的获取是数据库检索的核心和重点,也是数据库检索的难点。

例:超声波在污水处理中的应用研究。

分析检索课题,找准、找全检索用的关键词。

(1)分词:对课题包含的词进行最小单元的分割。

超声波　在　污水　处理　中　的　应用　研究

(2)删除:对过于宽泛、无实质意义的词予以删除。

本例中,在、处理、中、应用、的、研究等无实质意义的字或词应删除。

(3)替换:对表达不清晰或容易造成检索误差的词予以替换。

(4)补充:将筛选出的词进行扩展,包括同义词、近义词、隐含词、全称或简称、上位词、下位词等,如"污水"的同义词为"废水"。

(5)构建检索表达式:超声波 AND(污水 OR 废水)。

以维普中文期刊服务平台为例,检索输入方法如图 2-17 所示。

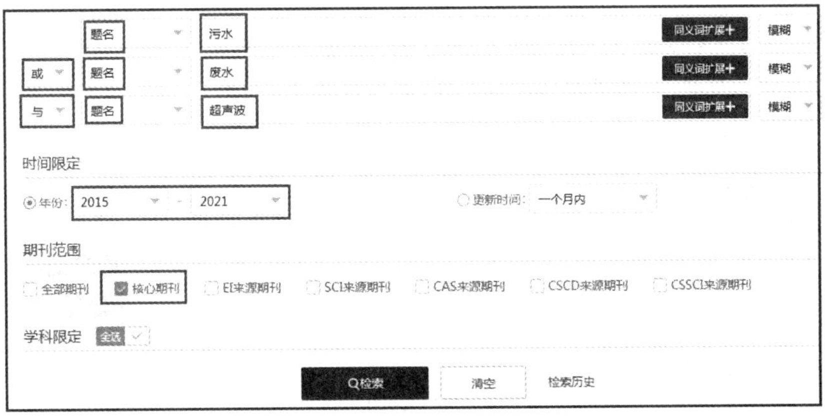

图 2-17　检索输入方法

2.利用检索结果的统计分析功能

目前,许多数据库都提供检索结果的统计分析功能。检索完后,用户通常可以按照年度、文献类型、文献来源、作者、机构等维度对结果进行分组浏览,实现细化检索的目的。例如,将检索结果按机构分组,有助于找到该领域学术研究文献的高产机构,全面了解研究机构的情况,如图 2-18 所示。

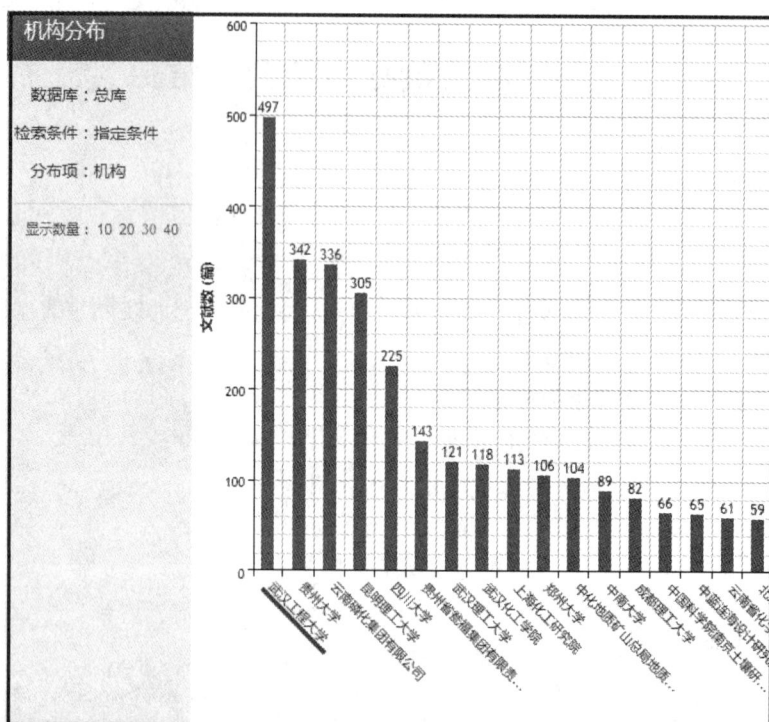

图 2-18　检索结果的统计分析

3.不同检索字段的检索结果不同

选择不同的检索字段,检索结果不同。例如,在维普中文期刊服务平台的高级检索中,分别用题名、关键词、摘要和主题等字段进行检索时,得到的检索结果有所不同,需要我们根据课题的要求来选取不同的检索字段,如图 2-19 所示。

图 2-19　检索字段的选取

第 3 章　英文数据库检索

3.1　Web of Science 数据库

3.1.1　数据库概述

1955 年,原美国情报信息研究所(ISI)的尤金·加菲尔德博士在 *Science* 发表论文,他认为"作者所发表论文的参考文献能够将这位作者的工作与其他相似主题的论文联系起来",并提出将引文索引(citation index)作为一种新的文献检索与分类工具。Web of Science 是美国科睿唯安公司基于 Web 开发的产品,包括 ISI 的三大引文库(SCI/SCIE、SSCI 和 A&HCI)、新兴资源引文索引(ESCI)、两大会议录引文索引(CPCI-S、CPCI-SSH)、图书引文索引(BKCI)和两个化学信息事实型数据库(CCR 和 IC)。以上数据库均以 Web of Science 作为检索平台,既可以进行独立检索,也可以同时检索,数据每周更新。

通过 Web of Science 核心合集可以直接访问科睿唯安的三大期刊引文索引数据库 Science Citation Index Expanded、Social Sciences Citation Index、Arts & Humanities Citation Index;两大国际会议录引文索引 Conference Proceedings Citation Index-Science、Conference Proceedings Citation Index-Social Sciences & Humanities;展示重要新兴研究成果的 Emerging Sources Citation Index(ESCI)以及图书引文索引 Book Citation Index;两大化学信息数据库 Index Chemicus(检索新化合物)和 Current Chemical Reactions(检索新化学反应)。这一丰富的综合性信息来自全球 21900 多种权威的、高影响力的学术期刊和超过 3000000 种会议录。通过独特的引文索引,用户可以用一篇文章、一个专利号、一篇会议文献或一本书作为检索词,检索这些文献被引用的情况,轻松地回溯某一研究文献的起源与历史,或者追踪其最新的进展,既可以越查越深,也可以越查越新。

1. Web of Science 核心合集的数据库

Science Citation Index Expanded(SCIE,科学引文索引),收录 1900 年以来的 9500 多种期刊。

Social Sciences Citation Index(SSCI,社会科学引文索引),收录 1900 年以来的 3500 多种期刊。

Arts & Humanities Citation Index(AHCI,艺术与人文引文索引),收录 1975 年以来的 1800 多种期刊。

Emerging Sources Citation Index(ESCI,新兴资源引文索引),收录 2015 年以来的 8100 多种期刊。

Conference Proceedings Citation Index(CPCI,会议论文引文索引),收录 1990 年以来的 21900 多个会议上发表的超过 1000 万篇论文。

Book Citation Index(BKCI,图书引文索引),收录 2005 年以来的 13900 多种图书。

Current Chemical Reactions(CCR,化学反应数据库),收录 1985 年以来的 100 多万条数据。

Index Chemicus(IC,化学物质索引),收录 1993 年以来的化学物质事实型数据。

2.SCI 的特点和作用

科学引文索引(Science Citation Index,简称 SCI)是一种大型综合性科技引文检索工具,涵盖自然科学、工程技术、生物医学、社会科学、艺术与人文领域。其多年来坚持严格一致的选刊标准,目前收录有 9500 多种核心学术期刊,覆盖 178 个学科分类,累计文献量超过 6200 万篇,数据回溯至 1900 年,可追溯 120 多年的科技文献发展历程及其影响。

SCI 数据库检索视频

SCI 是一种基于著者途径的文献检索工具,它最大的特点是揭示了文献之间的引用和被引用关系。这种关系可衡量一篇文献的学术价值(即一篇文献的被引频次越高,其学术价值就越大),还可以反映出学科之间的交叉渗透关系和发展动向,甚至可用于科研人才评估等。SCI 具有独特的引文检索功能,可轻松地追溯课题的起源、发展和相互关系;还具有强大的信息分析和引文报告功能,可分析绩效,把握趋势。以上特点使得 SCI 不仅作为文献检索工具被使用,还成为科研评价的重要参考依据。其特点与作用如下。

(1)学科覆盖广泛:SCI 涵盖自然科学、工程技术、医学等多个学科领域,是目前国际上最具影响力的学术数据库之一。

(2)引文索引机制:SCI 采用独特的引文索引机制,通过追踪文献之间的引用关系,揭示科研成果间的相互关联与学术影响力,为科研评价提供重要依据。

(3)出版形式多样:SCI 提供印刷版、光盘版和在线数据库等多种形式,其中 Web of Science 网络平台整合了多个核心数据库,便于科研人员获取最新研究信息。

(4)收录标准严格:SCI 执行严格的期刊遴选标准和评估程序,确保收录的文献能够全面反映全球最重要和最具影响力的研究成果。

(5)学术评价功能:SCI 论文指标被多国采用,作为评估国家科研实力、机构学术水平的重要参考,对研究者个人学术能力的评价也具有重要影响。

(6)促进学术交流:SCI 主要收录英文科技论文,有力推动了研究成果的国际传播与学术交流。

(7)助力职业发展:在学术界,发表 SCI 论文对个人职业发展至关重要,在升学、深造、职称评定等方面都是重要的加分项或考核指标。

综上所述,SCI 不仅是重要的文献检索工具,更是科研评价与学术交流的重要平台,对科研工作者和学术机构的发展具有深远影响。

3.1.2　数据库检索方法

1.进入数据库检索页面

输入网址 www.webofscience.com,访问 Web of Science 平台。在 Web of Science 主页面点击"选择数据库"右侧的下拉菜单,则可以看到所有可供检索的数据库,点击"Web of Science 核心合集"即可进入数据库检索页面,如图 3-1 所示。

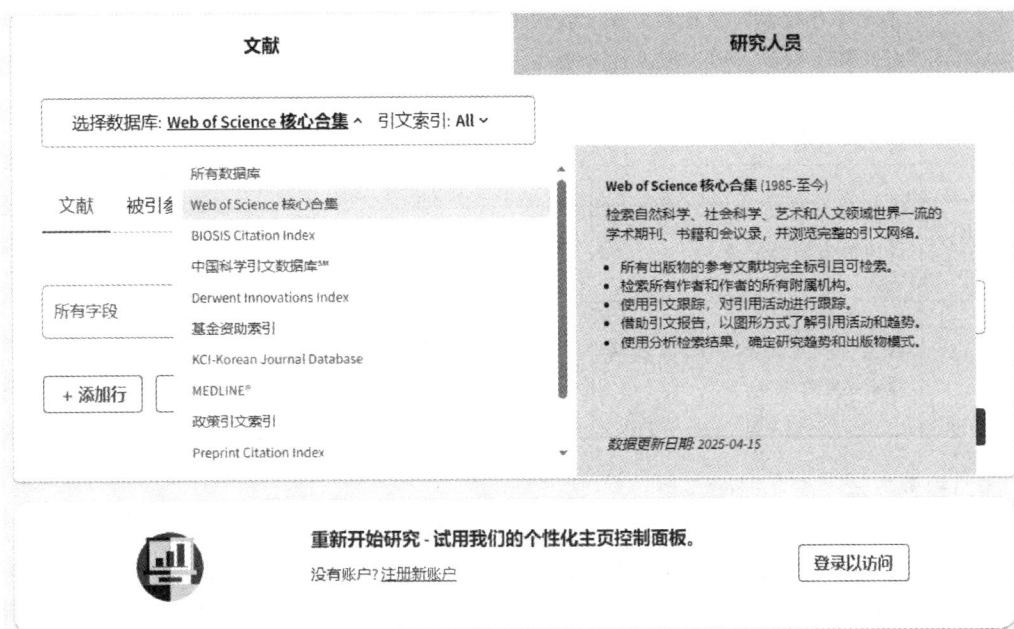

图 3-1　数据库检索页面

2.检索

1)检索技术

检索语法、检索运算符:可使用 AND、OR、NOT 组配检索词以扩大或缩小检索范围。检索运算符不区分大小写,OR、Or 和 or 返回相同的结果。

除了在 Web of Science 核心合集中的"所有字段(AF)"检索,在单个检式中可使用无限数量的布尔运算符。"所有字段"检索限制为 49 个布尔或位置限定运算符。

地址字段中的布尔运算符:当检索包括布尔运算符(AND、NOT、NEAR 和 SAME)的组织名称时,应始终使用引号(" ")将运算符括起来,例如"Near"East Univ、"OR"Hlth

Sci Univ。还可以将整个检索式用引号括起来,例如"Near East Univ""OR Hlth Sci Univ"。

隐含的 AND 运算符:在大多数字段输入两个或两个以上相邻的检索词时,Web of Science 检索会使用隐含的 AND 运算符。例如,在所有字段检索中输入 rainbow trout fish farm 与输入 rainbow AND trout AND fish AND farm 等效,这两条检索式将返回相同数量的结果。

检索词不区分大小写,两个或多个词之间可以用布尔运算符 AND、OR、NOT 连接,如表 3-1 所示。SAME 表示检索词出现在一句话中。

表 3-1 布尔运算符

运算符	说明	示例	例外
AND	查找同时包含被该运算符分开的所有检索词的记录。在大多数字段输入两个或两个以上相邻的检索词时,系统会使用隐含的 AND	beverage AND bottle 表示查找同时包含 beverage 和 bottle 的记录;rainbow trout fish farm 等同于 rainbow AND trout AND fish AND farm	隐含 AND 不适用于中文检索式
OR	查找包含被该运算符分开的任何检索词的记录	beverage OR bottle 表示查找包含 beverage 或 bottle(或同时包含二者)的记录	
NOT	将包含特定检索词的记录从检索结果中排除	beverage NOT bottle 表示查找包含 beverage 但不包含 bottle 的记录	

2)检索方法

Web of Science 有文献检索(Documents Search)、被引参考文献检索(Cited Reference Search)、高级检索(Advanced Search)、化学结构检索(Structure Search)四种检索方式,如图 3-2 所示。

(1)文献检索(Documents Search)。

在执行检索前,可以通过选择数据库、时间段、语种、文献类型等来优化检索结果,以提高查准率和查全率,提高检索结果的利用价值。在文献检索中,既可以执行单字段检索,也可以结合主题、标题、作者、出版年等进行多字段组合检索。在同一检索字段内,各检索词之间可使用逻辑算符、通配符。在文献检索中主要有下列字段。

• 主题(Topic):通过论文主题来查找文献,检索范围包括论文的题名、文摘或关键词。在该字段中输入的检索词可以使用通配符、逻辑算符组配。

注意:如要进行精确的词组检索,必须用引号限定。比如输入"global warming",可准确匹配"global warming";若输入 global warming,则可找到"global warming",同时也可找到包含 global 和 warming 但不连续的文本(如"global climate change and ocean warming")。

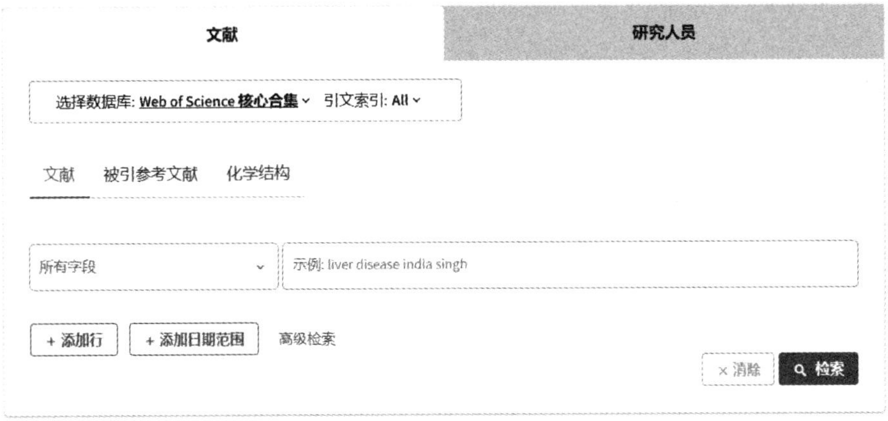

图 3-2　Web of Science 主页

· 标题(Title):仅通过标题来查找文献。

· 作者(Author):通过输入来源文献的作者姓名来检索该作者的论文被 Web of Science 数据库收录的情况,进而了解该作者在一段时间内的科研动态。在输入姓名时,先输入"姓",空一格,然后输入"名"的首字母缩写,如"ZHANG XW"。如果不知道作者名的全部首字母,可以用星号(＊)代替,如在作者字段里输入"zhang x＊"用于检索"zhang x"或"zhang xw"的记录。注意:人名前的头衔、学位、排行不算作姓名。

· 团体作者(Group Author):输入团体作者的姓名时应考虑各种写法,包括全称和缩写形式;也可利用"group author index"选择并添加到检索框中。

· 编者(Editor):通过输入来源文献的编者姓名来查找文献。在输入姓名时,先输入"姓",空一格,然后输入"名"的首字母缩写。

· 出版物标题(Publication Titles):在这个字段中应输入期刊的全称。如果不记得完整的名称,可以输入刊名的前几个单词和通配符来检索,或者点击该字段右面的链接,进入出版物标题索引(Publication Titles Index)查阅准确名称,选择并添加到检索输入框中。

· 出版年(Year Published):输入论文出版的准确年份或发表论文的时间段进行检索。

· 地址(Address):在该字段中可以输入一个机构、一个城市、一个国家或一个邮编等以及它们的组合。机构名和通用地址通常采用缩写,可点击该字段右面的"单击获得索引帮助"链接查找缩写列表。各检索词间可以使用 SAME、AND、OR、NOT 等运算符组配。若一条地址中包含两个或多个词汇,检索时用 SAME 运算符。

Web of Science 还提供会议(Conference)、语种(Language)、文献类型(Document Type)、基金资助机构(Funding Agency)、授权号(Grant Number)、所属机构(Affiliation)、出版商(Publisher)、摘要(Abstract)、入藏号(Accession Number)、作者标识符(Author Identifiers)、作者关键词(Author Keywords)、DOI、Keywords Plus、PubMed ID、Web of Science 类别(Categories)等检索字段。用户可根据已知条件多少或

检索需要,在以上字段中输入检索词,单击"检索"按钮,将出现符合检索条件的结果列表。

(2)被引参考文献检索(Cited Reference Search)。

被引参考文献检索是将文章中的参考文献作为检索词,它揭示的是一种作者自己建立起来的文献之间的关系。这种检索方式具有独特的功能,即从旧的、已知的信息中发现新的、未知的信息。该方式支持通过被引作者、被引著作、被引年份三种途径检索论文被引用情况。注意:单一字段内各检索词之间只能用逻辑算符"OR"进行组配。被引参考文献检索页面如图 3-3 所示。

图 3-3　被引参考文献检索页面

• 被引作者(Cited Author):检索文献、书籍、数据研究或专利的第一被引作者的姓名,有些记录还有第二被引作者的姓名。示例:Harsha D＊。在该字段中应输入论文的第一作者姓名,如果该论文已被 Web of Science 数据库收录为源记录,则可以输入该论文中的任何一位作者姓名。输入检索词时,作者的"姓"放在最前面,空一格,输入"名"的首字母。注意:由于可能存在数据库录入错误或作者提供的姓名写法不同的情况,在输入名字时应考虑采用通配符＊,避免造成漏检。

• 被引著作(Cited Work):检索被引著作,例如被引期刊、被引会议录和被引书籍的标题(检索缩写形式的标题可以得到更多结果)。示例:Market ＊ Sci＊。在该字段中,可输入被引用的刊名、书名和专利号。输入被引论文的刊名时应采用缩略式,为了提高查全率,要考虑刊名的不同写法,如果不知道准确的缩写,可以点击该字段右面的链接,查看期刊标题缩写列表;输入被引书名时,应考虑不同拼写方式并采用通配符;如果要查专利,可以直接输入专利号。

• 被引年份(Cited Year):被引年份只能与被引作者和/或被引著作一起组合使用进行检索;可输入 4 位数的年份或有限的年份范围,将年份限制在 2 年或 3 年的范围内,可以得到最优效果。如果要检索某人在某个特定年份发表论文的被引情况,可以在该字段输入文献发表的年份（用 4 位数字表示）；如果要检索多个年份，可以用"OR"连接，如"1998 OR 1999 OR 2000"，或输入时间段。输入检索词后，点击"检索"按钮，将出现符合检索条件的引文文献列表。

（3）高级检索（Advanced Search）。

点击 Web of Science 页面上的"高级检索"（Advanced Search）按钮，进入高级检索页面，如图 3-4 所示。

该检索方式支持将多个字段或历次检索符号组配检索。熟悉检索字段代码和检索技术的用户，可直接在检索输入框中构造检索式；不熟悉的用户可参照页面右下方显示的字段标识和布尔运算符构造检索式。需要注意的是：输入带有字段的检索词时，应先输入检索字段代码，然后在其后的等号后输入检索词。

图 3-4　高级检索页面

（4）化学结构检索（Structure Search）。

化学结构检索页面如图 3-5 所示。用户可绘制化学结构图并/或输入任何所需的数据，然后单击"检索"按钮进行检索。该检索将被添加到检索历史中。此检索方式支持用反应物结构式或其亚结构、产物结构式或其亚结构以及反应式进行检索，甚至可以用反应条件和化合物参数进行检索。

3）检索结果处理

在浏览检索结果的简要题录信息或摘要之后，用户可以对所需记录进行标记，然后进行保存、打印或通过电子邮件发送记录。

（1）浏览检索结果。

检索完成后，将分页显示检索结果的简单记录，包括文献的前 3 位作者、文献标题以及出版物名称（刊名）、卷、期、起止页码和出版时间。点击文献标题，可看到这条结果的完

图 3-5 化学结构检索页面

整记录。

（2）精炼检索结果。

在检索结果页面左侧提供了"精炼检索结果"功能，用户可在检索框中输入检索式进行二次检索，或通过 Web of Science 提供的出版年、文献类型、研究人员个人信息、Web of Science 类别、所属机构、语种、国家/地区等分组对检索结果进行精简。

（3）分析检索结果。

当选择"Web of Science 核心合集"进行检索时，检索结果页面的右上角会提供"分析检索结果"功能，可以对检索结果按出版年、文献类型、研究人员个人信息、Web of Science 类别、所属机构、语种、国家/地区等维度进行统计，帮助用户快速了解该课题的研究现状。

（4）创建引文报告。

引文报告功能提供全面的文献引用分析，能够自动生成研究课题的引文报告。通过分析高被引文献、被引频次排名和最近 5 年的被引数据,用户可以快速评估研究成果的学术影响力,识别关键文献,追踪研究趋势。引文报告还提供详细的施引文献列表和自引分析,支持生成可视图表,便于学术评价和研究分析。

(5)结果处理。

点击检索结果页面的"导出"按钮,可以将标记的记录导入 EndNote,或者添加到"我的研究人员个人信息",还可以选择纯文本文件、RefWorks、其他参考文献软件、可打印的HTML 文件、InCites、电子邮件等导出方式。

3.1.3 数据库检索案例

访问 Web of Science 数据库,检索武汉工程大学江吉周教授的文章在 2014—2024 年被 Web of Science 核心合集收录的情况。

登录 Web of Science 数据库,选择 Web of Science 核心合集,如图 3-6 所示。

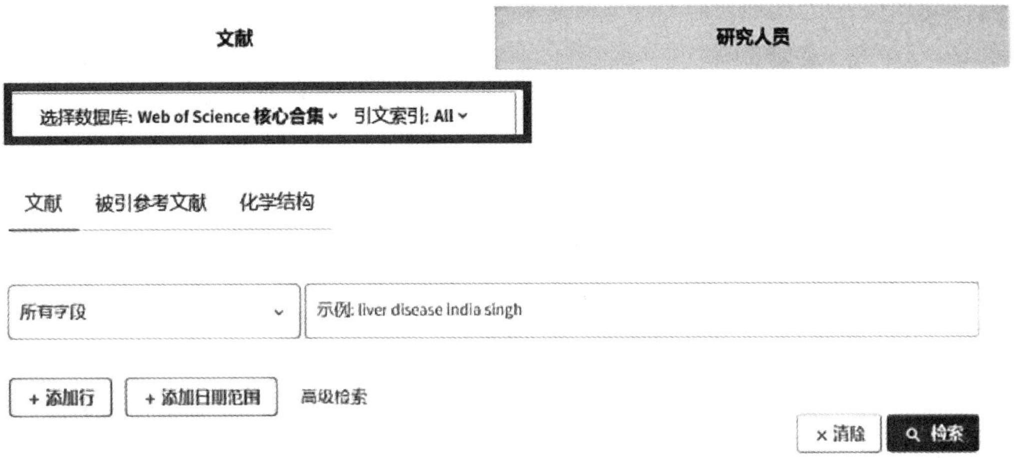

图 3-6　Web of Science 核心合集数据库

具体检索步骤如下:

(1)在文献检索页面,选择作者字段,在检索框中输入"jiang jizhou";点击"添加行",选择"所属机构"字段,在检索框中输入"Wuhan Institute of Technology"。

(2)点击"添加日期范围",选择"出版日期"为"自定义",将时间跨度设置为 2014 年 1月 1 日至 2024 年 11 月 1 日,如图 3-7 所示。

(3)点击"检索"按钮,执行检索,检索结果页面如图 3-8 所示。

(4)检索结果处理:在检索结果页面,用户可以进一步精炼检索结果,也可以将标记的结果按需要导出,还可以开展文献分析、生成引文报告、创建跟踪服务等。图 3-9 展示了精炼后的江吉周教授的 14 篇高被引论文。

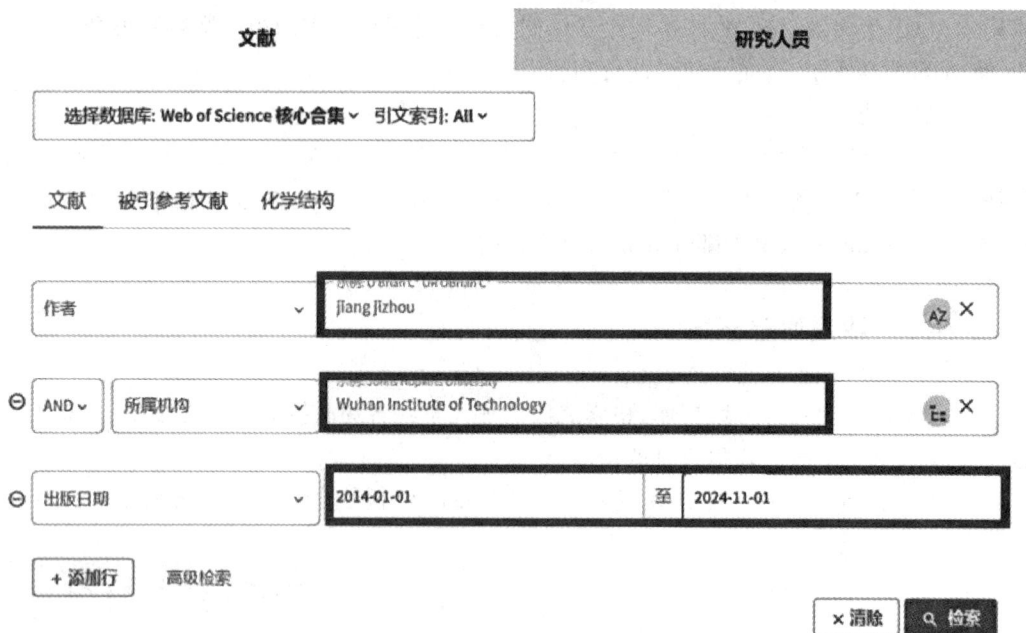

图 3-7　检索输入方法

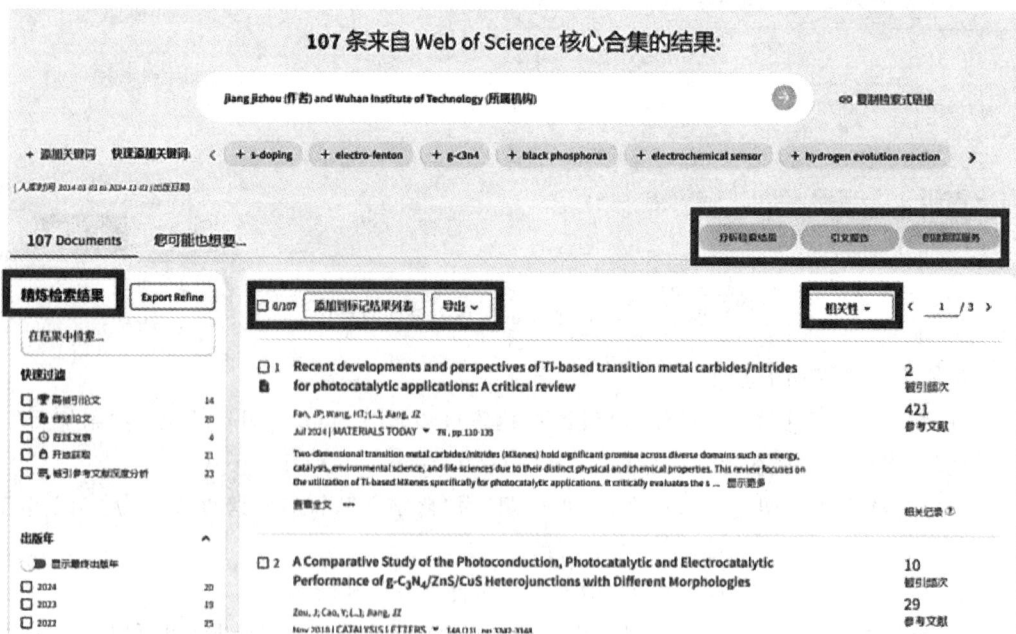

图 3-8　检索结果

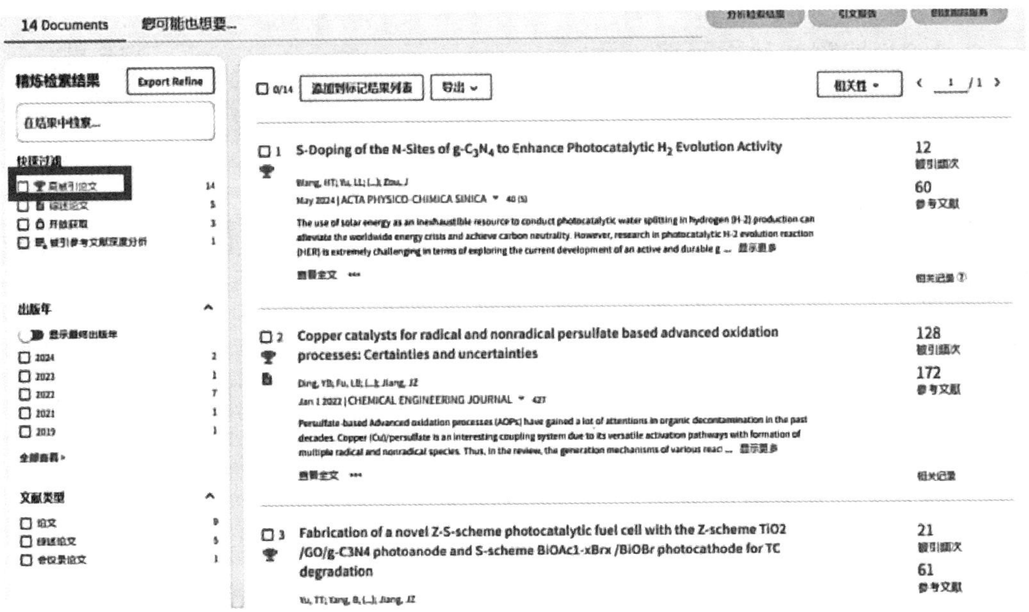

图 3-9　高被引论文

3.2　Engineering Village 数据库

3.2.1　数据库概述

EI 公司始建于 1884 年,作为世界领先的应用科学和工程学在线信息服务提供者,一直致力于为科学研究者和工程技术人员提供专业化、实用化的在线数据信息服务。

Engineering Village 平台是由 EI 公司推出的综合性学术检索平台,旨在整合全球工程领域的高质量文献资源。该平台以用户友好的界面和智能化检索工具为核心,支持快速检索、结果筛选、引文分析等功能,目前已成为全球超过 1300 所高校和科研机构的首选工程信息门户。1998 年 EI 公司被 Elsevier 收购后,Engineering Village 进一步扩展为集成 12 个工程数据库的科研服务平台,其中 Ei Compendex 数据库是其核心资源。

Ei Compendex 数据库收录了全球 80 多个国家的 5000 多种工程类期刊、会议录和技术报告,数据可追溯至 1884 年。该数据库收录了机械工程、土木工程、环境工程、电气工程、结构工程、材料科学、固体物理、超导材料、生物工程、能源技术、化学与工艺工程、光学技术、环境污染防治、废弃物处理、交通运输、安全工程、控制工程、工程管理、农业与食品工程、计算机与数据处理、电子通信、石油工程、航空航天、汽车工程等众多工程应用科学领域的高质量文献资源,涵盖这些学科的主要分支领域及相关工程学科。

3.2.2 数据库检索方法

1.进入数据库检索页面

登录 Engineering Village 平台,点击 Compendex 数据库链接,可直接进入该数据库检索界面,如图 3-10 所示。

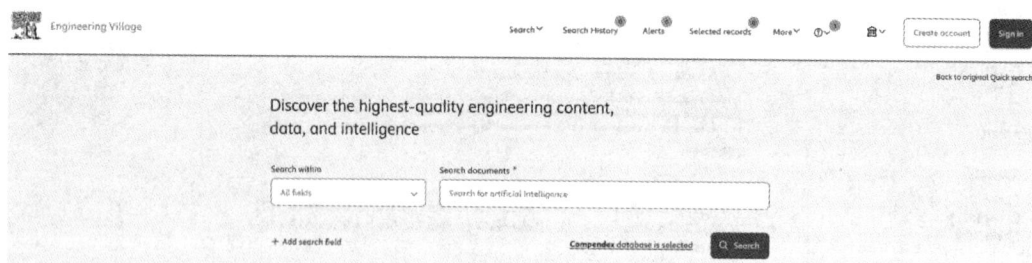

图 3-10　Ei Compendex 数据库主页

2.检索

1)检索技术

Ei Compendex 可使用逻辑算符、位置算符、通配符等。

①逻辑算符。

逻辑算符有 AND、OR、NOT。

②位置算符。

NEAR/n:两词之间可以插入 $0 \sim n$ 个词,前后位置任意。

ONEAR/n:两词之间可以插入 $0 \sim n$ 个词,前后位置不可调换。

" "(或{}):词组检索,检索结果仅包含此词组。

③通配符。

＊:截词符,代表零个或若干个字符。提示:用截词符可能检索到许多不相关的词,使用时要注意。

?:单字符通配符。比如,"?"代表一个字符,"??"代表两个字符,"???"代表三个字符等。可在一个单词中或在其末尾使用。

＄:词干检索,可以检索到一个词经过词形变化后的各种形式。例如:使用 ＄management 可 以 检 索 到 management、managing、managed、manager、manage、managers 等。提示:在简易检索和快速检索中,除了作者字段,将自动进行词干检索;在使用""(或{})进行词组检索时,不能使用词干检索;如果使用了截词符或者单字符通配符,则不会执行词干检索。

2)检索方式

Ei Compendex 数据库(简称 Ei)提供多种检索方式,包括快速检索(Quick Search)、专家检索（Expert Search）、叙词检索（Thesaurus Search）、作者（Author）和机构（Affiliation）检索等，可满足不同检索需求；可对文献类型、文献语种、文献时限等进行限定检索。Ei 检索方式如图 3-11 所示。

(1)快速检索。

快速检索可以检索所有的字段，也可选择某个检索字段。系统提供的检索字段有 All fields、Subject/Title/Abstract、Abstract、Author、Author affiliation（作者机构）、Title（文献题名）、Standard ID、ICS classification code（Ei 分类号）、CODEN（期刊代码）、Conference information、Conference code（会议/会议论文编号）、ISSN、Main heading（Ei 主题标题）、Publisher、Source title（期刊名）、Controlled term（Ei 受控词）、Uncontrolled term、Country of origin。

Essential search
Quick Search
Expert Search
Thesaurus Search

Explore & find
Author
Affiliation
Conference Series　Beta

Analytical search
Engineering Research Profile

图 3-11　Ei 检索方式

检索时需注意以下几点：

①通过作者（Author）检索文献时，一般采用姓在前、名在后的形式。Ei 文献的作者著录格式一般是"姓，名"，作者姓名根据来源文献著录。若来源文献作者名是全称，则 Ei 著录"姓"和"名"的全称；若来源文献"名"使用缩写，则 Ei 著录时"名"也用缩写。因不同的来源文献，作者姓名的写法不同，对同一作者，Ei 在著录时没有给出统一格式，所以用户检索时，要尽可能考虑到作者姓名的各种不同格式，推荐使用浏览索引（Browse Indexes）中的作者（Author）索引。

②通过作者机构（Author affiliation）检索文献时，作者机构一般只著录第一作者或通讯作者所在的机构，机构名称的格式和简称也有变化，推荐使用浏览索引（Browse Indexes）中的作者机构（Author affiliation）索引。

③因受控词（Controlled term）有专门的词表，推荐使用浏览索引（Browse Indexes）中的受控词（Controlled term）索引。

快速检索的步骤如下：

①在"Search within（检索范围）"下拉菜单中选择需要检索的字段。在"Search documents（检索文档）"标签下的文本框中输入检索词，第一个检索字段为必填项。

②系统默认提供一个检索行。如需要增加检索条件，点击"＋Add search field"，最多可添加 12 行。若无须添加更多检索词，直接点击"Search"按钮执行检索。

③新增检索行时，应通过左侧下拉箭头选择运算符（AND、OR 或 NOT），具体使用方法可参考布尔运算符说明。

④如需要继续添加检索条件，重复上述步骤选择字段、运算符和输入检索词。若要删除某行条件，点击该行末尾的垃圾桶（delete）图标。

⑤完成所有检索条件设置后，点击"Search"按钮执行检索。页面刷新后，"Document results（文档结果）"列表将显示在检索框下方。

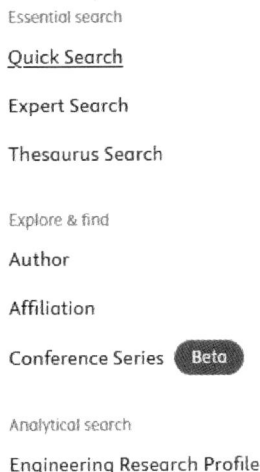

⑥若需要重新检索,可通过以下两种方式返回快速检索界面:点击文档结果列表左上角的 Elsevier 徽标;点击页面顶部"Search"选项卡的下拉菜单,选择"Quick Search"。

Ei 快速检索如图 3-12 所示。

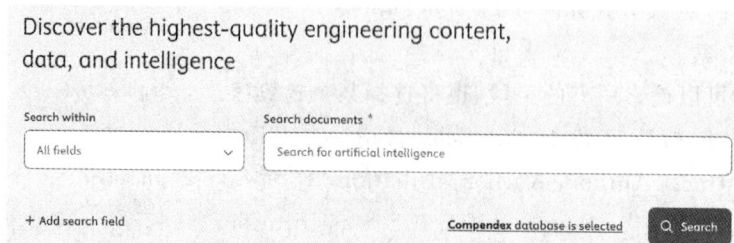

图 3-12　Ei 快速检索

(2)专家检索。

专家检索具有更强的检索功能和灵活性。专家检索页面设有单一检索框,允许用户使用布尔运算符、NEAR/ONEAR 等邻近运算符,并支持索引浏览功能。特别值得一提的是,借助"语言浏览"索引,用户可使用 30 多种语言对特定数据库进行检索。此外,专家检索还支持对入藏号、DOI、ISSN、ISBN 等特殊字段的精确检索,以及专利和会议详细信息的专项查询。为方便使用,页面提供了检索字段代码表供参考。

专家检索的步骤如下:

①点击 Engineering Village 页面顶部的"Search"选项,向下滚动并单击"Expert search",此时将打开 Expert search 表单。

②在"Expert search"框中输入检索词,可以点击检索框下的"检索代码",参考有关检索字段和代码的特定信息。输入检索词时应配合使用"within"命令(WN)和字段代码来运行专家检索查询。

③使用运算符(AND、OR、NOT)连接检索词。

④选择一个或多个要检索的数据库,如需要检索所有数据库,则选中"All"复选框。通过选择相应的选项卡和下拉列表,可以限制或指定检索结果的排列顺序。

需要注意的是,专家检索默认禁用自动词干功能,如果需要启用,可单击"自动词干"选项卡并清除"关闭自动词干"复选框。此外,可以在"浏览索引"选项卡中选择"浏览索引"来添加其他检索词。

⑤若需要重新开始检索,可单击"重置表单"清除当前设置。完成所有检索条件的设置后,单击放大镜图标运行检索,此时将显示"Loading"消息,检索结果列表会出现在专家检索表单下方。最后,可以保存、共享检索结果并创建提醒。

Ei 专家检索页面如图 3-13 所示。

(3)叙词检索。

叙词是经过规范化处理的主题词,可实现词与概念的一一对应,能有效提高检索的查全率和查准率。同义词库作为 Engineering Village 文章索引编制的受控词汇指南,其叙词表采用分层结构,按照概念的宽泛、窄义及相关性来组织术语。在叙词检索页面,用户

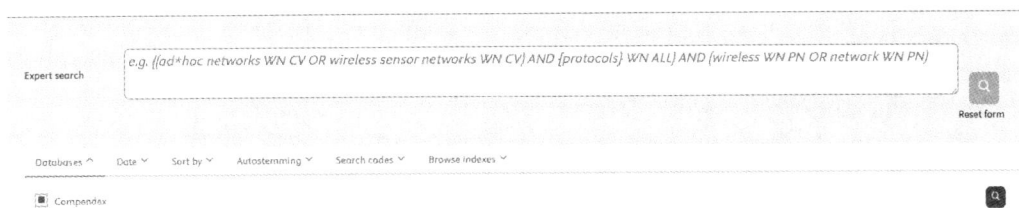

图 3-13　Ei 专家检索

可以在 Compendex、Inspec、GeoRef、GEOBASE 和 PaperChem 五个数据库中进行受控词汇检索。索引器从受控词汇表中选择术语来描述正在被索引的文章,从而实现对文章索引方式的标准化处理。需要注意的是,每个数据库都使用各自独立的叙词表进行索引。

通过同义词库功能,用户可以完成以下操作:优化检索策略(使用系统建议的宽泛词和窄义词)、查找同义词和相关词语、识别受控词汇术语。当执行同义词库检索时,系统会返回所有与用户查询相匹配的检索词。检索结果按照字母顺序排列,首先显示完全匹配的术语,随后显示直接相关的术语匹配项。

点击"Thesaurus search"对话框的下拉菜单,进入叙词表选择界面,如图 3-14 所示。叙词检索提供词汇检索(Vocabulary search)、精确匹配(Exact term)、浏览(Browse)3 种叙词表访问方式。

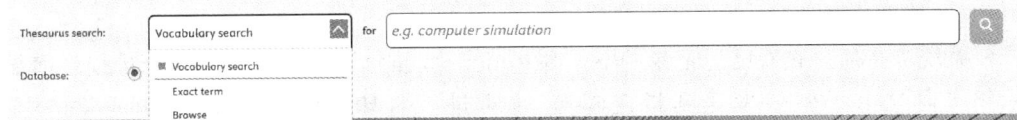

图 3-14　叙词表选择界面

在检索框中输入检索词,如输入 Carbon nanotubes,选择 Vocabulary search 方式,单击检索按钮,打开叙词检索界面。叙词检索界面由叙词表和检索区两部分组成,在叙词表选择叙词后,叙词自动粘贴到检索区的检索框中,系统默认采用逻辑"或"方式进行布尔逻辑组配。用户可进一步设置文献类型、语种、年代等限定条件,点击检索按钮即可完成检索。Ei 叙词检索如图 3-15 所示。

3)检索结果处理

在检索结果页面,可标记所需记录并选择记录显示格式。

(1)浏览结果与排序。

题录是系统默认的检索结果显示方式,浏览题录后,根据需求单击 Show preview(摘要)链接或 Detailed(全记录)链接进行单篇文章的阅读。

标记记录:直接勾选记录前的方框。

Select all records on the page:选择当前页面的所有记录。

Select first 1000 records:选择前 1000 条记录。

Remove all selected records:清除当前页面的所有选择记录。

排序方式:可以选择按文献的相关性(Relevance)、日期(Date)、作者(Author)、刊名

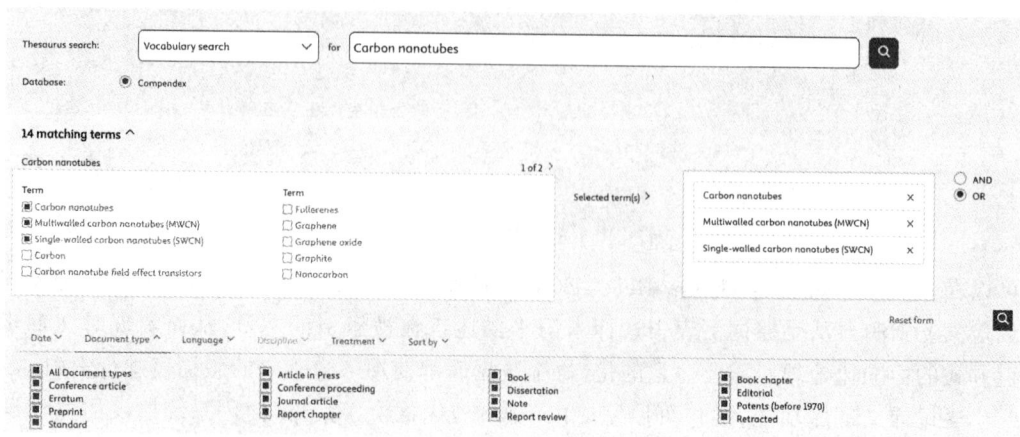

图 3-15　Ei 叙词检索

（Source）、出版商（Publisher）等进行排序。

（2）选择记录显示格式。

检索结果的默认显示方式是按题录（Citation）格式显示，每页显示 25 条记录。用户可查看每篇文章的文摘（Abstract）、索引（Indexing）、指标（Metrics）、著录信息（Bibliographic information）、参考文献（Compendex references）等内容。

（3）结果处理。

系统支持用户查看已选记录（View Selections），并允许用户将选中的记录按当前显示格式通过电子邮件发送到指定邮箱，也可进行打印（Print）、下载（Download）至 EndNote 或 Refworks 等文献管理软件，或保存到个人账户文件夹（Save to Folder，需注册使用）。检索结果下载页面如图 3-16 所示。

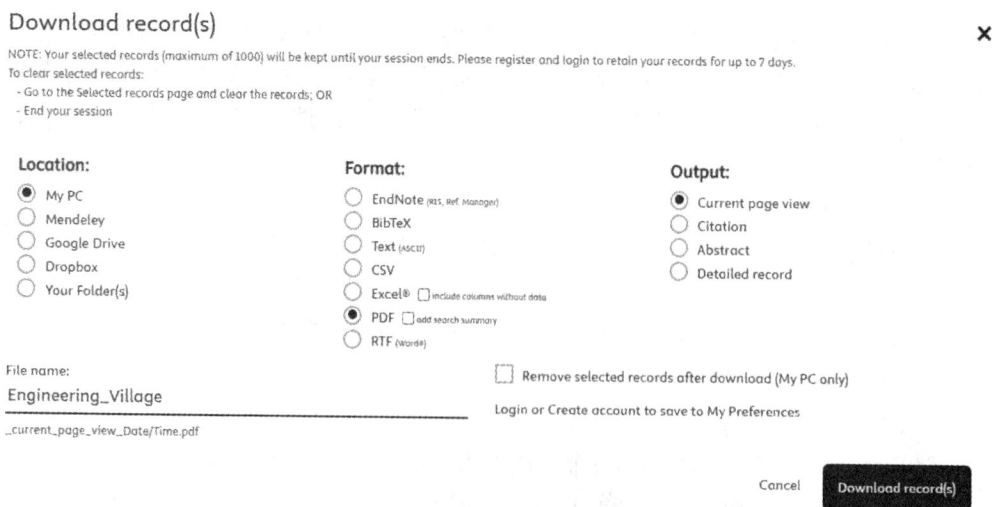

图 3-16　检索结果下载页面

（4）检索结果分析。

在检索结果页面左侧的"Refine Results"板块，系统对检索结果按字段进行分析统计并显示统计结果。系统提供了 12 种分析统计的字段，包括开放获取文献（Open Access）、文献类型（Document type）、作者（Author）、作者机构（Author affiliation）、受控词（Controlled vocabulary）、分类码（Classification code）、国家/地区（Country/Region）、语种（Language）、年代（Year）、出版物名称（Source title）、出版商（Publisher）、基金资助（Funding sponsor）。通过该功能，用户不仅可以进一步精炼检索结果，还可了解有哪些科研人员、哪些科研单位、哪些国家在从事相关专题的研究，以及相关的研究课题所属的学科分类等。选择统计项目，点击上方的"Include"按钮，可筛选并显示该统计项的检索结果；若点击"Exclude"按钮，则在检索结果中剔除属于统计项的记录。检索结果分析栏如图 3-17 所示。

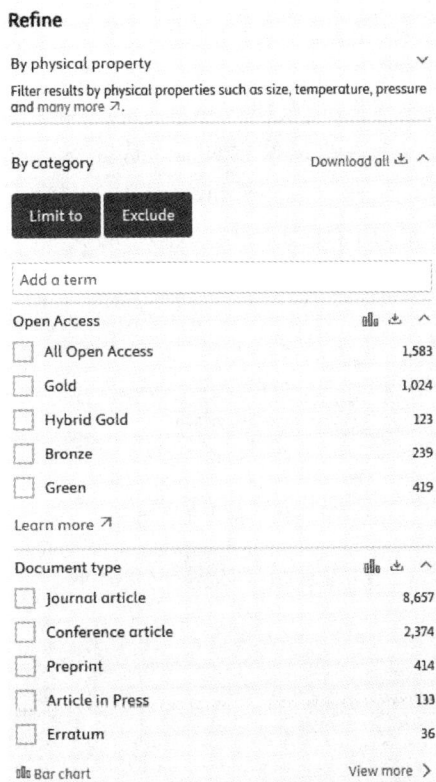

图 3-17　检索结果分析栏

（5）获取全文。

Ei Compendex 是文摘数据库，不提供全文。若用户所在单位已经购买包含某篇论文的电子全文数据库，则可通过单击"Full text"链接跳转到相应的全文数据库中获取该论文全文。若所在单位未购买电子全文数据库，可以根据原文出处（source）通过文献传递等方式获取全文。

（6）保存检索策略和设置邮件提醒（该功能需先注册并登录）。

在页面最上方的"Search History"区域会显示用户本次登录期间所执行的所有检索，可保存检索策略，以便下次登录后重新执行同样的检索，或设置 E-mail 定期提醒，即系统根据用户设置的检索策略和检索频率定期检索数据库中更新的数据，如有新结果，即发送到用户的电子邮箱。每次电子邮件（E-mail）专题服务最多发送 25 条记录，如果更新的检索结果超过 25 条，邮件中将包含一个超级链接，点击该链接，将跳转到 Engineering Village 查看所有新增记录。

3.2.3　数据库检索案例

访问 Ei Compendex 数据库检索论文，检索有关"等离子体化学气相沉积"（Plasma Chemical Vapor Deposition）的文献。

检索步骤如下：

（1）分析课题，选择检索词。

等离子体：Plasma。化学气相沉积：Chemical Vapor Deposition。

（2）登录 Ei Compendex，进入快速检索页面。选择 Subject/Title/Abstract 字段，在检索框中输入"Plasma"；在下一行选择 Subject/Title/Abstract 字段，在检索框中输入"Chemical Vapor Deposition"，两个检索词用"AND"连接。时间跨度不限。检索输入方法如图 3-18 所示。

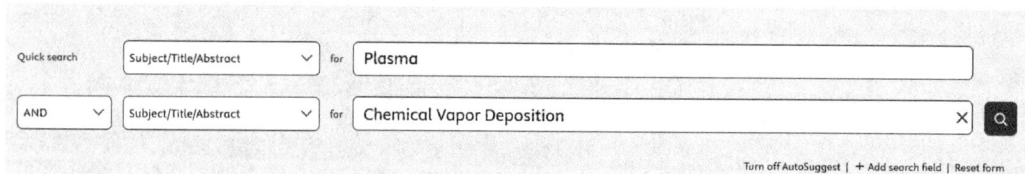

图 3-18　检索输入方法

（3）点击检索按钮，执行检索，检索结果如图 3-19 所示。

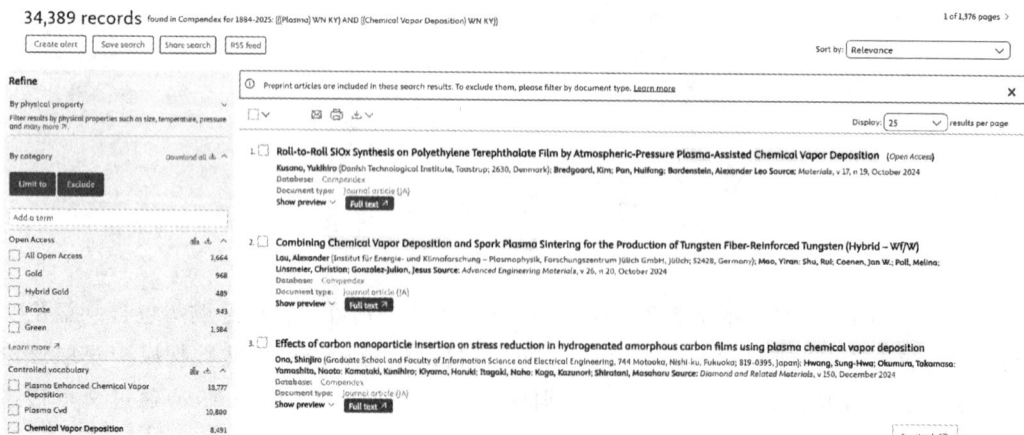

图 3-19　检索结果

　　(4)检索结果处理:在检索结果页面,用户可以浏览题录与文摘、保存检索结果,也可以将标记的记录按需要导出,系统还支持开展文献分析、生成引文报告、创建跟踪服务等。课题的作者单位分析如图 3-20 所示。

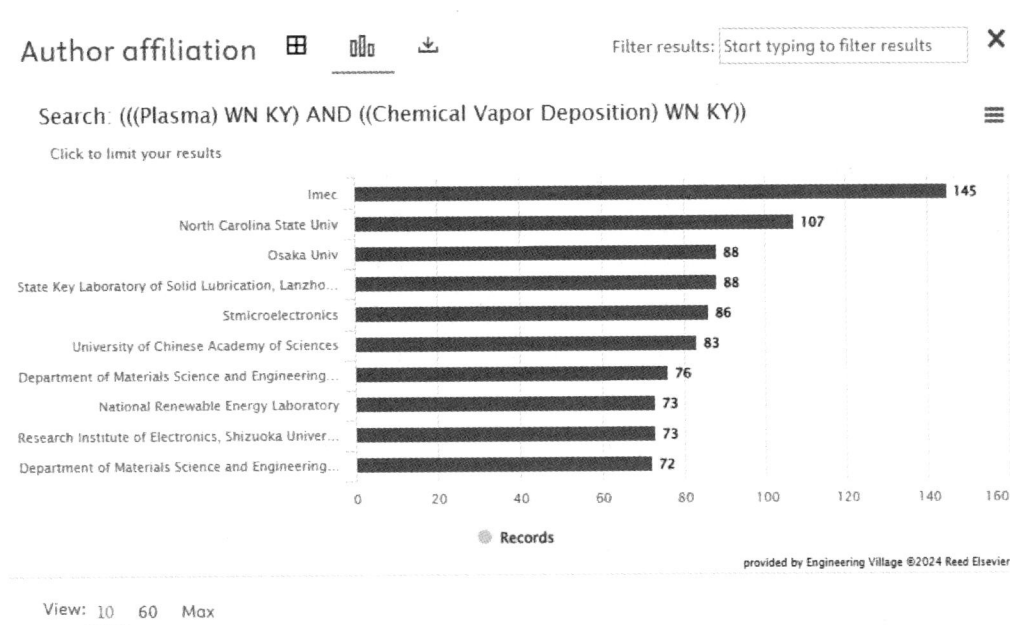

图 3-20　作者单位分析

　　(5)点击检索到的论文篇名,可以得到该论文的摘要。论文文摘页面如图 3-21所示。

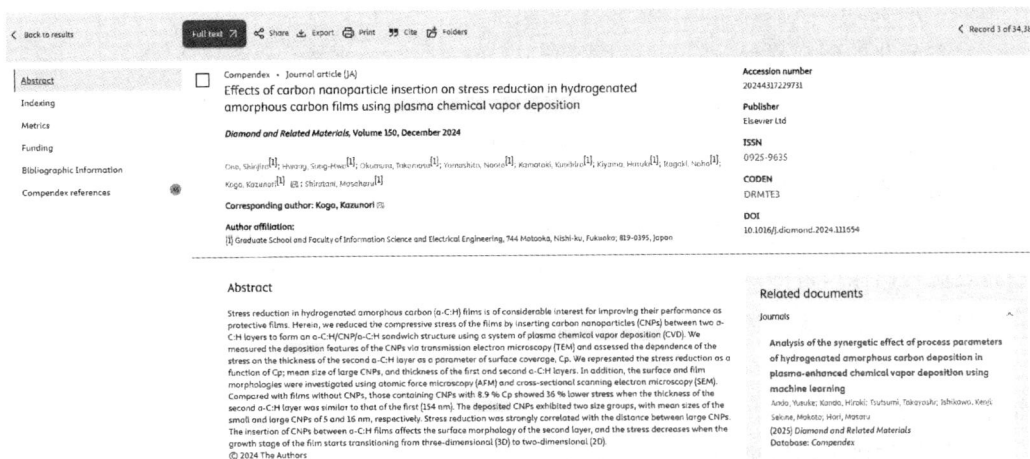

图 3-21　论文文摘页面

3.3 ACS 数据库

3.3.1 数据库概述

美国化学学会(American Chemical Society,ACS)成立于 1876 年,是世界上最大的科技协会之一,一直致力于为全球化学研究机构、企业及个人提供高品质的文献资讯及服务,是享誉全球的科技出版机构。ACS 旗下的 ACS Publications 数据库(简称 ACS 数据库)收录了 60 多种期刊、1600 多本电子图书、多种开放获取(OA)资源以及 1 种化学领域的新闻杂志(*Chemical & Engineering News*),共包含超过 130 万篇、400 万页的文献资料。其内容涵盖 20 多个与化学相关的学科,包括物理化学、化学工程、生物化学和分子生物学、食品科学、有机化学、无机与原子能化学、地球化学、环境科学与工程、材料科学与工程、晶体学、毒理学、药理学等。

1. ACS 数据库特点

1)严格的同行评审制度

ACS 坚持最高编辑标准,由各领域活跃的杰出专家进行高效、专业的同行评审并做出出版决策。每年全球超过 14 万名科研人员选择 ACS Publications 快速发表其最佳研究成果。ACS 的同行评审体系是这一信任的基础,确保顶尖学者提供公正且富有建设性的评审意见。这种对高质量同行评审的承诺,使得 ACS 数据库能够获得远超其规模两到三倍的引用量。

2)多元化的研究平台

ACS 拥有完整的出版体系,其中包括 12 种黄金完全开放获取期刊。通过改进的 ACS 稿件转移服务,研究人员可以更便捷地将稿件转投至 ACS 旗下的其他期刊。

3)高效的出版流程

ACS 采用先进的数字出版平台,从稿件接收到网络发表的中位时间不超过两周。这一高效流程确保作者的研究成果能够快速传播,让科学界及时获取最新研究信息。

4)广泛的国际影响

ACS 数据库覆盖全球 99 个国家的 5000 多家研究机构。同时,ACS 积极发表来自世界各地的最新研究成果。

5)灵活的成果共享机制

除开放获取计划外,ACS 还提供"文章按需共享"服务,允许作者在文章发表后的 12 个月内,通过电子邮件或个人网站分享最多 50 次免费下载。

2. ACS 数据库包括的主要文献类型

1）期刊（Journal）

ACS 数据库包含 60 多种同行评审期刊，近年新增的期刊主要有以下几种。

①多种涉及材料科学和其他学科交叉领域的期刊：

ACS Applied Nano Materials；

ACS Applied Energy Materials；

ACS Applied Bio Materials；

ACS Applied Polymer Materials；

ACS Applied Electronic Materials；

ACS Materials Letters；

ACS Applied Optical Materials（2022 年末上线）；

ACS Applied Engineering Materials（2022 年中上线）。

②一种药理学和医学领域期刊：

ACS Pharmacology & Translational Science。

③一种以化学职业健康和安全操作为主题的期刊：

ACS Chemical Health & Safety（回溯至 1994 年）。

④三种环境科学子刊：

ACS ES&T Engineering（2021 年上线）；

ACS ES&T Waters（2021 年上线）；

ACS ES&T Air（2024 年 1 月上线）。

⑤两种农学和食品科学子刊：

ACS Agricultural Science & Technology（2021 年上线）；

ACS Food Science & Technology（2021 年上线）。

2）新闻杂志（News）

C&EN Global Enterprise（涵盖该杂志 2016 年以来发表的内容）。

3）图书和工具书（Books and Reference）

①ACS EBooks：

The Advances in Chemistry Series（1949—1998 年，已停刊，经典参考内容，共 255 本）；

ACS Symposium Series（1974 年至今，每年新增 30～35 本，共 1400 多本，涵盖生物工程、环境技术、材料、农业、食品、高分子化学、化学教育等多个应用领域）；

ACS Medicinal Chemistry Reviews（2022 年起被收录于 ACS 数据库，就制药行业的重要议题提供及时的批判性总结）。

②ACS in Focus 系列电子书：

Inaugural Collection（10 本，已全部上线）；

Collection 1（20 本，已全部上线）；

Collection 2（20 本，已全部上线）；

Collection 3(20 本,2023 年下半年起上线)。

③*ACS Guide to Scholarly Communication*(2020 年新版上线,每年不定期更新一定内容,纳入专门针对数字时代论文发表的新章节,ACS 学术写作和交流的权威参考)。

为了提升出版物和各项作者服务(如开放科学平台、在线会议平台等)的功能性和可检索性,2021 年,ACS 对其数据库首页进行了全面改版,但最常使用的期刊主页和期刊目录没有做变动。用户可按分析化学、应用化学、生物化学、材料科学和工程、有机和无机化学以及物理化学六大学科分类浏览出版物。ACS 数据库主页如图 3-22 所示。

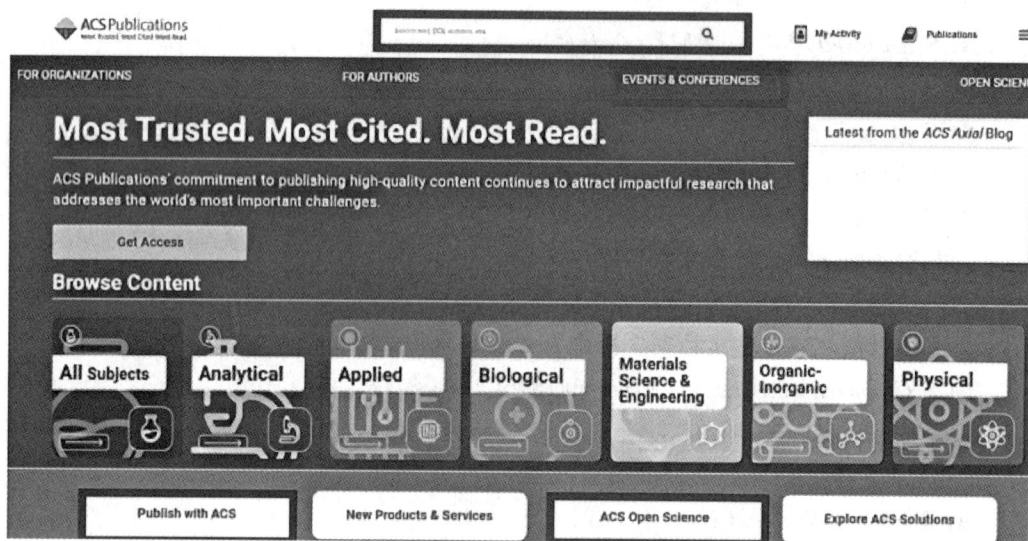

图 3-22　ACS 数据库主页

3.3.2　数据库检索方法

1.进入数据库检索界面

点击数据库链接,可直接进入该数据库检索界面。

2.检索

1)检索技术

ACS 除了提供基本检索、浏览功能外,还设置了高级检索功能。此外,点击数据库首页"Publish with ACS",可直接进入 ACS Publishing Center,再点击右上角菜单栏,即可一站式访问写作指导、发文政策和投稿平台(ACS Paragon Plus)。

2)检索方法

(1)基本检索。

基本检索界面及检索方法参见案例。

（2）浏览检索。

浏览检索分为出版物浏览和学科浏览。出版物浏览按出版物名称的字母顺序排列展示。出版物浏览界面如图 3-23 所示。

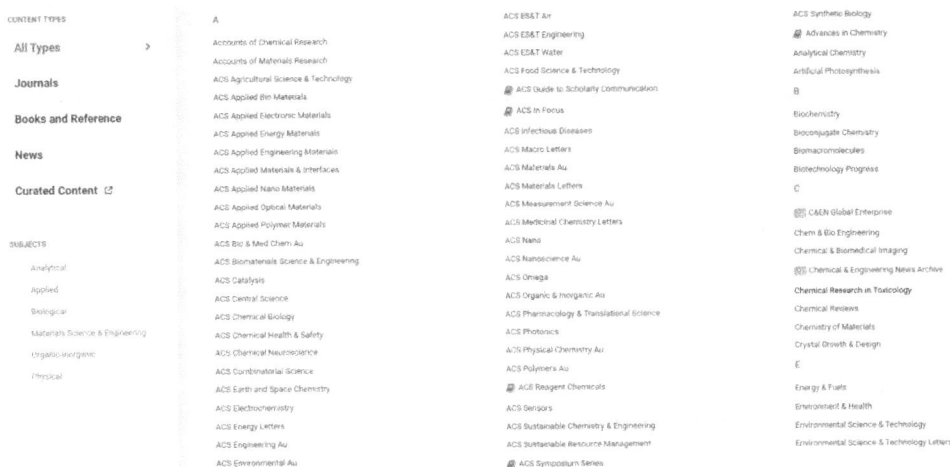

图 3-23　出版物浏览界面

以期刊 *ACS Applied Optical Materials* 为例，浏览过程如下。

①单击刊名进入期刊主界面，如图 3-24 所示。

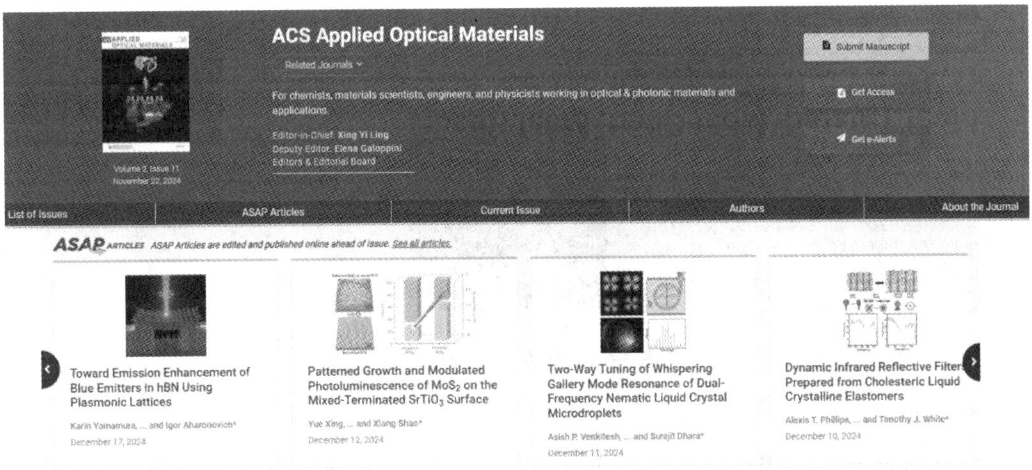

图 3-24　期刊主界面

②在期刊主界面，可查看先于印刷版发表的网络版文章（ASAP Articles）、各期列表（List of Issues）、最新目次（Current Issue）等信息。单击标题可以查看文摘，订购用户可下载全文，非订购用户可免费下载 OA 全文。网络版文章界面如图 3-25、图3-26 所示。

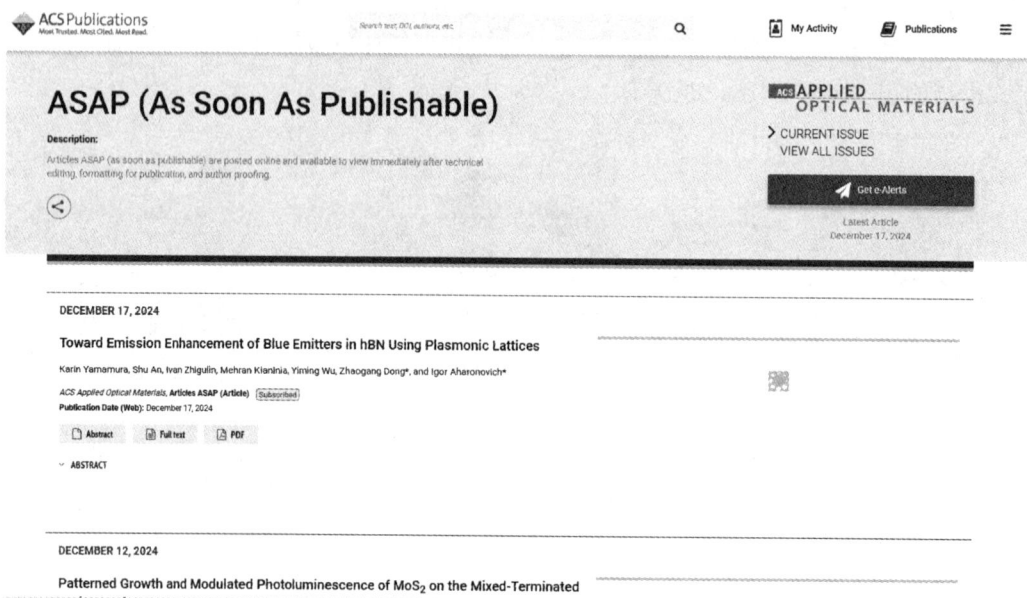

图 3-25　网络版文章界面 1

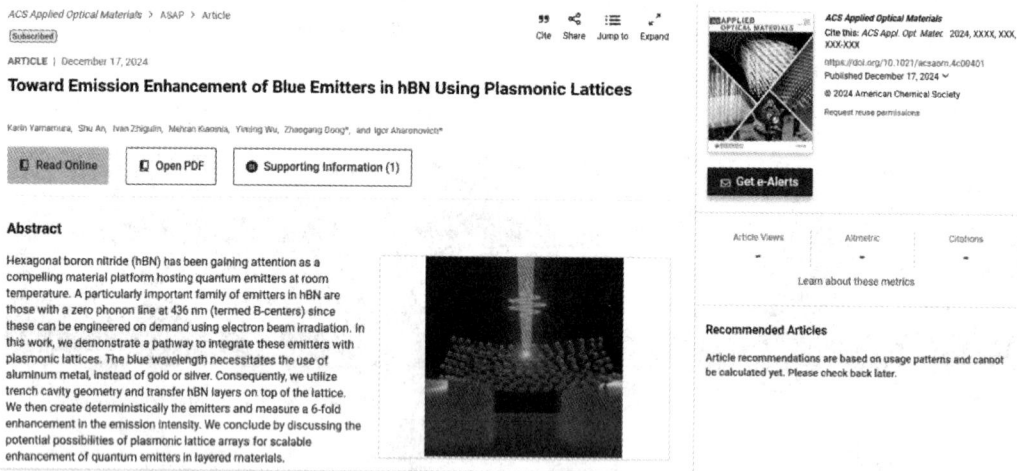

图 3-26　网络版文章界面 2

学科浏览界面如图 3-27 所示。

打开 ACS 的任一期刊主页，可以看到学科筛选栏，可选择学科大类、细分及与之相关的研究主题。例如，学科大类选择"Agriculture and food chemistry"（农业和食品化学），细分选择"Food"（食品），点击最右的"See All"即可查看某刊中所有关于食品的文章，如图 3-28 所示。

ACS 期刊主页的内部功能如下：

①各期刊主页的导航栏简洁明了，方便用户查看提前上线的文章（ASAP）、历年卷期、期刊基本信息和编辑团队。

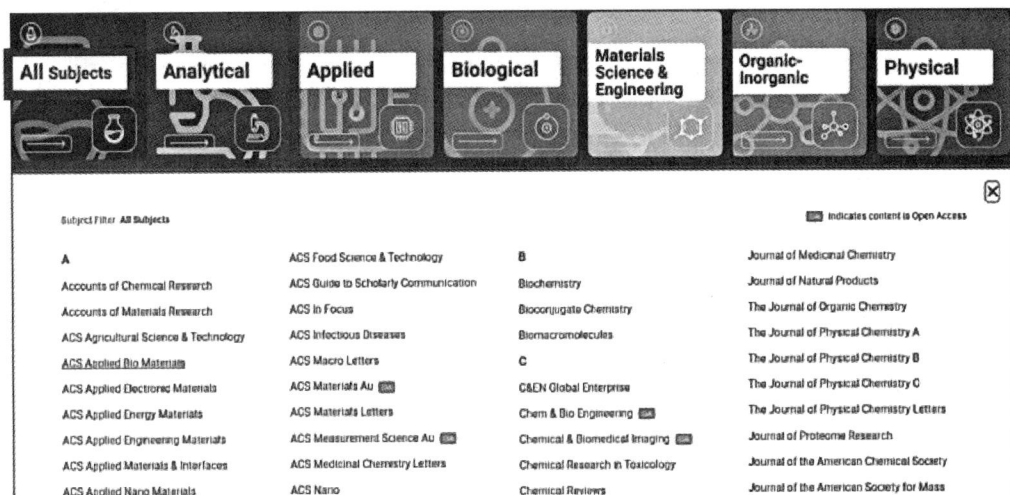

图 3-27　学科浏览界面

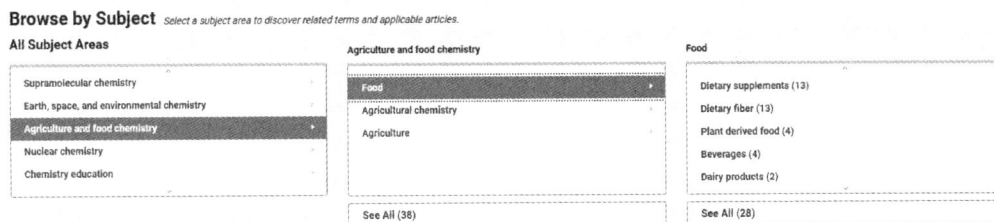

图 3-28　某一期刊中按学科浏览示例

②各期刊主页列出特刊(Virtual Issue/Special Issue)或各类专栏(包括编辑的话、展望、新闻等)入口,用户可一次性查看推荐文章和期刊动态。

③可在期刊/电子图书的目录页预览摘要文字和插图。

④在网页版全文中,文章的被访问、转发/收藏和引用次数一目了然,插图、参考文献列表和 Supporting Information 统一整合至侧栏。

⑤用移动设备打开数据库,网页自动适应,无须安装 APP。

(3)简单检索。

在首页检索栏输入关键词或作者名时,系统会根据输入内容实时触发联想关键词,提供相关性更高的检索结果,如图 3-29 所示。

(4)高级检索。

点击一次检索结果页面的"REFINE SEARCH",展开高级检索选项,包括检索词出现的位置、出版日期、期刊名称等。设置好进一步筛选的条件后,再次检索。高级检索示例如图 3-30 所示。

(5)保存检索式和远程访问方法。

①保存检索式。

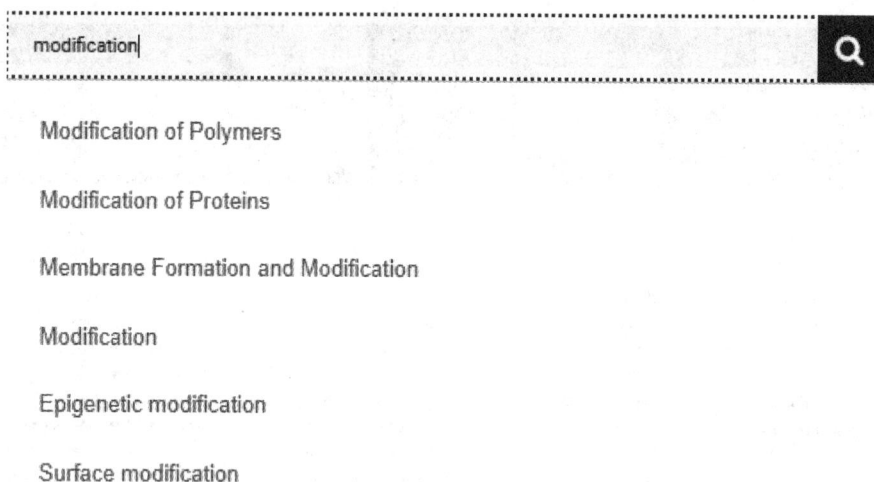

图 3-29　简单检索示例

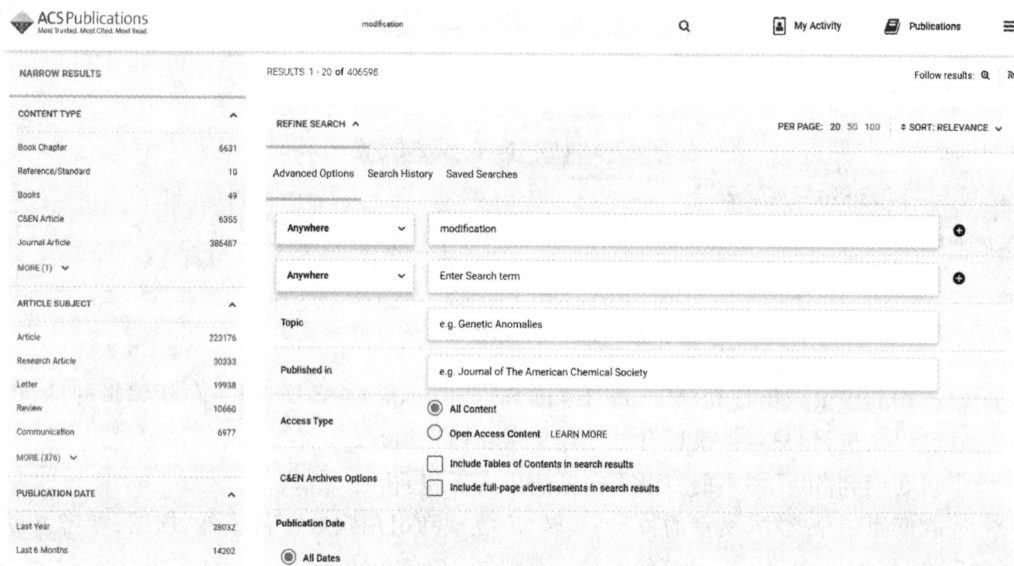

图 3-30　高级检索示例

如果用户曾注册过 ACS ID,那么使用该账号登录新版数据库平台后,之前保存的所有检索式依然在账号中。保存检索式如图 3-31 至图 3-33 所示。

图 3-31　保存检索式 1

图 3-32　保存检索式 2

②远程访问方法。

2020 年起,ACS 数据库加入 CARSI(中国教育和科研计算机网联邦认证与资源共享基础设施)联盟,向该联盟的成员高校提供远程访问认证服务。访问 ACS 数据库首页,点

图 3-33　保存检索式 3

击右上角的"Find my institution",在展开的页面中点击右侧的"CARSI Federation",即可看到已订购数据库的成员高校名单;点击所属学校名称进入认证页面,登录后即可在校外访问 ACS 电子期刊和图书资源。ACS 远程访问如图 3-34 至图 3-36 所示。

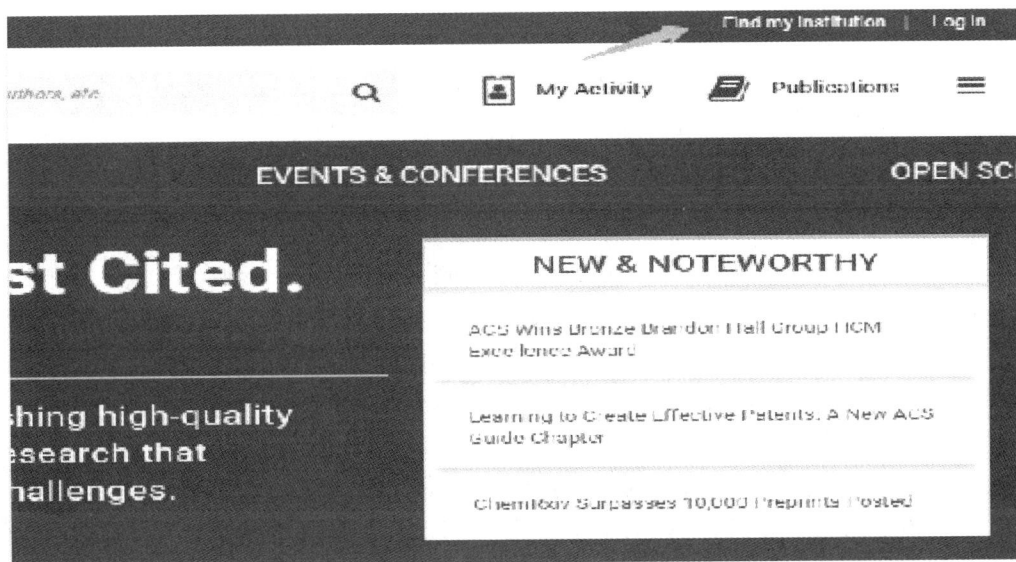

图 3-34　ACS 远程访问 1

图 3-35　ACS 远程访问 2

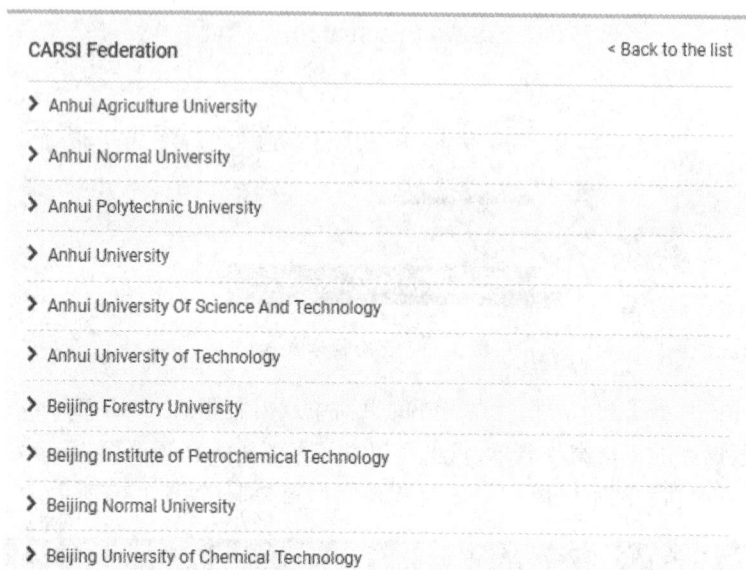

图 3-36　ACS 远程访问 3

3.3.3　数据库检索案例

访问 ACS 数据库检索论文,检索有关"全连续流反应技术的药物合成"(Fully Continuous Flow Reaction Technologies in Pharmaceutical Synthesis)的文献。

检索步骤如下:

(1)分析课题,选择检索词。

主题词:药物合成(Pharmaceutical Synthesis)。副主题词 1:全连续流(Fully Continuous Flow)。副主题词 2:反应技术(Reaction Technologies)。

(2)登录 ACS 数据库进入基本检索页面,在检索框中输入"Pharmaceutical Synthesis",点击检索,得到检索结果,共 114196 篇。点击结果页面的"REFINE SEARCH"展开高级检索选项,选择 Abstract 字段,在检索框中输入"Fully Continuous Flow",在下一行选择 Anywhere 字段并输入"Reaction Technologies",两个检索词用 AND 连接,时间跨度设置为不限。检索输入方法如图 3-37 至图 3-39 所示。

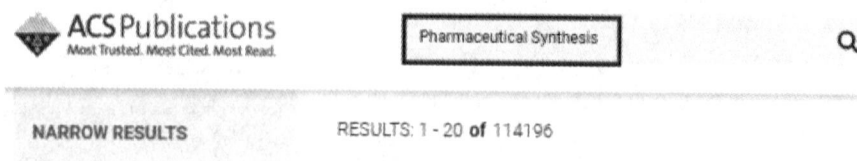

图 3-37　检索输入方法 1

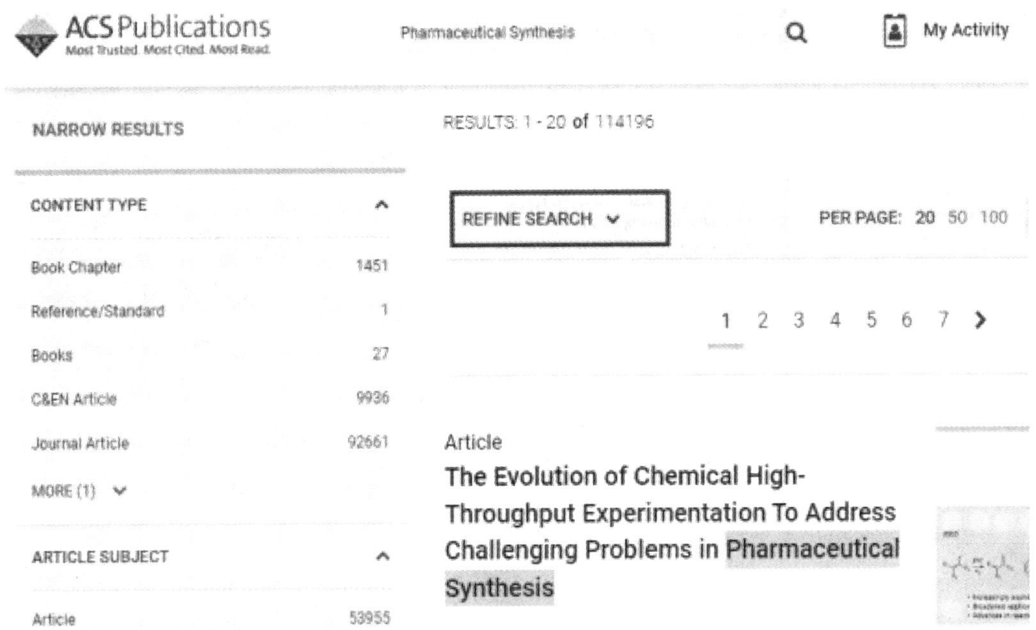

图 3-38　检索输入方法 2

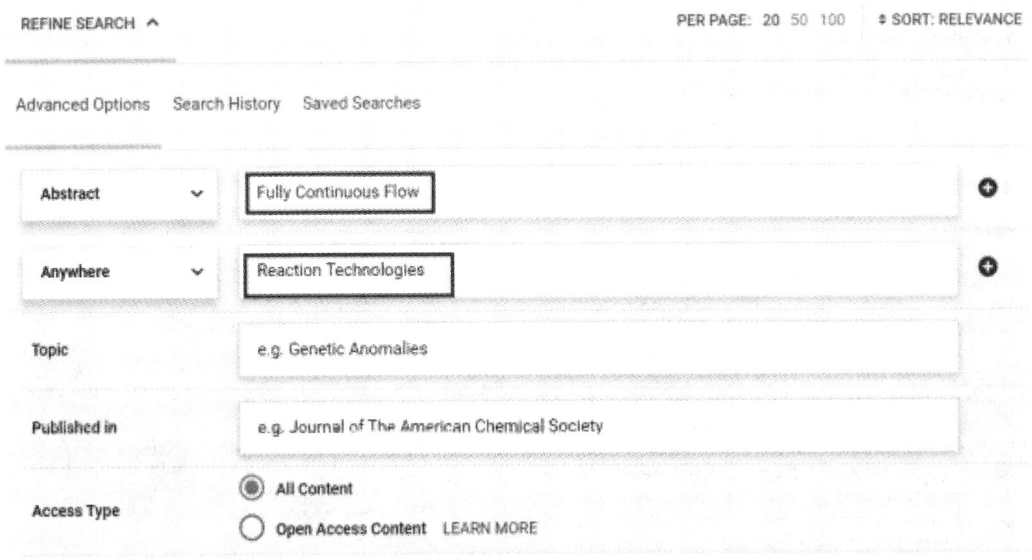

图 3-39　检索输入方法 3

（3）点击检索按钮执行检索，系统返回 45 条检索结果，如图 3-40 所示。

（4）检索结果处理：在检索结果页面，我们可以浏览题录与文摘、阅读和下载全文，也可以将标记的记录按需要导出或进行排序。页面左侧提供了多种精炼检索结果的选项，包括 CONTENT TYPE、ARTICLE SUBJECT、PUBLICATION DATE、TOPICS、CONTRIBUTOR 等。论文文摘页面如图 3-41 所示。

图 3-40　检索结果

ARTICLE | August 15, 2016

Feedback in Flow for Accelerated Reaction Development

Brandon J. Reizman, and Klavs F. Jensen[*]

View Author Information ∨

📖 Read Online　　📄 Open PDF

Abstract

Conspectus

The pharmaceutical industry is investing in continuous flow and high-throughput experimentation as tools for rapid process development accelerated scale-up. Coupled with automation, these technologies offer the potential for comprehensive reaction characterization and optimization, but with the cost of conducting exhaustive multifactor screens. Automated feedback in flow offers researchers an alternative strategy for efficient characterization of reactions based on the use of continuous technology to control chemical reaction conditions and optimize in lieu of screening. Optimization with feedback allows experiments to be conducted where the most information can be gained from the chemistry, enabling product yields to be maximized and kinetic models to be generated while the total number of experiments is minimized.

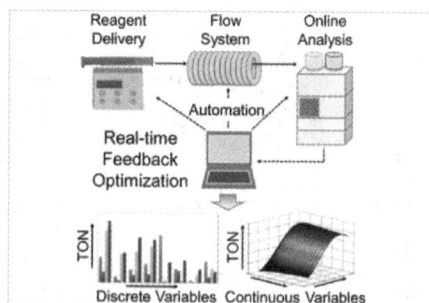

This Account opens by reviewing select examples of feedback optimization in flow and applications to chemical research. Systems in the literature are classified into (i) deterministic "black box" optimization systems that do not model the reaction system and are therefore limited in the utility of results for scale-up, (ii) deterministic model-based optimization systems from which reaction kinetics and/or mechanisms can be automatically evaluated, and (iii) stochastic systems. Though diverse in application, flow feedback systems have predominantly focused upon the optimization of continuous variables, i.e., variables such as time, temperature, and concentration that can be ramped from one experiment to the next. Unfortunately, this implies that the screening

图 3-41　论文文摘页面

3.4　IEEE 数据库

3.4.1　数据库概述

IEEE(电气电子工程师学会)成立于 1884 年,是目前全球最大的非营利性专业技术学会,在全球 160 多个国家拥有超过 45 万名会员。IEEE 在电气电子、计算机、半导体、通信、电力能源、生物医学工程、航天系统工程、消费电子等领域具有权威地位,出版技术期刊 190 多种,每年举办 1800 多场国际学术会议,制定国际和行业技术标准 1000 多项。

IEEE 数据库的全称为 IEEE Xplore Digital Library,是 IEEE 旗下的一个重要在线学术资源平台。该数据库收录了超过 600 万篇高质量文献,涵盖电气工程、计算机科学、通信技术、人工智能等前沿领域,包含学术期刊、会议论文、技术标准、电子图书和在线课程等多种资源类型。此外,数据库平台还整合了 IEEE-Wiley 电子图书、MIT 出版社资源、IBM 技术报告等优质合作内容,为科研工作者提供权威、及时的技术参考。

3.4.2　数据库检索方法

1.进入数据库

访问 https://ieeexplore.ieee.org,进入 IEEE Xplore 平台首页。IEEE Xplore 平台根据出版物类型将其资源分为五大类:电子图书(Books)、会议(Conferences)、在线课程(Courses)、期刊与杂志(Journals & Magazines)和 IEEE 标准(Standards)。平台不定期更新内容,包括专题作家(Featured Authors)、专题文章(Featured Articles)、新闻与动态(News and Updates)以及即将召开的会议(Upcoming Conferences)。

2.检索

1)检索方法

IEEE 的检索方法主要有一框式检索(Global Search)、高级检索(Advanced Search)、命令检索(Command Search)、浏览检索(Browse Search)、二次检索(Search within results)等五种。

(1)一框式检索。

一框式检索是在 IEEE Xplore 平台任意页面顶部的检索框内输入关键词或检索式进行检索的方式。

IEEE Xplore 平台默认的检索范围是元数据,也可以构建复杂的布尔逻辑检索式来限定检索位置,例如"Abstract":ofdm AND "Publication Title":communications。使用关键词进行检索时,系统提供 type-ahead 功能,会自动推荐题名、刊物名、主题中有使用价值的关键词和词组。此外,平台具备拼写自动识别功能,可同时匹配英式和美式拼写,并支持词根关联检索,自动匹配名词单复数形式及动词的各种时态变化。一框式检索如图 3-42 所示。

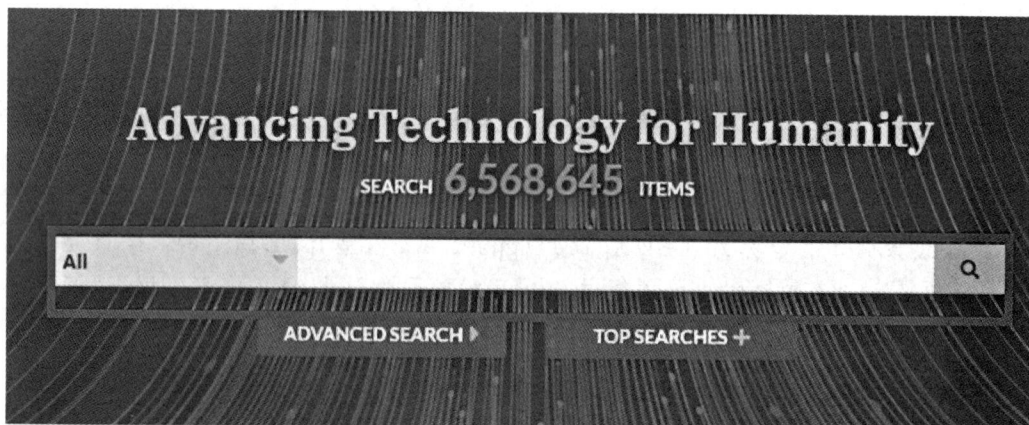

图 3-42　一框式检索

(2)高级检索(见图 3-43)。

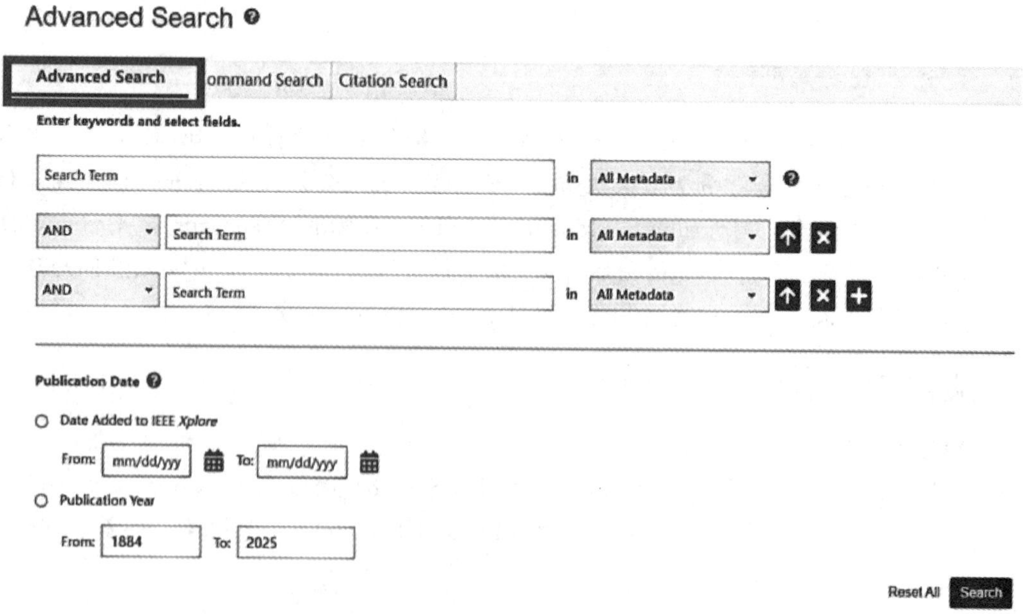

图 3-43　高级检索页面

①点击一框式检索框下方的"ADVANCED SEARCH"。

②在文本框中输入关键词、词组、作者姓名或检索词条。

③选择检索字段和运算符。

④点击"Search"，IEEE Xplore 平台将显示符合要求的检索结果。

（3）命令检索（见图 3-44）。

①点击"Advanced Search"右侧的"Command Search"。

②在文本框里输入检索词或检索式，或者选择文本框上方的字段和运算符，输入检索内容。

③点击"Search"，IEEE Xplore 平台将显示符合要求的检索结果。

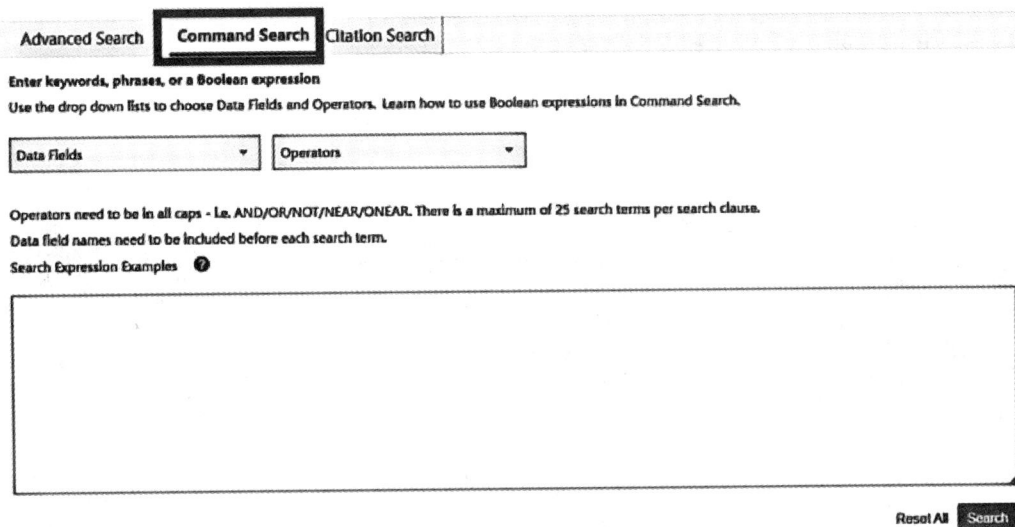

图 3-44　命令检索页面

三种检索方式对比如表 3-2 所示。

表 3-2　三种检索方式对比

检索方法	Global Search	Advanced Search	Command Search
是否支持检索字段	支持所有检索字段（需手动输入）	支持所有检索字段	支持所有检索字段
支持的检索符	AND/OR/NOT/NEAR/ONEAR	AND/OR/NOT	AND/OR/NOT/NEAR/ONEAR
是否支持括号嵌套	支持（）限定优先顺序	不支持	支持（）限定优先顺序
精确检索（词组）	双引号""	双引号""	双引号""

续表

检索方法	Global Search	Advanced Search	Command Search
模糊检索(截词符)	*（多个字母）或 ?（单个字母）	*（多个字母）或 ?（单个字母）	*（多个字母）或 ?（单个字母）
单个检索式单词数量限制 （以检索符为界）	25	25	25
整个检索式单词数量限制	40	40	40
单个检索式截词符数量限制	9	9	9

（4）浏览检索。

浏览检索可按照文献类型进行，包括 Books（图书）、Conferences（会议）、Courses（课程）、Journals & Magazines（期刊与杂志）、Standards（标准）、Recently Published（最近发布）、Popular（热门）等类型，如图 3-45 所示。

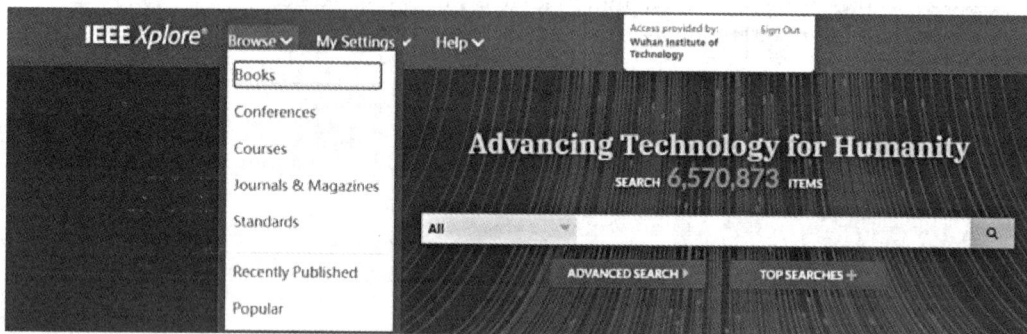

图 3-45　浏览检索

在浏览检索过程中，用户可通过多种方式筛选所需出版物：既可使用关键词快速定位（Search by Keywords），也可按出版物首字母查找；既可点击"By Topic"进行学科分类筛选，也可在选定学科后根据出版物首字母再次筛选。

此外，利用页面左侧的聚类分析栏（Refine results by）可进一步优化浏览检索结果，通过"Sort By"和"Items Per Page"可调整排序方式及每页显示条目数，如图 3-46 所示。找到目标出版物后，直接点击标题即可进入相应页面：期刊与杂志跳转至刊物主页，标准、电子图书和在线课程则显示摘要页面，部分期刊还提供整期下载功能。

（5）二次检索。

二次检索（Search within results）是在已有检索结果的基础上输入新的关键词，进行再次检索。例如，检索 Artificial Intelligence 后，在检索结果页面的二次检索框中输入 apply，相当于执行了 Artificial Intelligence AND apply。二次检索默认在元数据（Metadata）中检索关键词，也可构建命令检索式以限定检索位置。用户可结合出版年份

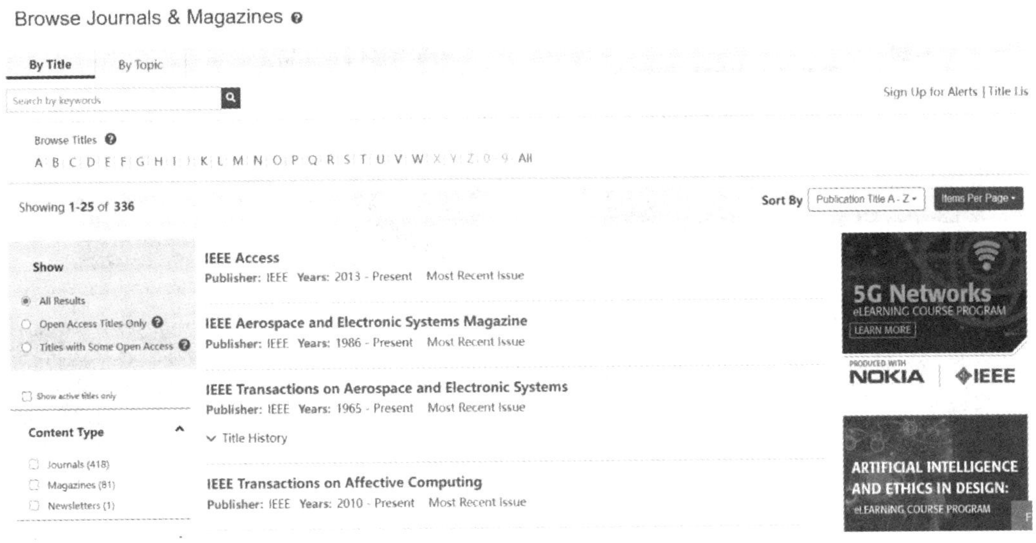

图 3-46　浏览检索结果

（Year）、作者（Author）、作者机构（Affiliation）等，根据检索需求，精简检索结果。二次检索如图 3-47、图 3-48 所示。

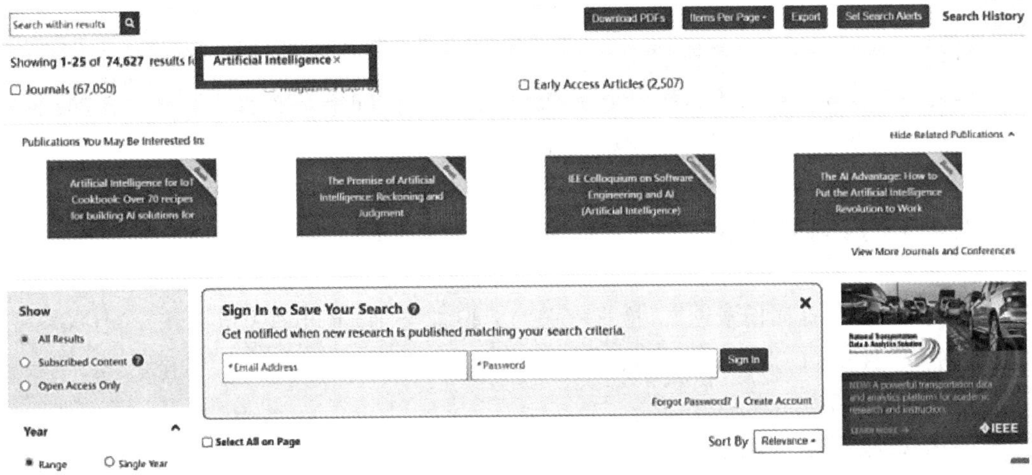

图 3-47　二次检索 1

2）检索结果处理

检索结果页面显示内容包括文献标题、作者、出版物名称、出版年份、文献类型、出版社、被引用情况等，用户可以通过偏好设置进行修改。文献带有订阅标识🔓，表明用户有权限访问此文献的全文。点击"Abstract"可展开文献的摘要，在下拉摘要界面选择"Show More"或点击文章标题可查看完整的文摘信息。直接点击📄标识，便可查看 HTML 全文。

检索结果页面文献列表上方的一些标识及其含义如下。

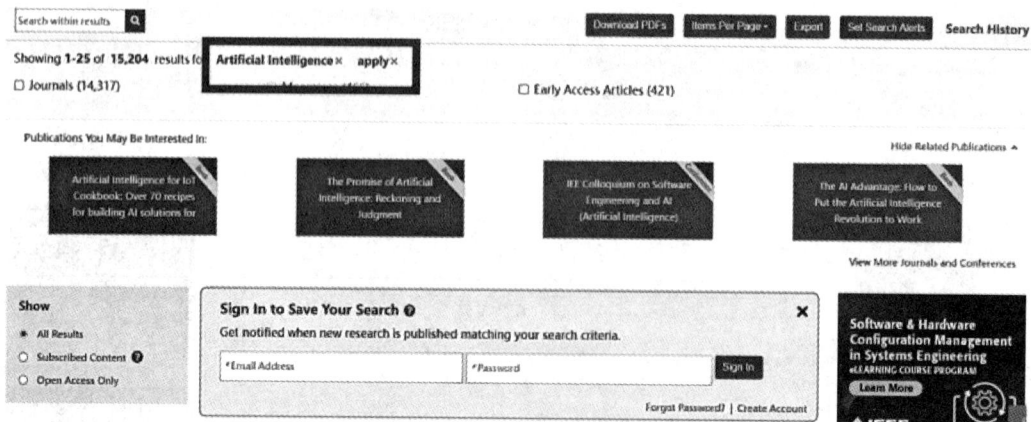

图 3-48　二次检索 2

Download PDFs：批量下载 PDF 全文，每次最多选择 10 篇文献，且总文件大小不超过 500 MB。

Export：导出全部或选定文献的 CSV 格式检索结果（默认是前 2000 个结果），或者导出引文信息；登录 IEEE 个人账号后可将结果导出到 Collabrate 平台进行引文信息管理，或导入 My Research Projects 进行文献整理。

Set Search Alerts：保存检索式。

Search History：提供检索历史记录，允许运行、修改和组合之前的检索内容，最多可存储最近 100 个检索结果（需登录 IEEE 个人账号）。

3.4.3　数据库检索案例

访问 IEEE 数据库检索论文，检索有关"汽油（非柴油）混合动力电动汽车"（Gasoline NOT Diesel Hybrid Electric Vehicle）的文献。

检索步骤如下：

（1）分析课题，选择检索词。

Gasoline NOT Diesel；Hybrid Electric；Vehicle。

（2）使用相关检索技术，构造检索式。

在命令检索中，用户可以通过构造复杂的检索提问式来实现精确检索。命令检索支持使用多种检索词和运算符，也可以完全控制表达式的计算顺序。

构造检索提问式：(gasoline NOT diesel) AND hybrid electric AND vehicle。

该检索式的执行逻辑为：首先，查找包含 gasoline 一词但不包含 diesel 的文献。然后，在此基础上查找同时包含 electric 和 hybrid 两词（单独或短语中出现）以及 vehicle 的文献。最后显示检索结果。尽管没必要使用括号，但添加括号能让创建和读取检索表达式变得更容易。

登录 IEEE 后,进入命令检索(Command Search)页面,在检索框中输入上述检索式即可执行检索,如图 3-49 所示。

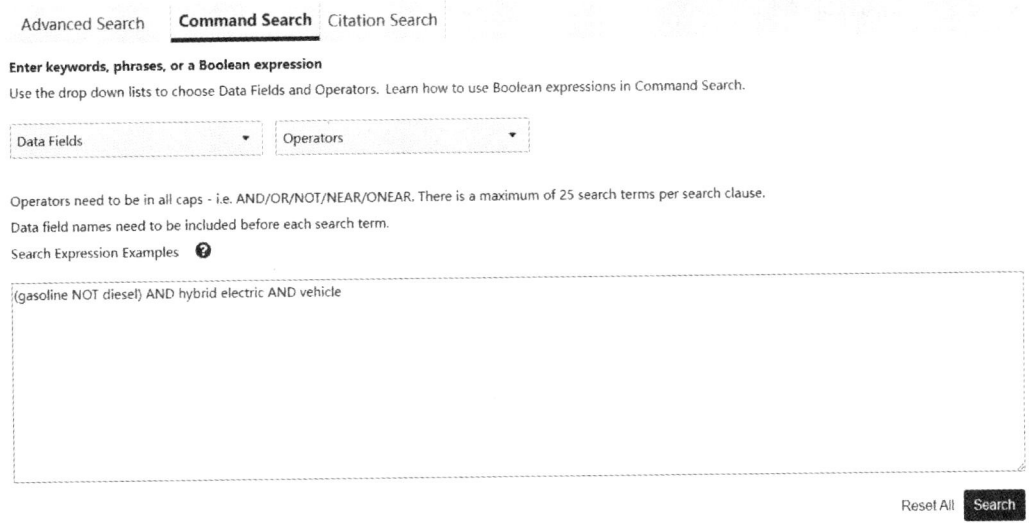

图 3-49　输入检索式

点击"Search",得到 445 系检索结果,如图 3-50 所示。点击任意一条检索结果,即可查看该文献的摘要等详细信息,如图 3-51 所示。

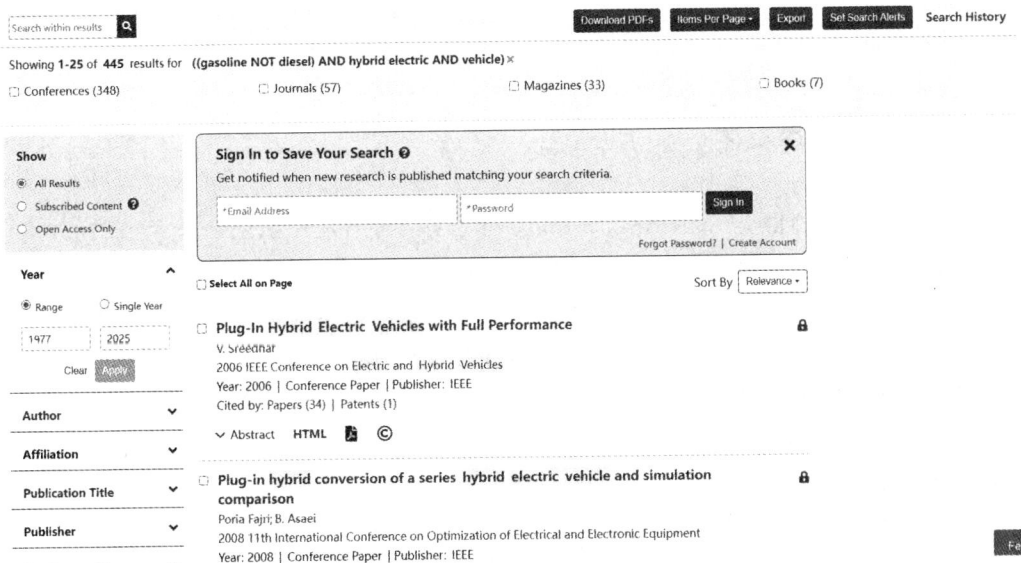

图 3-50　命令检索结果

Plug-in hybrid conversion of a series hybrid electric vehicle and simulation comparison

Publisher: IEEE Cite This 📄 PDF

Poria Fajri; B. Asaei   **All Authors**

Abstract	
Abstract	**Abstract:** Recently there has been a lot of interest in the concept of plug-in hybrid electric vehicle (PHEV). PHEVs are the next generation of hybrid vehicles that offer important advantages over even the cleanest and most efficient of today's vehicles. They use significantly less gasoline and have lower emission rates compared to the current hybrids and conventional vehicles and also have the ability to charge from the electric grid. In this paper conversion of a series hybrid vehicle into a plug-in hybrid without the need to neither change the power train design nor the rating of the electric motor and engine is discussed. Also the performance of a series hybrid vehicle is compared with the converted plug-in model of the same vehicle using the advanced vehicle simulator (ADVISOR). The comparison outlines the benefits of the plug-in version in terms of fuel consumption and emissions and indicates that for distances more than twice the all-electric range, a PHEV is not considered economical taking into account the extra battery cost. Therefore, choosing the right electric range to handle the daily driving needs is essential and car producers are expected to produce PHEVs with different all-electric ranges for their customers.
Document Sections	
I. Introduction	
II. Control Strategies	
III. Batteries	
IV. PHEV Conversion	
V. Case Study	
Show Full Outline ▾	
Authors	**Published in:** 2008 11th International Conference on Optimization of Electrical and Electronic Equipment
Figures	
References	**Date of Conference:** 22-24 May 2008 **DOI:** 10.1109/OPTIM.2008.4602422

图 3-51　查看文献详细信息

3.5　ASCE 数据库

3.5.1　数据库概述

美国土木工程师协会（American Society of Civil Engineers，ASCE）成立于 1852 年，是历史悠久的专业工程师学会。作为全球土木工程领域的领导者，ASCE 拥有来自全球 177 个国家的超过 15 万名会员。为鼓励工程师之间分享更多的信息，ASCE 已和其他国家的 65 个土木工程学会达成了合作协议。ASCE 数据库为土木工程领域研究人员和从业人员提供了丰富的学术资源和专业信息，拥有 41 种期刊、900 多卷会议录、480 多本电子图书和电子版新闻杂志，每年增加 5000 多篇论文。资源类型涵盖期刊、电子书、标准、会议论文以及工程师、业主和施工相关文档等。

ASCE 拥有以下知名期刊：

Journal of Infrastructure Systems《基础设施系统杂志》（季刊）；

Journal of Transportation Engineering，Part A：Systems《运输工程杂志，A 辑：系统》（月刊）；

Journal of Urban Planning and Development《城市规划与发展杂志》（季刊）；

Journal of Highway and Transportation Research and Development《公路交通科技》(季刊);

Journal of Transportation Engineering，Part B：Pavements《运输工程杂志，B 辑：路面》(季刊);

Journal of Bridge Engineering《桥梁工程杂志》(月刊);

Journal of Structural Engineering《结构工程杂志》(月刊);

Practice Periodical on Structural Design and Construction《结构设计与施工实践期刊》(季刊);

Journal of Management in Engineering《工程管理杂志》(双月刊);

Journal of Professional Issues in Engineering Education and Practice《工程教育与实践专业问题杂志》(季刊);

International Journal of Geomechanics《国际地质力学杂志》(月刊);

Journal of Geotechnical and Geoenvironmental Engineering《土工技术与地质环境工程杂志》(月刊);

Journal of Engineering Mechanics《工程力学杂志》(月刊);

Journal of Waterway，Port，Coastal，and Ocean Engineering《水路、港口、海岸和海洋工程杂志》(双月刊);

Journal of Composites for Construction《建筑复合材料杂志》(双月刊);

Journal of Construction Engineering and Management《建筑工程与管理杂志》(月刊);

Journal of Materials in Civil Engineering《土木工程材料期刊》(月刊);

Journal of Legal Affairs and Dispute Resolution in Engineering and Construction《施工建造中的法律事务和纠纷解决》(季刊);

Journal of Surveying Engineering《测量工程杂志》(季刊);

Journal of Computing in Civil Engineering《土木工程计算杂志》(双月刊);

Journal of Environmental Engineering《环境工程期刊》(月刊);

Journal of Hydraulic Engineering《水利工程杂志》(月刊);

Journal of Hydrologic Engineering《水文工程杂志》(月刊);

Journal of Irrigation and Drainage Engineering《灌溉与排水工程杂志》(月刊);

Journal of Water Resources Planning and Management《水资源规划与管理杂志》(月刊);

Journal of Sustainable Water in the Built Environment《建成环境可持续用水杂志》(季刊);

Journal of Hazardous，Toxic，and Radioactive Waste《危险有毒放射性废物杂志》(季刊);

ASCE-ASME Journal of Risk and Uncertainty in Engineering Systems，Part A：Civil Engineering《ASCE-ASME 工程系统风险和不确定性杂志，A 辑：土木工程》(季

刊）；

Journal of Aerospace Engineering《航空航天工程杂志》（双月刊）；

Journal of Architectural Engineering《建筑工程杂志》（季刊）；

Journal of Cold Regions Engineering《寒区工程杂志》（季刊）；

Journal of Energy Engineering《能源工程杂志》（双月刊）；

Natural Hazards Review《自然公害评论》（季刊）；

Journal of Performance of Constructed Facilities《已建成设施性能杂志》（双月刊）；

Journal of Pipeline Systems Engineering and Practice《管道系统工程与实践杂志》（季刊）。

ASCE 拥有以下知名会议录：

World Environmental & Water Resources Congress（世界环境与水资源大会，2003年至今）；

Geotechnical Special Publications（GSP）（地质技术特别出版物系列，1996 年至今，包括 Geo-Risk、Geo-China、Geo-Congress、Geotechnical Frontiers 等）；

ICCREM（建设与房地产管理国际学术研讨会，2013 年至今）；

Structures Congress（结构大会，2000 年至今）；

COTA International Conference of Transportation Professionals（COTA 国际交通科技年会，2012 年至今）。

3.5.2　数据库检索方法

1. 进入数据库

输入网址 https://ascelibrary.org，访问 ASCE 主页，如图 3-52 所示。

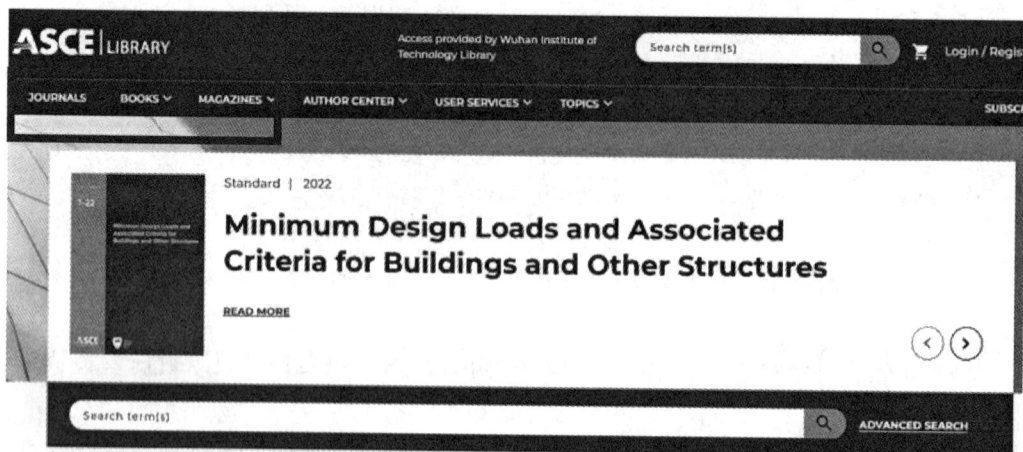

图 3-52　ASCE 主页

2.检索

1)检索技术

布尔逻辑检索:可以在检索字段中使用布尔运算符 AND、OR 和 NOT。默认情况下,检索词之间按 AND 关系处理,除非明确指定其他运算符。

作者检索:检索多个作者时,用 AND 或 OR 分隔作者姓名。使用 AND 将检索多个作者共同创作的内容,使用 OR 将检索由任一作者单独创作的内容。

短语检索:用引号将检索词括起来,以检索该短语的完全匹配项。例如,搜索"civil war"将找到包含该完整短语的文章。如果不加引号,系统将返回包含所有检索词(但不一定连续出现)的文章。

通配符:问号(?)表示任意一个字符,星号(*)表示零个或多个字符。例如,搜索 Europe * 将显示包含 Europe 和 European 等词的文献。注意:通配符不能用于搜索词的开头,也不能在引号内的短语中使用。

数字对象标识符(DOI):直接输入完整 DOI(如 10.1152/ajpcell.00334.2017)即可检索对应文献。

作者检索可能出现的问题如下。

①检索"John B Smith" or "Smith,John B"。

结果为 John Boris Smith,John B Smith,J B Smith,John Smith,J Smith;不会出现 John Louis Smith,J L Smith,Jeff Smith,Robert Smith,R Smith。

②检索"John Smith" or "Smith,John"。

结果为 John Boris Smith,John B Smith,John L Smith,J B Smith,J L Smith,J Smith;不会出现 Jeff Smith,Robert Smith,R Smith。

③检索"J Smith" or "Smith,J"。

结果为 John Boris Smith,John B Smith,John L Smith,J B Smith,J L Smith,J Smith,Jeff Smith;不会出现 Robert Smith,R Smith。

2)检索方法

ASCE 数据库提供多种检索方式,包括浏览检索、简单检索、高级检索、引文检索、二次检索等。

(1)浏览检索。

在 ASCE 主页,可以点击 Journals(期刊)、Books(图书)、Proceedings(论文集)、Standards(标准)、Magazines(杂志)等进行浏览,如图 3-53 所示。浏览检索的方式有三种:按出版物浏览、按首字母顺序浏览、按主题浏览。

EXPLORE ASCE LIBRARY

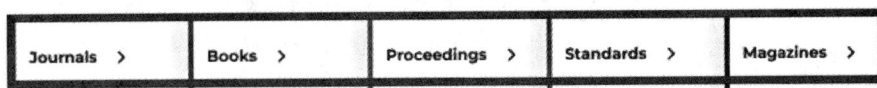

| Journals > | Books > | Proceedings > | Standards > | Magazines > |

图 3-53　ASCE 主页浏览检索选项

在主页点击"Journals",可进入期刊浏览,如图 3-54、图 3-55 所示。

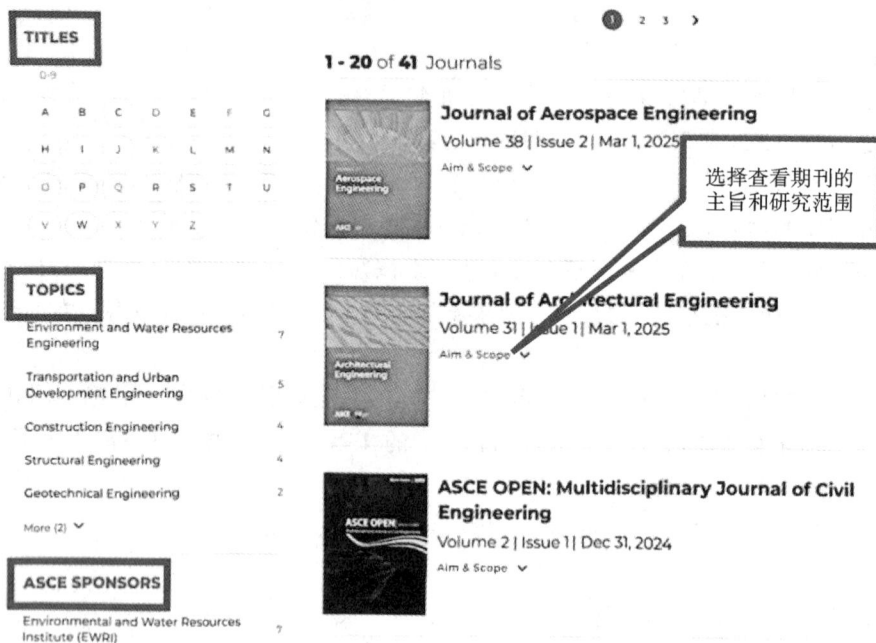

图 3-54　期刊浏览 1

图 3-55　期刊浏览 2

(2)简单检索。

在 ASCE 主页顶部的检索框内输入关键词或检索式,点击检索按钮即可进行检索,如输入"Geosynthetics",检索与之相关的内容,如图 3-56 所示。系统默认检索结果按相关度排序,还支持按发表时间、下载量和引用次数排序。在检索结果页面的左边栏,用户可通过文献类型、作者、出版物名称等进一步筛选检索结果,如图 3-57 所示。

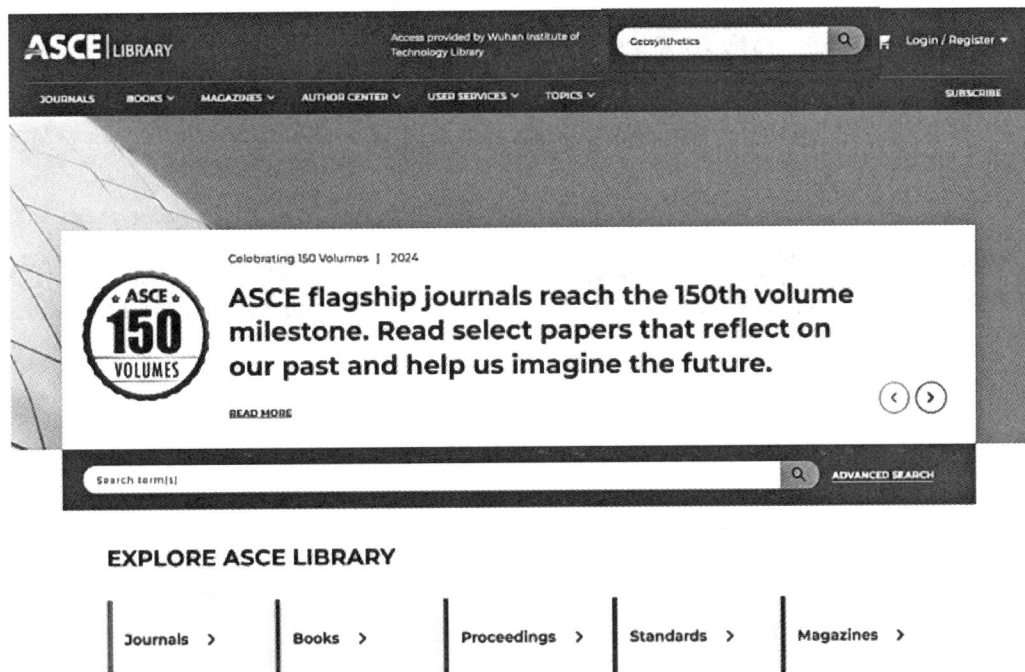

图 3-56　简单检索

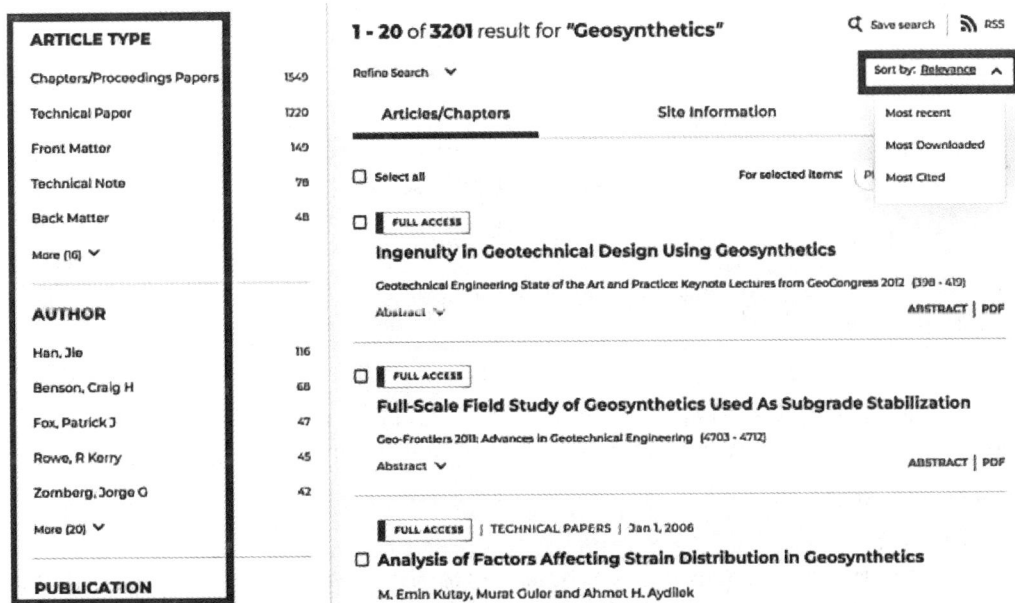

图 3-57　检索结果

（3）高级检索。

在 ASCE 主页顶部单击简单检索框，将出现高级检索和引文检索选项，如图 3-58 所示。

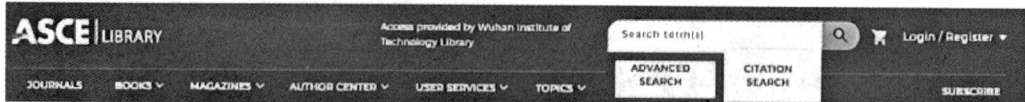

图 3-58　高级检索和引文检索选项

点击"ADVANCED SEARCH"，进入高级检索页面，如图 3-59 所示。

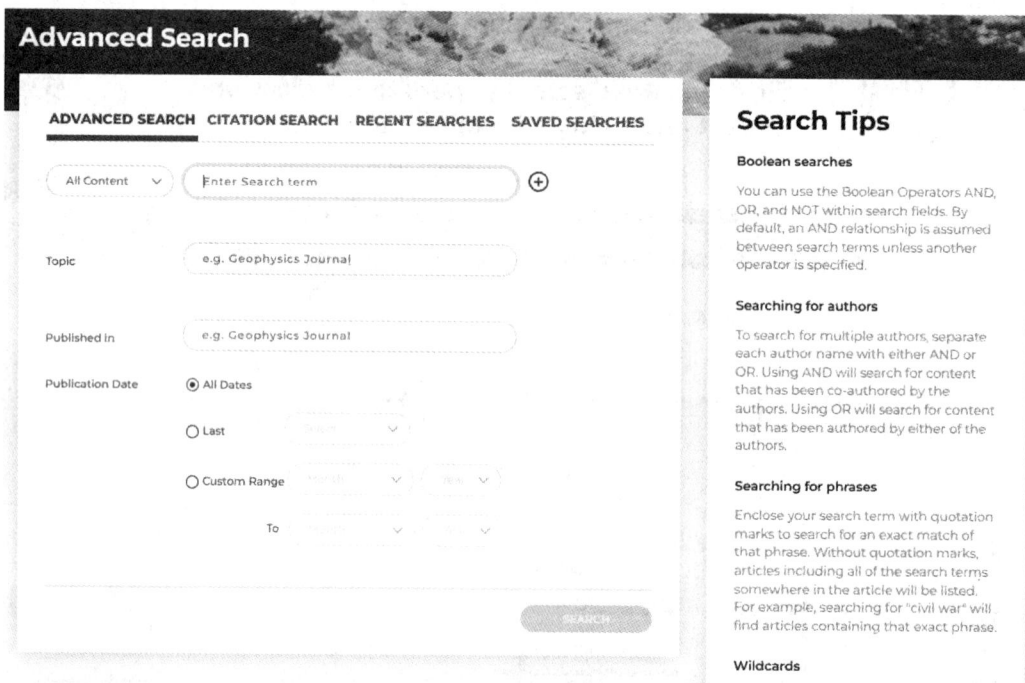

图 3-59　高级检索页面

在高级检索页面的检索框中输入检索词"remote sense* tech* rs tech*"，点击"SEARCH"，系统返回 699 条检索结果，如图 3-60 所示。

（4）引文检索。

如图 3-61 所示，点击"CITATION SEARCH"，进入引文检索页面，在检索框中输入检索信息即可执行检索。例如，在"Journal"处输入"Journal of Aerospace Engineering"，在"Volume"处输入"35"，在"Issue"处输入"2"，点击"SEARCH"，可以得到引文检索结果，如图 3-62 所示。

（5）二次检索。

二次检索是在高级检索的基础上进行的。根据前文介绍的高级检索，在检索结果页面点击"Refine Search"，进行二次检索。在第二行选择文摘字段，输入检索词"Apply"，点击"SEARCH"得到二次检索结果，如图 3-63、图 3-64 所示。

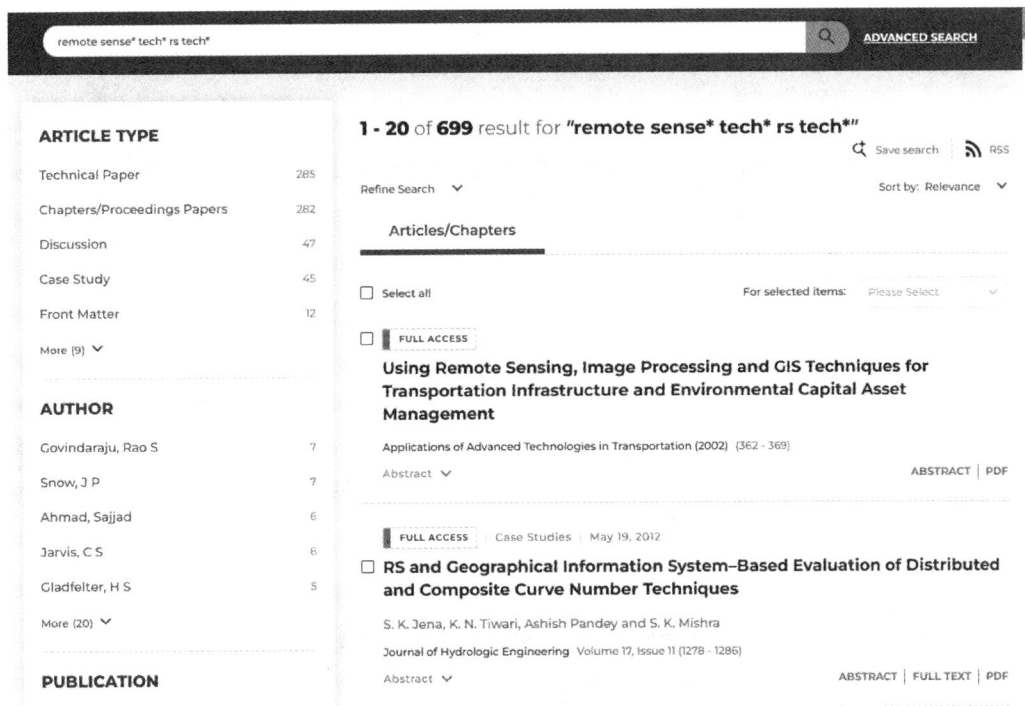

图 3-60　高级检索结果

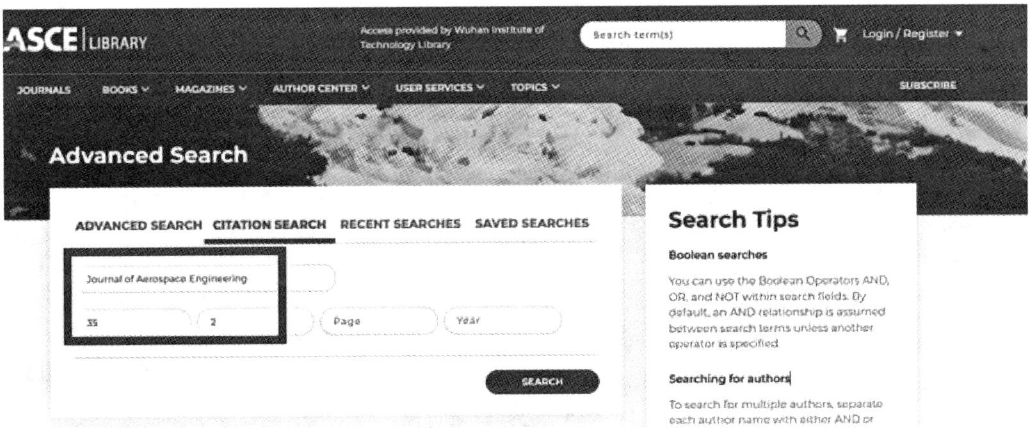

图 3-61　引文检索页面

3）个性化服务

①电子邮件提醒：输入 email 地址，选择希望接收邮件提醒的期刊（Journal）和主题（Topic），并选择接收邮件的格式（HTML 或 ASCII），完成选择后，点击"Subscribe"提交。

②检索式 RSS 订阅：使用前需要先下载安装 FeedDemon 阅读器软件，安装完成后才能进行订阅操作。

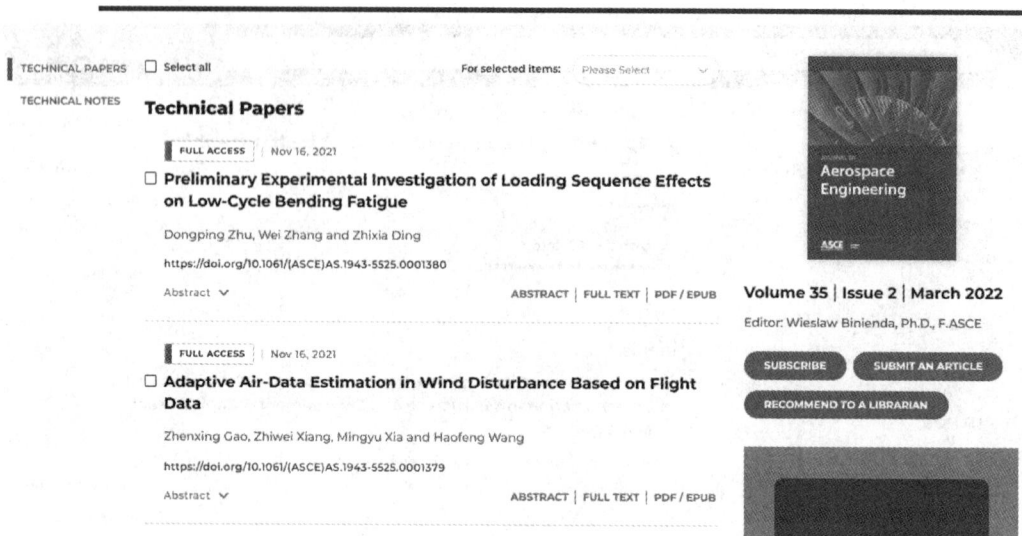

图 3-62　引文检索结果

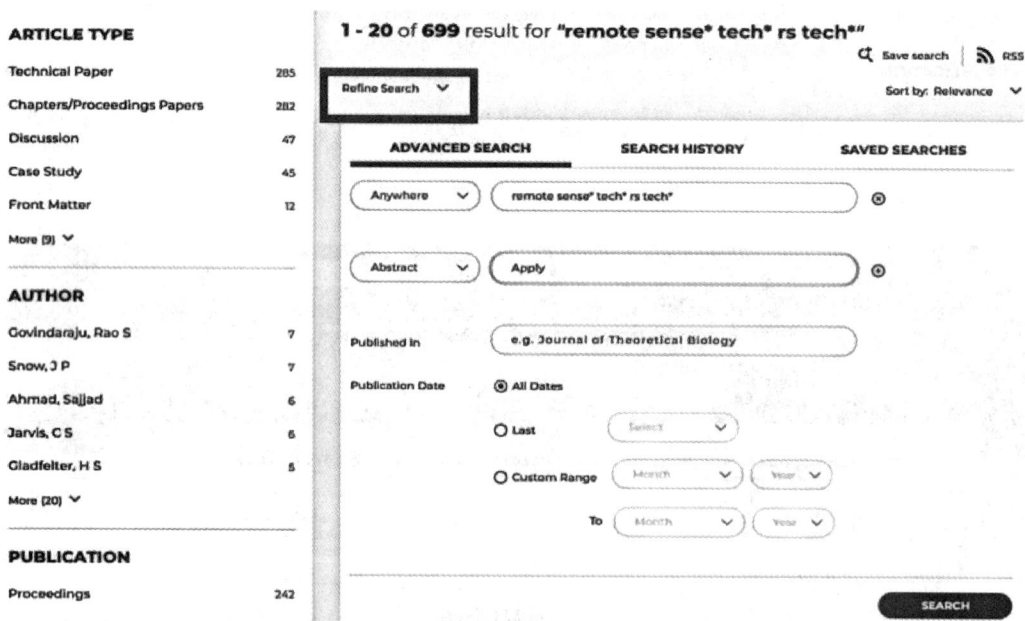

图 3-63　二次检索页面

③我的文章收藏夹：首次使用该功能前需要先完成注册。用户点击主页上的"My Article Collection"链接，进入 Scitation 平台，在"Sign up for free now"选项中完成注册流程。注册成功后，用户可以在我的文章收藏夹中保存感兴趣的文献列表，根据实际需求创建多个 Collection，每个 Collection 最多可收藏 50 篇文献。该功能支持浏览已收藏的文献，编辑 Collection 的内容和属性，还可以与研究小组成员共享 Collection 中的收藏内容。

ARTICLE TYPE

Technical Paper	217
Chapters/Proceedings Papers	215
Case Study	41
State of the Art Review	6
Technical Note	2

AUTHOR

Ahmad, Sajjad	6
Stephen, Haroon	5
Deb, Debasis	4
Govindaraju, Rao S	4
Karamouz, Mohammad	4
More (20) ⌄	

PUBLICATION

Proceedings	194

1 - 20 of **481** result for *"remote sense* tech* rs tech*"* AND *"Apply"*

Save search　　RSS

Refine Search ⌄　　　　　　　　　　　　　Sort by: Relevance ⌄

Articles/Chapters

☐ Select all　　　　　　　　For selected items: Please Select ⌄

☐ FULL ACCESS

Using Remote Sensing, Image Processing and GIS Techniques for Transportation Infrastructure and Environmental Capital Asset Management

Applications of Advanced Technologies in Transportation (2002) (362 - 369)

Abstract ⌄　　　　　　　　　　　　　　　ABSTRACT | PDF

☐ FULL ACCESS　Case Studies　May 19, 2012

RS and Geographical Information System–Based Evaluation of Distributed and Composite Curve Number Techniques

S. K. Jena, K. N. Tiwari, Ashish Pandey and S. K. Mishra

Journal of Hydrologic Engineering　Volume 17, Issue 11 (1278 - 1286)

Abstract ⌄　　　　　　　　　　　ABSTRACT | FULL TEXT | PDF

图 3-64　二次检索结果

文章的个性化定制服务提供以下功能：将文章添加到社会书签；下载标准格式的引文；链接到 My Scitation 个人空间；通过 email 发送文摘；接收文章更正提醒；使用优化检索工具；提供更友好的打印输出界面。

3.5.3　数据库检索案例

访问 ASCE 数据库检索论文，检索"有关遥感技术在环境中的应用"的研究课题。

（1）分析课题，选择检索词。

关键词：遥感技术（remote sensing technology、remote sensing technique、remote sensing、rs technology）；环境（environment）。

（2）使用相关检索技术，构造检索式。

检索式：（remote sens* techn*）OR（rs techn*）。

登录 ASCE 平台，进入高级检索页面，在检索框中输入上述检索式，如图 3-65 所示。

点击"SEARCH"，得到检索结果，如图 3-66 所示。

在检索结果页面点击"Refine Search"，进行二次检索，在第二行的任意字段输入检索词"environment*"，如图 3-67 所示。

点击"SEARCH"，得到二次检索结果，如图 3-68 所示。

点击二次检索结果页面的任意一篇文献名称，显示文摘页面，如图 3-69 所示。

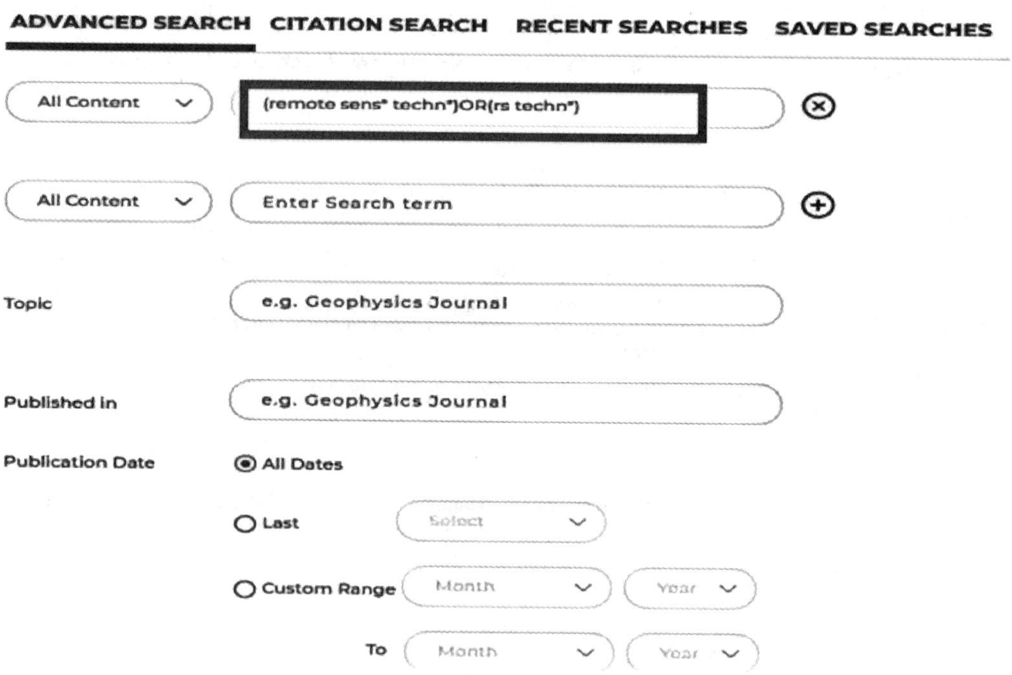

ADVANCED SEARCH   CITATION SEARCH   RECENT SEARCHES   SAVED SEARCHES

All Content ∨   (remote sens* techn*)OR(rs techn*)   ⊗

All Content ∨   Enter Search term   ⊕

Topic   e.g. Geophysics Journal

Published in   e.g. Geophysics Journal

Publication Date   ⦿ All Dates

⭘ Last   Select ∨

⭘ Custom Range   Month ∨   Year ∨

To   Month ∨   Year ∨

图 3-65　输入检索式

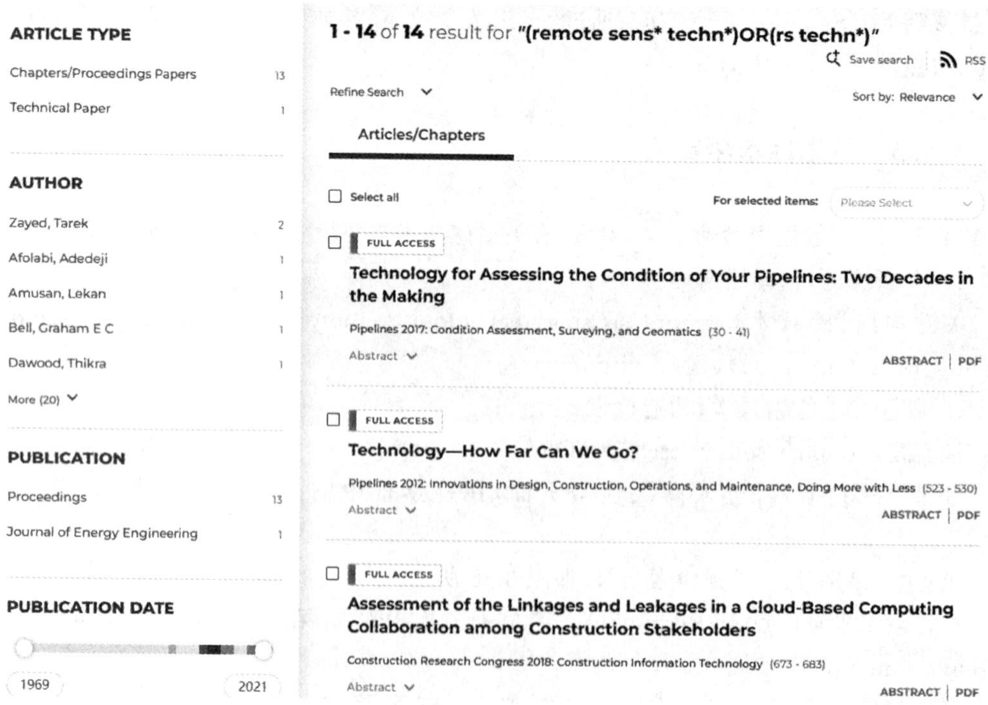

ARTICLE TYPE

Chapters/Proceedings Papers   13

Technical Paper   1

AUTHOR

Zayed, Tarek   2

Afolabi, Adedeji   1

Amusan, Lekan   1

Bell, Graham E C   1

Dawood, Thikra   1

More (20) ∨

PUBLICATION

Proceedings   13

Journal of Energy Engineering   1

PUBLICATION DATE

1969   2021

1 - 14 of **14** result for **"(remote sens* techn*)OR(rs techn*)"**

Cᴵ Save search   🔊 RSS

Refine Search ∨   Sort by: Relevance ∨

Articles/Chapters

☐ Select all   For selected items: Please Select ∨

☐ FULL ACCESS

Technology for Assessing the Condition of Your Pipelines: Two Decades in the Making

Pipelines 2017: Condition Assessment, Surveying, and Geomatics (30 - 41)

Abstract ∨   ABSTRACT │ PDF

☐ FULL ACCESS

Technology—How Far Can We Go?

Pipelines 2012: Innovations in Design, Construction, Operations, and Maintenance, Doing More with Less (523 - 530)

Abstract ∨   ABSTRACT │ PDF

☐ FULL ACCESS

Assessment of the Linkages and Leakages in a Cloud-Based Computing Collaboration among Construction Stakeholders

Construction Research Congress 2018: Construction Information Technology (673 - 683)

Abstract ∨   ABSTRACT │ PDF

图 3-66　检索结果

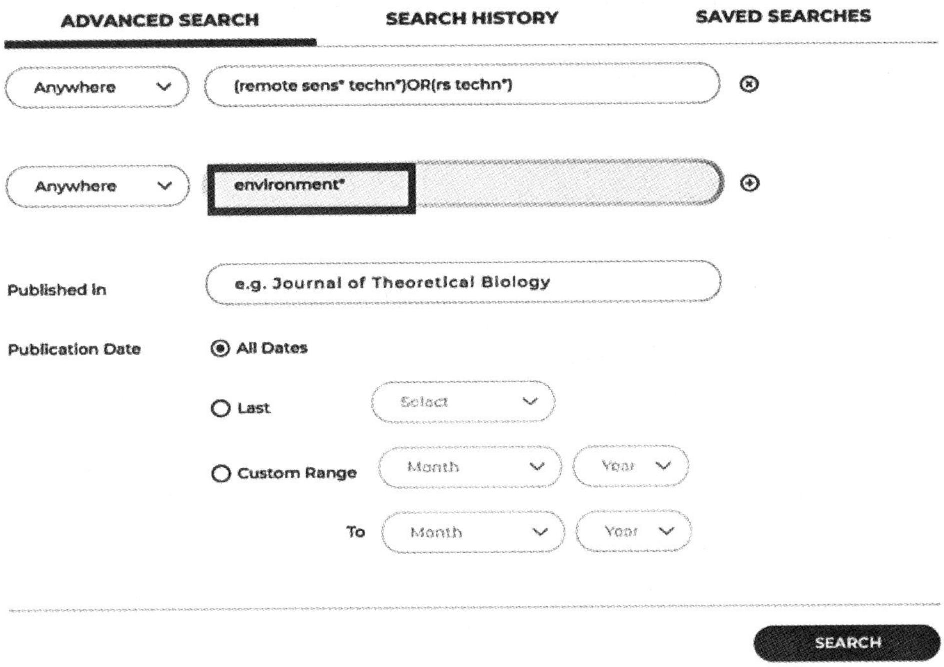

ADVANCED SEARCH　　　　**SEARCH HISTORY**　　　　**SAVED SEARCHES**

| Anywhere ∨ | (remote sens* techn*)OR(rs techn*) | ⊗ |

| Anywhere ∨ | environment* | ⊕ |

Published in　　e.g. Journal of Theoretical Biology

Publication Date　◉ All Dates

○ Last　　Select ∨

○ Custom Range　Month ∨　Year ∨

To　Month ∨　Year ∨

SEARCH

图 3-67　二次检索

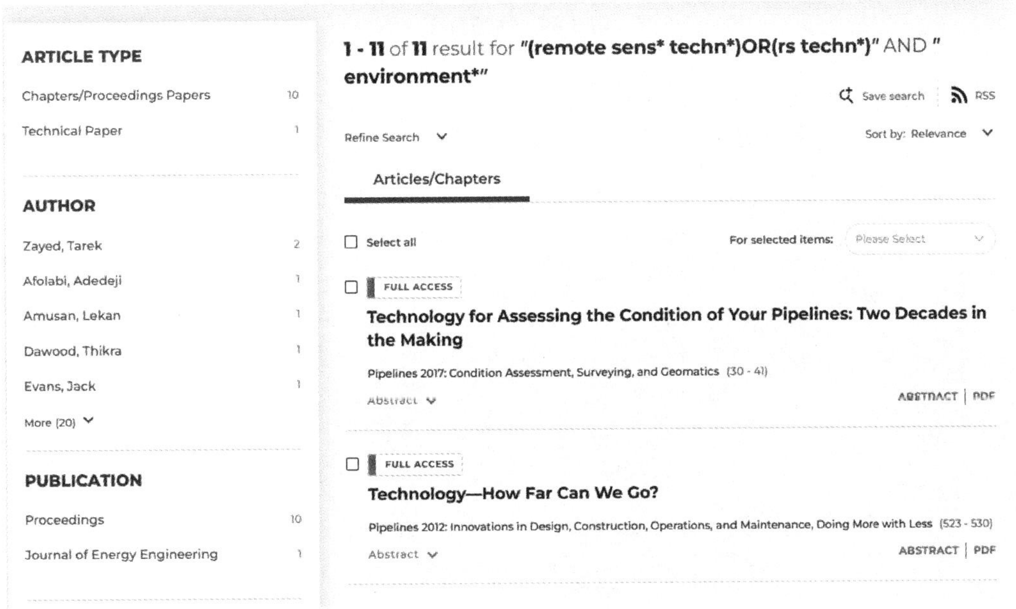

ARTICLE TYPE

| Chapters/Proceedings Papers | 10 |
| Technical Paper | 1 |

AUTHOR

Zayed, Tarek	2
Afolabi, Adedeji	1
Amusan, Lekan	1
Dawood, Thikra	1
Evans, Jack	1

More (20) ∨

PUBLICATION

| Proceedings | 10 |
| Journal of Energy Engineering | 1 |

1 - 11 of **11** result for "(remote sens* techn*)OR(rs techn*)" AND "environment*"

🔍 Save search　📶 RSS

Refine Search ∨　　　　Sort by: Relevance ∨

Articles/Chapters

☐ Select all　　　　For selected items: Please Select ∨

☐ **FULL ACCESS**
Technology for Assessing the Condition of Your Pipelines: Two Decades in the Making

Pipelines 2017: Condition Assessment, Surveying, and Geomatics (30 - 41)
Abstract ∨　　　　ABSTRACT | PDF

☐ **FULL ACCESS**
Technology—How Far Can We Go?

Pipelines 2012: Innovations in Design, Construction, Operations, and Maintenance, Doing More with Less (523 - 530)
Abstract ∨　　　　ABSTRACT | PDF

图 3-68　二次检索结果

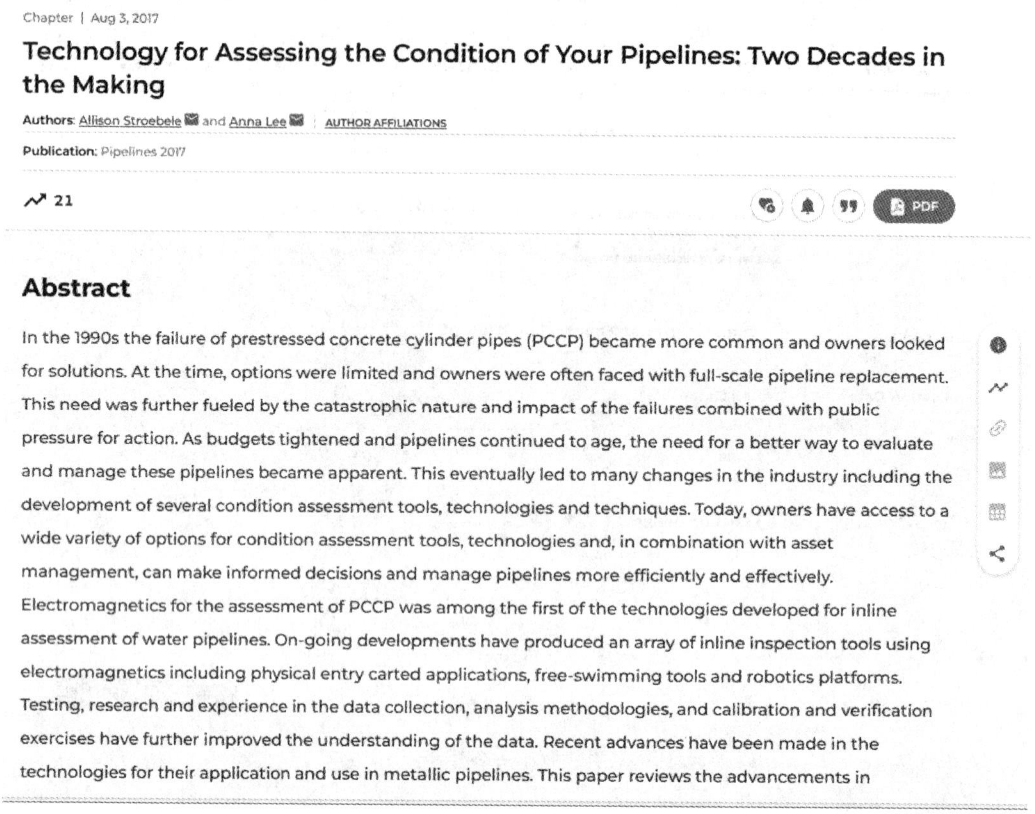

Chapter | Aug 3, 2017

Technology for Assessing the Condition of Your Pipelines: Two Decades in the Making

Authors: Allison Stroebele ✉ and Anna Lee ✉ | AUTHOR AFFILIATIONS

Publication: Pipelines 2017

⤴ 21

❤ 🔔 99 📄 PDF

Abstract

In the 1990s the failure of prestressed concrete cylinder pipes (PCCP) became more common and owners looked for solutions. At the time, options were limited and owners were often faced with full-scale pipeline replacement. This need was further fueled by the catastrophic nature and impact of the failures combined with public pressure for action. As budgets tightened and pipelines continued to age, the need for a better way to evaluate and manage these pipelines became apparent. This eventually led to many changes in the industry including the development of several condition assessment tools, technologies and techniques. Today, owners have access to a wide variety of options for condition assessment tools, technologies and, in combination with asset management, can make informed decisions and manage pipelines more efficiently and effectively. Electromagnetics for the assessment of PCCP was among the first of the technologies developed for inline assessment of water pipelines. On-going developments have produced an array of inline inspection tools using electromagnetics including physical entry carted applications, free-swimming tools and robotics platforms. Testing, research and experience in the data collection, analysis methodologies, and calibration and verification exercises have further improved the understanding of the data. Recent advances have been made in the technologies for their application and use in metallic pipelines. This paper reviews the advancements in

图 3-69　文摘页面

第4章 特种文献检索

4.1 专利文献检索

4.1.1 专利文献基础知识

1.专利与专利权概述

现代意义上的"专利"具有多重含义,主要包括专利权、取得专利权的发明创造、记载专利技术的专利文献。这里主要对专利权进行介绍。

专利权是指一项发明创造经依法审查后,由国家专利主管机关依法定条件和程序,授予申请人在一定期限内对其发明创造所享有的专有权。

专利的核心是专利权,专利权是一种无形的知识产权,具有独占性、地域性和时间性三大特点。

1)独占性

独占性也称排他性、垄断性、专有性等,是指对同一内容的发明创造,国家只授予一项专利,被授予专利权的人对其发明创造享有独占性权利,未经专利权人许可,任何单位或者个人都不得以生产经营为目的制造、使用、销售和进口其权利产品,或者使用其专利方法以及使用、销售、进口依照该专利方法直接获得的产品。

2)地域性

地域性即空间限制性,指一个国家或地区授予的专利权,仅在该国或该地区有效,在其他国家和地区没有任何法律约束力。因此,一件发明若要在多个国家得到法律保护,必须分别在这些国家申请专利。充分理解专利权的地域性特点很有意义,当我国的单位或个人研制出具有国际市场前景的发明创造时,不仅要及时申请国内专利,还应该在具有市场前景的国家申请专利,否则该技术在国外市场无法得到保护。

3)时间性

专利权的时间性是指专利权有一定的期限。各国专利法对专利权的有效保护期都有自己的规定,计算保护期限的起始时间也各不相同。《中华人民共和国专利法》(下文简称《专利法》,2020 年第四次修正)规定:"发明专利权的期限为二十年,实用新型专利权的期限为十年,外观设计专利权的期限为十五年,均自申请日起计算。"

值得注意的是,若专利权超过法定期限或因故提前失效,任何人都可自由使用。因此,在专利技术贸易中应特别注意专利权的法律状态,以免对过期失效专利支付不应支付的费用。在一个专利许可合同中,有时会包含多项专利,而每项专利的有效期不同,计算使用费的数额时应根据有效期长短计算。目前全世界已公开和批准的专利申请中,失效或保护期满的专利约占80%,已成为全世界的公共财产,可以无偿使用。

2.专利类型

由于各国专利法保护的对象不同,因此,专利的种类也不同。我国专利法保护的对象有三种,即发明专利、实用新型专利和外观设计专利。

1)发明专利

《专利法》指出:"发明,是指对产品、方法或者其改进所提出的新的技术方案。"发明专利包括产品发明和方法发明两种。产品发明主要有:①物品发明,如生产设备(机械、器具、设备、仪器、部件、元件)及生活用品等;②材料发明,如合金、玻璃、水泥、涂料等;③物质发明,如液态、气态、粉末态的化学物质等。方法发明则可分为:①制造产品的方法,如机械方法、化学方法、生物方法;②使用产品的方法,如操作机械或设备的方法、测量方法、通信方法等。专利法意义上的发明只是一项解决技术问题的方案,是一种技术构思,虽然尚未达到直接应用于工业的程度,但具有在工业上应用的可能性。它与一般意义上的研究、设想或愿望有着本质区别。另外,发明与发现不同。发明是指利用自然规律针对特定问题提出的技术解决方案,是运用原理解决具体的技术问题,是人的智力劳动的结果。发现则是揭示自然界已经存在但尚未被人们所认识的事物。发现不能取得专利,只有发明才能取得专利。

2)实用新型专利

《专利法》指出:"实用新型,是指对产品的形状、构造或者其结合所提出的适于实用的新的技术方案。"

实用新型专利的特征:

①产品的形状是指产品所具有的、可以从外部观察到的确定的空间形状。无确定形状的产品,如气态、液态、粉末状、颗粒状的物质或者材料,不能申请获得实用新型专利。

②产品的构造是指产品的各个组成部分的安排、组织和相互关系。产品的构造可以是机械构造,也可以是线路构造。机械构造是指构成产品的零部件的相对位置关系、连接关系和必要的机械配合关系等,线路构造是指构成产品的元器件之间的确定的连接关系。复合层可以认为是产品的构造,产品的渗碳层、氧化层等属于复合层结构。物质的微观结构(如分子结构、原子结构等)不能成为实用新型专利所指的构造。

③产品的结合是指形状和构造的结合,是产品各构成部分不失其个性,但又通过某种新型组合而形成的产品,如集温度计、湿度计和计算器等功能于一体的电子表。

④实用新型必须适用于工业化生产,也就是具有实用性。《专利法》不仅要求实用新型能够被制造或者使用,而且要求其能产生积极的效果,换言之,实用新型一旦付诸实施,

应当能够取得某种技术的、经济的或者社会的效果。

⑤实用新型必须是有形的技术方案,单纯的外观改变而不包含技术思想的改进不能申请实用新型专利。如暖气片的形状改进,如果这种改进能够带来散热性能的提升,就属于具有技术思想的实用新型;但如果仅是外观造型的改变而不影响功能,则不能申请实用新型专利。

3)外观设计专利

《专利法》规定:"外观设计,是指对产品的整体或者局部的形状、图案或者其结合以及色彩与形状、图案的结合所作出的富有美感并适于工业应用的新设计。"外观设计专利与发明、实用新型专利不同,仅限于产品外观的艺术设计,不涉及产品的技术性能。外观设计又不同于单纯的工艺品设计,它必须能够通过工业化方法实现批量生产。虽然外观设计和实用新型都与产品的形状有关,但两者的目的不同,前者的目的在于使产品形状产生美感,而后者的目的在于通过产品的形态来解决某一技术问题。

外观设计必须具备以下条件:①必须以产品为载体。这里的产品仅限于有固定形状、可以整体移动的产品,包括平面产品,不包括气体、液体、粉末状或颗粒状固体以及不可整体移动的各种建筑物。脱离具体产品的单纯美术作品,不能作为外观设计。②必须是产品形状、图案或色彩的结合设计。单纯的色彩设计不属于外观设计的保护范围,如没有图案的布。③必须具有视觉美感。这种美感应当表现在产品表面的图案、色彩或花纹上,或者表现在产品的主体造型上。④必须适于工业应用。这些设计必须能通过工业化生产方式实现。

3.专利权授予的条件

一项发明创造不是自动成为专利的,它必须具备一定的条件才有可能获得专利权。这些条件包括:①向专利局提出申请;②符合新颖性、创造性和实用性的要求;③发明主题属于可授予专利权的范围。

其中,新颖性、创造性、实用性是取得专利权的实质条件,通常被称为专利"三性"。

1)新颖性

《专利法》规定:"新颖性,是指该发明或者实用新型不属于现有技术;也没有任何单位或者个人就同样的发明或者实用新型在申请日以前向国务院专利行政部门提出过申请,并记载在申请日以后公布的专利申请文件或者公告的专利文件中。"一般来说,判断发明、实用新型和外观设计的新颖性需要依据公开标准、时间标准和地域标准。

(1)公开标准。

公开标准主要有公开发表、公开使用和其他方式的公开。公开发表是指发明技术内容以文字或其他方式在出版物上公开发表。公开使用是指公开制造、使用、销售发明或者实用新型产品,公开使用发明方法以及公开演示和展出,使发明或者实用新型的技术内容向公众公开。其他方式包括公开的口头报告、演讲、发言、展览、广播、电视等方式。

(2)时间标准。

新颖性是指一项发明是前所未有的,因此,判断新颖性必须有一个时间标准做参照,绝大多数国家以专利申请日或优先权日作为确定新颖性的时间标准。一项发明或者实用新型如果在申请日或优先权日之前没有与其相同的,就认为该发明或实用新型具备新颖性。

(3)地域标准。

新颖性的地域标准也称空间标准,各国专利法对此规定不尽相同,大致分为三种。①世界新颖性,也叫绝对新颖性,指的是提出专利申请的发明必须在申请日或优先权日之前在世界范围内未被公知公用,也就是说,未在出版物上公开发表,未公开使用,也未以其他方式为公众所知。美国、英国、德国、法国等工业发达国家均采用世界新颖性。②本国新颖性,也叫相对新颖性,指的是一项发明在申请日或优先权日之前在申请国范围内未被公知公用。如澳大利亚、新西兰、希腊等国家均采用本国新颖性。③混合新颖性,介于世界新颖性和本国新颖性之间,即对公开发表采取世界新颖性标准,对公开使用或者以其他方式为公众所知则采用本国新颖性标准。加拿大、日本、印度、中国等国家均采用这一标准。

2)创造性

创造性也称非显而易见性,是发明或者实用新型取得专利保护的第二个必要条件。一项发明或者实用新型具备了新颖性,不一定就具有创造性。新颖性主要判断某一技术是否是前所未有的,而创造性侧重判断的是技术水平的问题。《专利法》规定:"创造性,是指与现有技术相比,该发明具有突出的实质性特点和显著的进步,该实用新型具有实质性特点和进步。"所谓发明有突出的实质性特点,是指发明的技术特征同现有技术相比不是简单的改良,而是具有本质区别。所谓显著的进步,是指发明与最接近的现有技术相比具有长足的进步。这种进步表现在发明克服了现有技术存在的缺点和不足;或者表现在发明所代表的某种新技术趋势上。

判断发明有无创造性,还应根据每项发明的具体情况进行全面客观的评估。具体可以从以下几个方面进行考量:①首创的发明。这类发明开辟了全新的技术领域,提出了前所未有的技术方案,例如蒸汽机、白炽灯、雷达等重大发明,以及我国古代的四大发明,都具有显著的创造性特征。②具有意外效果的发明,包括组合发明、选择发明和应用发明等,这些发明通过新的组合或应用方式,取得了超出预期的技术效果。③要素变更的发明。通过对现有技术中形状、尺寸、比例、位置或物质分子等要素的优化调整,产生了突出的技术效果,这类发明也应认定具有创造性。④解决了某一个技术难题的发明。针对某个技术领域中存在的长期未能解决的技术问题,经过创新性的技术手段予以解决的发明,应当认为具备创造性。⑤克服了技术偏见的发明。技术偏见是指在某一段时间内,在某个技术领域中,技术人员对某个技术问题普遍存在的成见,它导致人们不去考虑其他方面的可能性,阻碍人们对该技术领域的研究和开发。如果发明克服了这种技术偏见,也应认为是具有创造性的。

3)实用性

实用性是发明、实用新型及外观设计取得专利保护的第三个重要条件。《专利法》规定:"实用性,是指该发明或者实用新型能够制造或者使用,并且能够产生积极效果。"所谓"能够制造或者使用",是指发明如果是一种产品,必须能够以产业化方式批量生产;如果是一种方法,必须能够在产业实践中应用并且能够解决技术问题。所谓"能够产生积极效果",是指该发明创造实施之后,产生的经济、技术和社会效果是积极的和有意义的。

若发明创造具有下列情况,则不具备实用性。①违背自然规律。因为违背自然规律的发明创造是无法在工业上制造或者使用的,所以被认为不具有实用性,如永动机就属于这类情况。②不具备再现性。若发明创造不能在工业上稳定再现,而只能在某种特定的条件下实现,则不具备实用性。③脱离实际而无法实现的发明创造。④缺乏有益性,不能产生积极效果。如果发明创造脱离社会需要、严重污染环境或者严重浪费能源,对发展生产和提高人民生活水平不能产生积极效果,则不具有实用性。

4. 不授予专利权的发明创造

根据《专利法》规定,即使某些发明创造满足专利授权的基本条件,仍存在不予授予专利权的特殊情形,主要包括以下两类。

1) 有关违法及违反公共利益的规定

《专利法》规定:"对违反法律、社会公德或者妨碍公共利益的发明创造,不授予专利权。"违反法律,是指发明创造的目的是国家法律明令禁止的,如用于赌博的设备、机器或工具,用于吸毒的器具;伪造国家货币、票据、公文、证件、印章、文物的设备等。如果一项发明创造在客观上与社会公德相违背,就不能授予专利权,如包含暴力凶杀或者淫秽内容的外观设计等。妨碍公共利益,是指发明创造以致人伤残或损害财物为手段来实现其目的,从而给国家和社会造成危害或者使正常秩序受到影响,如一种可能导致盗窃者双目失明的防盗窃装置,不能被授予专利权。

2) 有关某些技术主题的规定

《专利法》规定,以下六种技术主题不授予专利权。

①科学发现;

②智力活动的规则和方法;

③疾病的诊断和治疗方法;

④动物和植物新品种;

⑤原子核变换方法以及用原子核变换方法获得的物质;

⑥对平面印刷品的图案、色彩或者二者的结合做出的主要起标识作用的设计。

5. 专利申请的审查

专利申请提出后,必须经过专利行政部门(通常是专利局)的审核才能授予专利权。从世界范围来看,专利审查制度大体分为三种:登记制、审查报告制、实质审查制。

1) 登记制

登记制也叫形式审查制,是指专利局在受理专利申请之后,并不对申请文件做实质审查,即并不审查专利是否具备新颖性、创造性和实用性,只就申请文件做形式审查后即予以登记授权的专利审查制度。

2) 审查报告制

审查报告制也称作文献报告制。它是指申请文件被专利局受理后,专利局除了做形式审查外,还就申请文件主题的新颖性进行检索,向申请人提供有关对比文献的检索报告,由申请人自己根据报告决定是否继续申请;若申请人坚持申请,专利局将予以登记授权。法国专利法于 1968 年起采取的审查制度便属于审查报告制。

3)实质审查制

实质审查制也称完全审查制,又分为即时审查制和延迟审查制两种。

①即时审查制,即专利局对申请文件进行形式审查之后,无须申请人提出实质审查请求,随即对专利申请的内容进行新颖性、创造性和实用性审查,以确定是否授予专利权。即时审查制的优点是可以确保所授予专利权的专利质量,减少诉讼纠纷,使审查程序得到一定的简化。其缺点是审批时间较长,且需要有庞大的专利审查机构。

②延迟审查制又叫早期公开请求审查制,即专利局在对专利申请文件进行形式审查之后,不立即进行实质审查,而是先将申请文件公开,申请人可以在申请日起一段时间内随时请求实质审查。待申请人提出实质审查请求之后,在申请文件已公开的情况下,专利局才进行实质审查。申请人在法定期限内不提出实质审查请求,则被视为自动撤回申请。早期延迟审查制综合了形式审查制和即时审查制的优点,解决了专利制度发展历史上出现的比较尖锐的矛盾,因此被越来越多的国家所采用。

6.专利文献的分类

专利文献分类的目的是按特定的技术主题对发明创造的技术内容进行组织并建立索引,使人们很容易根据一个主题找到该主题所涉及的相关技术。18 世纪以来,各国相继制定了各自的专利分类体系,作为各国专利文献管理依据。其中比较著名的分类表有国际专利分类表、欧洲专利分类表、美国专利分类表、日本专利分类表、洛迦诺分类表等。下面主要介绍国际专利分类表。

国际专利分类表(International Patent Classification,简称 IPC)是使各国专利文献获得统一分类的工具,它主要根据专利涉及的技术主题来分类。

IPC 采用层级式分类结构,主要包括部、大类、小类、主组和分组。这种树状分类体系通过逐级细分,能精准定位专利所属的技术领域,便于专利的检索、审查以及技术信息的利用。

(1)部:用字母 A~H 表示,共 8 个部,这是最宽泛的分类,代表不同的技术领域。

A 部:人类生活必需。

B 部:作业、运输。

C 部:化学、冶金。

D 部:纺织、造纸。

E 部:固定建筑物。

F 部:机械工程、照明、加热和爆破。

G 部:物理。

H 部:电学。

(2)大类:用两位数字表示,每一个部包含若干个大类。比如在 A 部人类生活必需中,A01 表示农业,A47 表示家具、家庭用的物品或设备等。

(3)小类:用一个大写字母表示,每个大类下包含若干个小类,进一步细化技术主题。以 A01 农业为例,A01B 表示农业或林业的整地。

(4)主组:用 1～3 位数字表示,每个小类下会划分出主组,更精确地描述技术分支。例如在 A01B 小类下,A01B1 是手动工具。

(5)分组:用斜杠"/"加至少两位数字表示,在主组基础上再次细分。比如 A01B1/02 是带锄或铲的手动工具。

7. 专利出版物

专利出版物是指由各国工业产权局出版的专利文献,这类文献涉及的种类很多。其中科研人员常用的专利文献主要有专利说明书、专利公报、专利文摘、专利分类表。专利文献的出版形式有印刷版、缩微版、电子版。随着网络技术的发展,这些常用的专利文献大多可以在线获取。

专利说明书是专利制度中具有法律效力的文件之一,也是申请人向专利局申请专利时所提交的基本文件,起着公开专利技术内容的重要作用。由于各国专利权种类、保护形式、审查制度和审批程序存在差异,专利说明书种类繁多、名称各异。常见的专利说明书有发明专利说明书、实用新型专利说明书等。由于外观设计专利说明书通常仅由一些图片构成,因此,外观设计专利一般不出版说明书单印本,而是将图片刊登在专利公报或单独的外观设计公报中。

下面以发明专利说明书为例进行介绍,其组成包括扉页、说明书、权利要求书、附图,有些国家出版的专利说明书还附有检索报告。

(1)扉页。扉页类似书籍的标题页,由基本著录项目、摘要或权利要求、一幅主要附图等三部分组成。

(2)说明书。说明书是完整描述发明创造的技术内容的文件,各国对说明书中发明描述的规定大体相同。以中国为例,说明书包括技术领域、背景技术、发明内容、附图说明、具体实施方式。说明书应完整、清楚,必须充分公开发明的内容,使所属技术领域的普通专业人员看了说明书,就能实施该发明。

(3)权利要求书。权利要求书是申请人请求专利保护范围的说明,也是专利局对专利申请进行审查以及法院对专利纠纷进行判决的依据。权利要求书必须以说明书为依据,清楚、简要地表述请求专利保护的范围,不能超出说明书记载范围。当发明创造被授予专利权后,权利要求书就是确定该发明创造专利权范围的依据。

(4)附图。附图用于补充说明书文字部分,是说明书的一部分,附图和说明书一起构成权利要求的基础。附图包括示意图、顺序图、流程图、数据图表、线路图、框图等。发明专利根据其内容需要决定是否有附图,而实用新型专利必须有附图。

(5)检索报告。检索报告是专利审查员对现有技术进行检索后,反映检索结果的文件。它对于评价发明创造的新颖性和创造性,决定是否授予专利权十分有用。检索报告有两种形式:一种是独立的检索报告;另一种则以专利文献著录项目的形式刊登在说明书扉页上,列出与专利申请所述发明创造有关的文献清单。

8. 中国专利文献编号体系

专利文献编号是各国专利局为各类专利申请或专利文献编制的序号。从形式上看,专利文献编号是简单的阿拉伯数字的排列,但这些编号实际上有其严格的使用场合和特定的作用。因此,搞清楚各种专利文献编号具有非常重要的意义。

中国专利文献编号体系包括 6 种专利文献编号:

申请号——在提交专利申请时给出的编号。

专利号——在授予专利权时给出的编号。

公开号——对发明专利申请公开说明书的编号。

审定号——对发明专利申请审定说明书的编号。

公告号——对实用新型专利申请说明书或公告的外观设计专利申请的编号。

授权公告号——对发明专利说明书、实用新型专利说明书或公告的外观设计专利的编号。

中国专利文献编号体系的发展分为四个阶段:1985—1988 年为第一阶段,1989—1992 年为第二阶段,1993—2004 年 6 月 30 日为第三阶段,2004 年 7 月 1 日以后为第四阶段。第四阶段的编号体系如表 4-1 所示。

表 4-1　第四阶段(2004 年 7 月 1 日以后)的编号体系

专利申请类型	申请号	公开号	授权公告号	专利号
发明专利	200310102344.5	CN100378905A	CN100378905B	ZL200310102344.5
指定中国的发明专利的 PCT 国际申请	200380100001.3	CN100378906A	CN100378906B	ZL200380100001.3
实用新型专利	200320100001.1		CN200364512U	ZL200320100001.1
指定中国的实用新型专利的 PCT 国际申请	200390100001.9		CN200364513U	ZL200390100001.9
外观设计专利	200330100001.6		CN300123456S	ZL200330100001.6

为了满足专利申请量急剧增长的需要和适应专利申请号升位的变化,国家知识产权局从 2004 年 7 月 1 日起启用新的专利文献编号体系,具体说明如下。

(1)三种专利的申请号由 12 位数字和 1 个圆点(.)以及 1 个校验位组成,按年编排,如 200310102344.5,其前四位数字表示申请年份,第五位数字表示要求保护的专利申请类型(1——发明,2——实用新型,3——外观设计,8——指定中国的发明专利的 PCT 国际申请,9——指定中国的实用新型专利的 PCT 国际申请),第六位至十二位数字(共 7 位数字)表示当年申请的顺序号,然后用一个圆点(.)分隔专利申请号和校验位,最后一位是校验位。

(2)自 2004 年 7 月 1 日开始出版的所有专利说明书文献号均由表示中国国别代码的字母串 CN 和 9 位数字以及 1 个字母(或 1 个字母加 1 个数字)组成。其中,字母串 CN 以后的第一位数字表示要求保护的专利申请类型(1——发明,2——实用新型,3——外观设计),在此要指出的是,"指定中国的发明专利的 PCT 国际申请"和"指定中国的实用新型专利的 PCT 国际申请"的文献号不再另行编排,而是分别归入发明或实用新型专利一起编排;第二位至第九位数字为流水号,三种专利按各自的流水号序列顺排,逐年累计;最后 1 个字母(或 1 个字母加 1 个数字)为专利文献种类标识代码。

4.1.2　专利文献检索的类型

根据检索的目的,可将专利检索分为专利新颖性检索、专利创造性检索、专利有效性检索、专利侵权检索和专利被侵权检索等类型。

1.专利新颖性检索

专利新颖性检索是指专利审查员、专利申请人或代理人为确定申请专利的发明创造是否具有新颖性,根据发明创造的主题对全世界范围内的包括专利文献在内的各种公开出版物进行的检索。其目的是找出可进行新颖性对比的文献。

2.专利创造性检索

专利创造性检索是指专利审查员为判断某项申请专利的发明创造获得专利权的可能性而进行的检索。它是在确定发明创造的新颖性的基础上,再检索出若干用以确定创造性的对比文献。专利创造性检索的检索范围为全部专利文献,以及出版物、科技论文、产品说明书等非专利文献。

3.专利有效性检索

专利有效性检索通常在专利申请公开或专利授权后,在被诉侵权、诉讼准备、专利许可前实施,其目的是依据现有技术确认专利权利要求书的有效性,主要查找审查过程疏忽或对现有技术隐瞒等所导致的专利被错误授权的证据。专利有效性检索的检索范围为涉案专利最早优先权日之前申请的所有专利文献和非专利文献以及可能的抵触申请。

4.专利侵权检索

专利侵权检索又称专利侵权风险分析检索,主要用于判断一件可执行专利的权利要求书是否主张了我方的技术方案,通常在我方制造、使用、销售、许诺销售一种技术产品或服务之前实施,重点放在未到期有效专利。

5.专利被侵权检索

专利被侵权检索又称专利侵权对象检索,主要用于判断他人制造、使用、销售、许诺销售的一种技术产品或服务是否落入我方的专利权利要求的保护范围,通常在诉讼准备、技术转让或许可谈判,以及其他商业运营决策前实施,重点放在检索制造、使用、销售、许诺销售的类似技术产品或服务,可对类似专利文献或非专利文献进行逆向追踪。

企业通常会同时实施专利侵权检索和专利被侵权检索,一方面对自身的市场经营进行侵权风险预判,另一方面审视他人是否侵犯了自己的专利权。

6.同族专利检索

同族专利检索是指对一项专利或专利申请在其他国家申请专利并获得公开等有关情况进行的检索。其目的是找出该专利或专利申请在其他国家公布的文献(专利)号。

4.1.3 专利文献检索

专利检索视频

1.中国专利文献检索

国家知识产权局网站(https://www.cnipa.gov.cn)是中华人民共和国国家知识产权局支持建立的政府性官方网站。该网站提供与专利相关的多种信息服务,如专利审查的相关信息,近期专利公报、年报的查询,专利证书发文信息、法律状态、收费信息的查询等。此外,还可以直接链接到国外主要国家和地区的专利数据库、国外知识产权组织或管理机构的官方网站、国内地方知识产权局网站等。国家知识产权局网站主页上设有专利检索入口,该检索数据库收录了1984年我国颁布《专利法》以来公布的全部专利文献,包括著录项目及摘要、各种说明书全文及外观设计图形,数据随每周三《中国专利公报》出版而即时更新。国家知识产权局网站专利检索及分析板块(https://pss-system.cponline.cnipa.gov.cn/conventionalSearch)共有常规检索、高级检索、命令行检索、药物检索、导航检索、专题库检索等几种检索方式(部分功能须注册后方可使用)。

1)常规检索

常规检索提供1个检索词输入框和1个检索项目选项。检索项目可以选择申请号、公开号、申请人、发明人、发明名称等。若在检索项目中选择了某一个字段,则在输入框中输入的内容就是在该字段中进行检索。对于不同的数据,该检索系统要求采用不同的输入格式。常规检索页面如图4-1所示。

2)高级检索

在专利检索及分析页面上方点击"检索"下拉框,选择高级检索,进入高级检索页面(要注册才能使用)。高级检索共有14个检索字段及输入框,各输入框的输入格式与常规检索界面相应字段的输入格式相同。所不同的是,在高级检索界面,可以进行多个字段的逻辑"与"检索,即如果在不同的输入框同时输入检索式,则系统对输入的不同检索条件进行逻辑"与"运算,得到的检索结果是不同检索条件的检索结果集合的交集。在高级检索页面的上方有"发明""实用新型""外观设计"三个选项,如果不指定专利类型,系统默认在所有专利类型中进行检索;如果选择了其中的一项或两项,系统将在选定的专利类型中进行检索。高级检索页面如图4-2所示。

另外,在发明名称和摘要等用于检索技术信息的文本数据输入框,可以使用逻辑运算

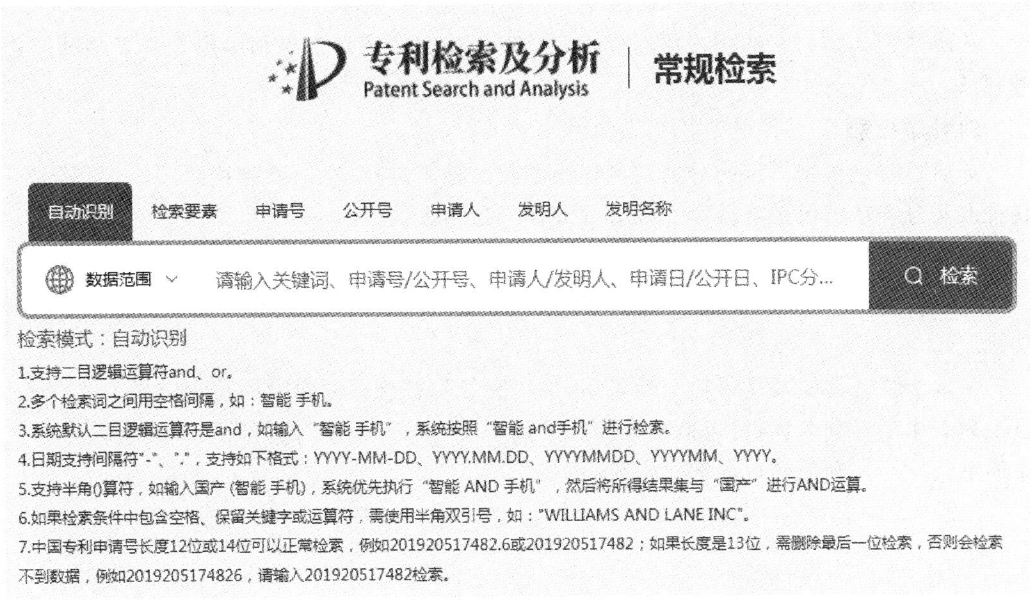

图 4-1　常规检索页面

图 4-2　高级检索页面

符将多个检索词连接起来组成逻辑关系式进行检索。因此,对于需要组合多个检索条件的技术信息检索(如专利新颖性检索),通常需要使用高级检索功能。

3)命令行检索

命令行检索是面向用户提供的专业化检索模式,支持以命令的方式进行检索、浏览等操作。在检索条件较为复杂时,表格项检索不方便输入和显示多个并列的检索条件,命令行检索更为清晰直观。

4)药物检索

从事医药化学研究的用户可以使用此功能检索出西药化合物和中药方剂等多种药物专利。

5)导航检索

导航检索是根据一定的分类规则逐级细化目标来进行检索,系统按照国际专利分类、联合专利分类和国民经济分类三种方式提供导航检索。

6)专题库检索

专题库检索可为公众用户提供专题库编辑、专题库统计、专题库检索、专题库浏览功能。

采取上述几种检索途径执行检索后,系统会显示符合检索要求的检索结果列表页面。点击列表中的专利名称,可以调出该专利的摘要页,点击"详览",可显示、下载及保存专利说明书全文。专利摘要页如图 4-3 所示。

图 4-3　专利摘要页

2.美国专利文献检索

美国专利商标局网站(http://www.uspto.gov)是美国专利商标局建立的政府性官方网站,该网站向公众提供全方位的专利信息服务。美国专利商标局已将 1790 年以来的美国各种专利的数据在其网站上免费提供给全世界的公众查询。网站的数据内容每周更新一次。进入美国专利商标局网站专利检索页面(https://www.uspto.gov/patents/search/patent-public-search),点击"Patents"下的"Search for patents",再点击"Patent Public Search",即可看到"Basic search"和"Advanced search"。美国专利商标局网站专利检索页面如图 4-4 所示。

1)Basic search(基本检索)

在基本检索页面,可输入专利号、公开号、关键词、申请人、发明人等信息进行查询,还可使用 AND、OR、NOT 等逻辑运算符组合查询。基本检索页面如图 4-5 所示。

2)Advanced search(高级检索)

在高级检索页面,用户可自行编辑检索式,通过输入特定代码和组合关键词等方式来

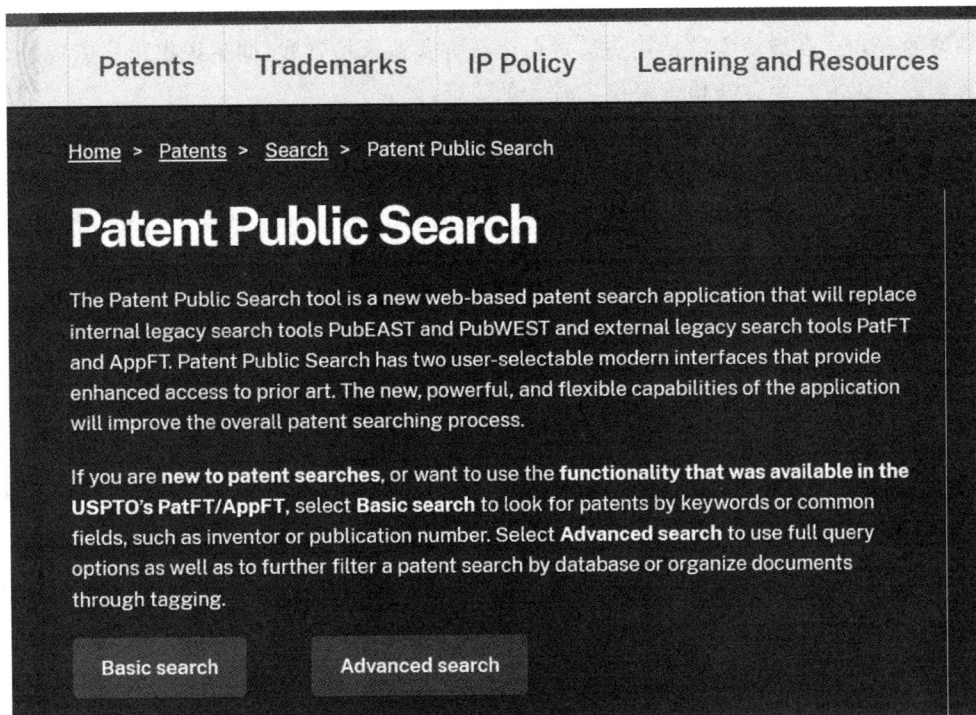

图 4-4　美国专利商标局网站专利检索页面

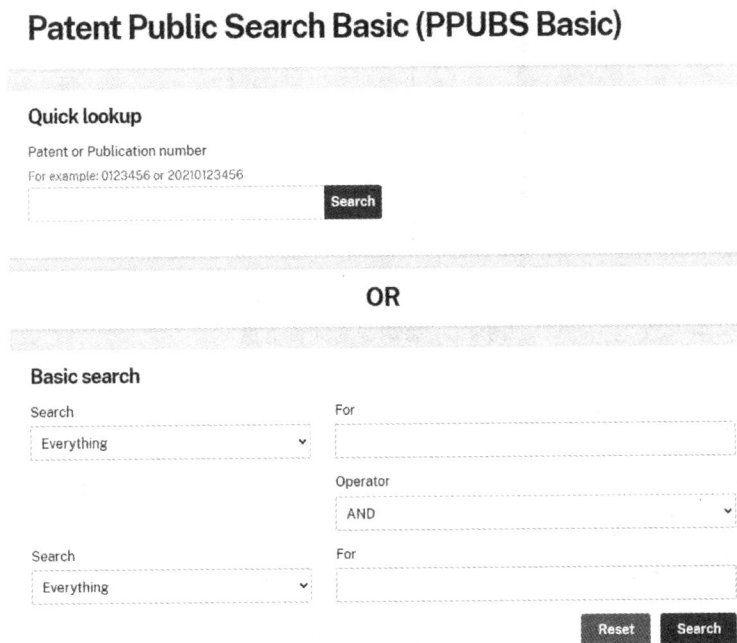

图 4-5　基本检索页面

限定检索范围,实现更复杂、精确的查询,如检索特定申请人在某时间段内申请的特定技术领域的专利。高级检索支持用户通过命令行方式输入检索式,向系统提出检索问题,检索数据库。该方式为复杂检索提供了较大的灵活性。

美国专利商标局网站专利检索结果是按照专利文献公布日期降序排列的,即最新公布的专利文献排在前面。每页最多显示 50 条记录。点击"PDF",可以查看和下载专利说明书全文。点击"Preview Text",可以显示该专利的扉页信息。美国专利扉页信息如图4-6 所示。

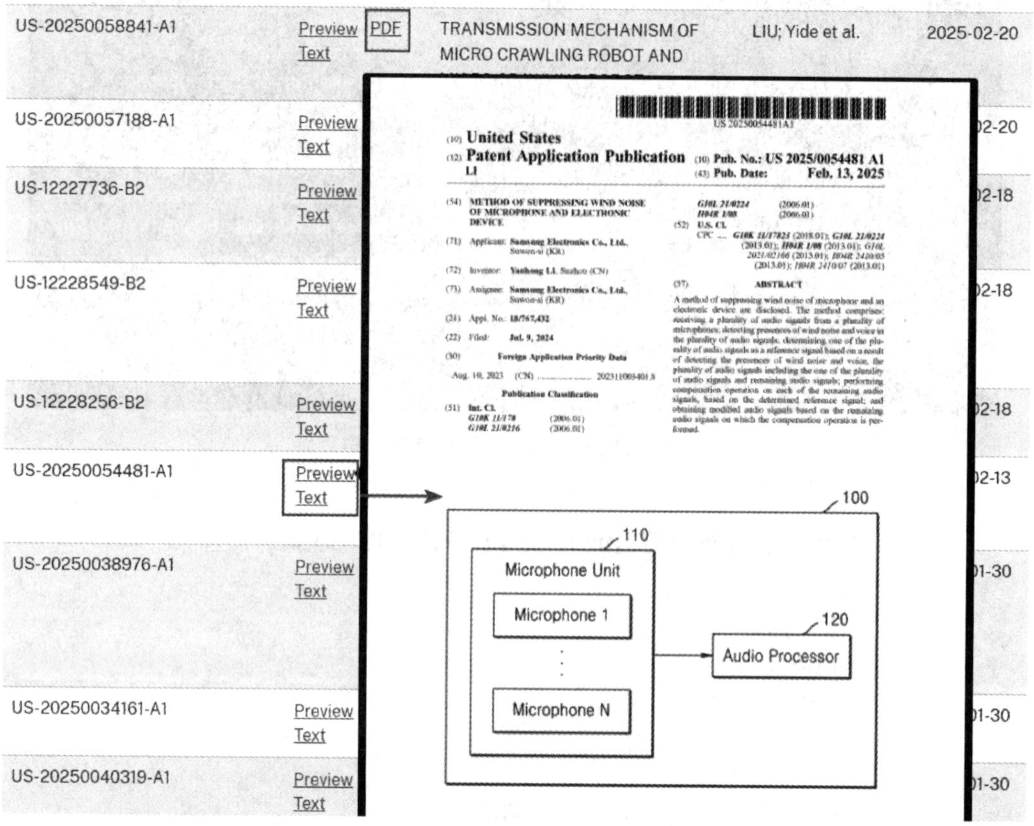

图 4-6　美国专利扉页信息

3.欧洲专利局网站专利检索系统

欧洲专利局网站(http://ep.espacenet.com/)旨在为用户提供便捷、高效的免费专利信息服务,促进全球专利信息的传播与利用。欧洲专利局网站专利检索系统支持多语言检索,包括英文、德文、法文以及日文(注:日文界面仅在 esp@cenet 数据检索系统中可用)。

esp@cenet 数据检索系统包含以下核心数据库。

WIPO-esp@cenet 专利数据库:收录世界知识产权组织出版的 PCT 申请的著录数据。

EP-esp@cenet 专利数据库：收录最近 24 个月公布的欧洲专利申请的著录数据，可下载全文。

Worldwide 专利数据库：收录世界上 90 多个国家和地区专利的题录信息。

欧洲专利局网站提供三种检索方式，分别为 Smart search（快速检索）、Advanced search（高级检索）、Classification search（分类检索）。三种检索方式的链接列于检索系统主页左侧，点击可以进行切换。快速检索页面如图 4-7 所示。

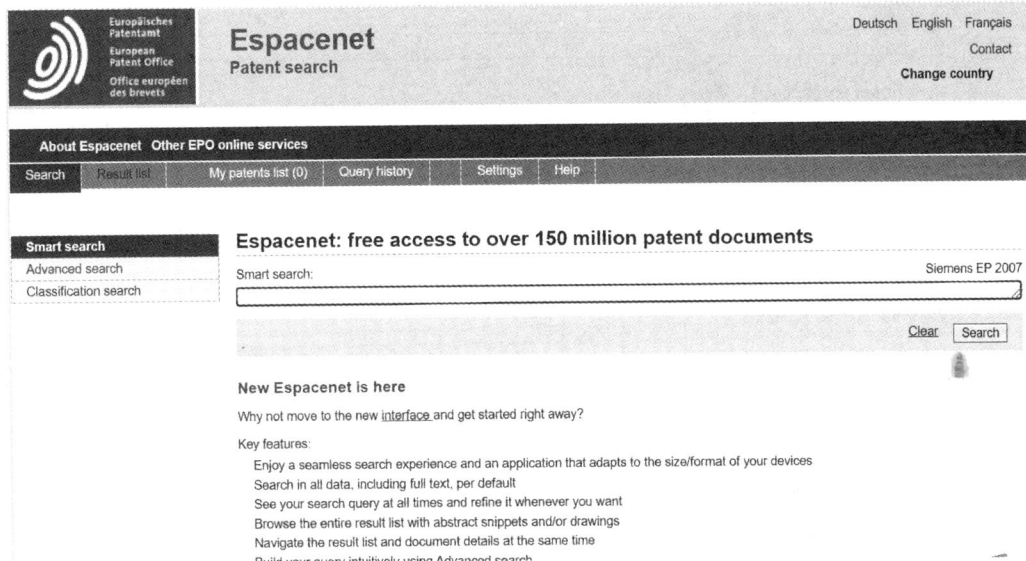

图 4-7　快速检索页面

高级检索提供 10 个检索入口：标题中的关键词、标题或摘要中的关键词、公开号、申请号、优先权号、公开日、申请人、发明人和 CPC 分类号、IPC 分类号。

输入检索表达式时可参照输入框旁边显示的格式示例以正确格式输入。每个检索字段输入框中最多可输入 4 个检索词，各检索字段输入框中累计最多可输入 21 个检索词。当在同一检索字段输入框中输入多个检索词时，不必输入逻辑算符，检索系统会采用缺省算符进行运算。不同的检索字段具有不同的缺省算符。高级检索页面如图 4-8 所示。

检索完成后，系统将显示检索结果列表、使用的数据库名称及与检索式相匹配的检索结果记录数。检索结果列表页面（见图 4-9）一次最多显示 20 条专利文献记录，通过跳转键可以显示更多文献；而用户一次检索能提取的最大文献量为 500 件；检索结果列表是按照专利文献号（包括国别代码）递减次序排列的；检索结果列表中可显示发明名称、公开信息、申请人、发明人和 IPC 分类号等。右上角的"Refine search"，表示可以进行进一步的检索。

在检索结果列表中点击任一篇文献，将打开文献详情页，该页面显示所选取文献的信息，包括题录数据（Bibliographic data）、文本形式的说明书（Description）、权利要求书（Claims）、说明书附图（Mosaics）、扫描图像原始全文说明书（Original document）、INPADOC 法律状态（INPADOC legal status）及查找该专利的同族专利入口（View INPADOC patent family）等。

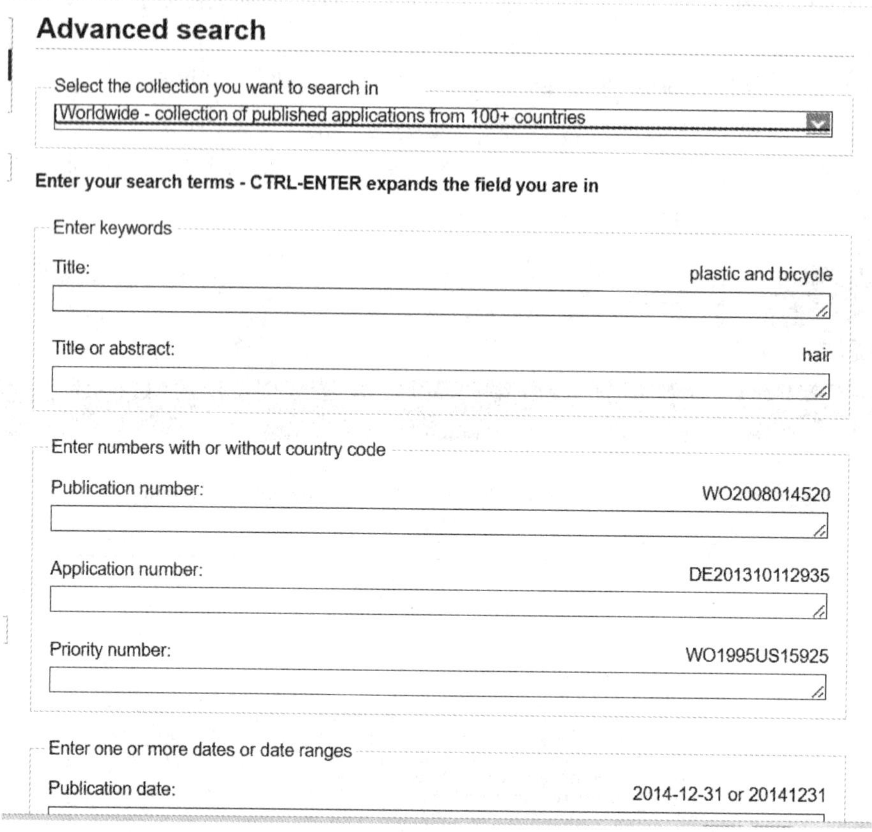

Advanced search

Select the collection you want to search in

| Worldwide - collection of published applications from 100+ countries |

Enter your search terms - CTRL-ENTER expands the field you are in

Enter keywords

Title: plastic and bicycle

Title or abstract: hair

Enter numbers with or without country code

Publication number: WO2008014520

Application number: DE201310112935

Priority number: WO1995US15925

Enter one or more dates or date ranges

Publication date: 2014-12-31 or 20141231

图 4-8　高级检索页面

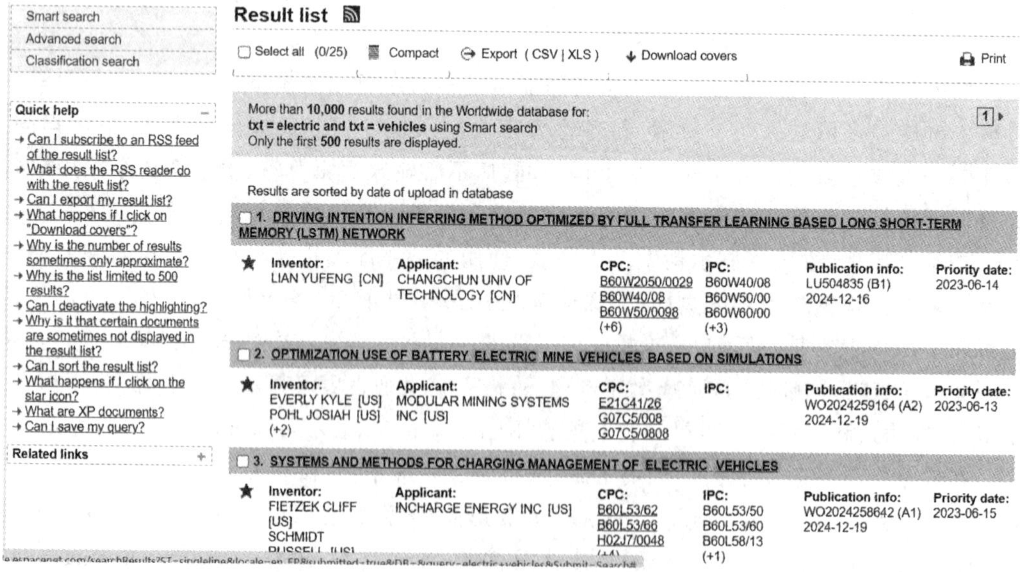

Smart search
Advanced search
Classification search

Quick help —

→ Can I subscribe to an RSS feed of the result list?
→ What does the RSS reader do with the result list?
→ Can I export my result list?
→ What happens if I click on "Download covers"?
→ Why is the number of results sometimes only approximate?
→ Why is the list limited to 500 results?
→ Can I deactivate the highlighting?
→ Why is it that certain documents are sometimes not displayed in the result list?
→ Can I sort the result list?
→ What happens if I click on the star icon?
→ What are XP documents?
→ Can I save my query?

Related links +

Result list 🔊

☐ Select all (0/25)   🗇 Compact   ⤷ Export (CSV | XLS)   ⬇ Download covers   🖨 Print

More than **10,000** results found in the Worldwide database for:
txt = electric and txt = vehicles using Smart search
Only the first **500** results are displayed.

Results are sorted by date of upload in database

☐ 1. **DRIVING INTENTION INFERRING METHOD OPTIMIZED BY FULL TRANSFER LEARNING BASED LONG SHORT-TERM MEMORY (LSTM) NETWORK**

★	Inventor:	Applicant:	CPC:	IPC:	Publication info:	Priority date:
	LIAN YUFENG [CN]	CHANGCHUN UNIV OF TECHNOLOGY [CN]	B60W2050/0029 B60W40/08 B60W50/0098 (+6)	B60W40/08 B60W50/00 B60W60/00 (+3)	LU504835 (B1) 2024-12-16	2023-06-14

☐ 2. **OPTIMIZATION USE OF BATTERY ELECTRIC MINE VEHICLES BASED ON SIMULATIONS**

★	Inventor:	Applicant:	CPC:	IPC:	Publication info:	Priority date:
	EVERLY KYLE [US] POHL JOSIAH [US] (+2)	MODULAR MINING SYSTEMS INC [US]	E21C41/26 G07C5/008 G07C5/0808		WO2024259164 (A2) 2024-12-19	2023-06-13

☐ 3. **SYSTEMS AND METHODS FOR CHARGING MANAGEMENT OF ELECTRIC VEHICLES**

★	Inventor:	Applicant:	CPC:	IPC:	Publication info:	Priority date:
	FIETZEK CLIFF [US] SCHMIDT RUSSELL [US]	INCHARGE ENERGY INC [US]	B60L53/62 B60L53/66 H02J7/0048 (+4)	B60L53/50 B60L53/60 B60L58/13 (+1)	WO2024258642 (A1) 2024-12-19	2023-06-15

图 4-9　检索结果列表页面

在 esp@cenet 数据检索系统检索结果中,每篇专利文献均包含一篇参考文献。点击文献详情页右上方的"Also published as",将显示与该专利相同的专利申请,可浏览 PDF 格式的文本。点击文献详情页中的"Original document",即可查看图像格式的专利全文。在该页面能进行专利全文说明书的浏览、下载和打印。

4.1.4　专利文献检索案例

1.检索有关锂离子电池热管理系统的温度控制方法的中国专利

检索步骤如下。

(1)分析检索课题,表面关键词有锂离子电池、热管理系统、温度控制。

(2)同义词扩展:锂离子电池→锂电池,热管理→散热,温度控制→恒温。

(3)进入国家知识产权局网站专利检索及分析板块,选择"高级检索"模式,在相应的检索字段输入检索词,如图 4-10 所示。

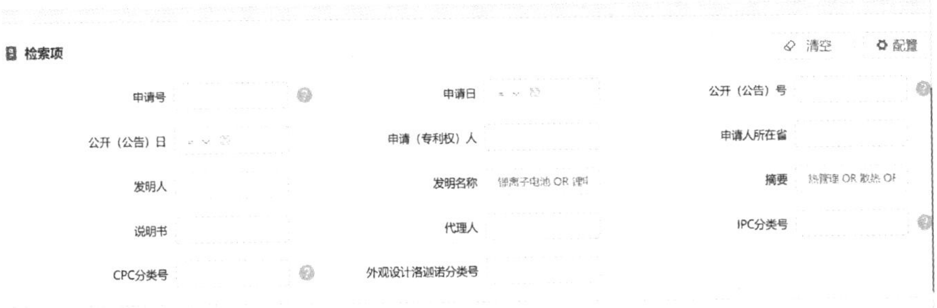

图 4-10　检索页面

(4)点击检索按钮后,系统将显示符合检索要求的检索结果列表,如图 4-11 所示。

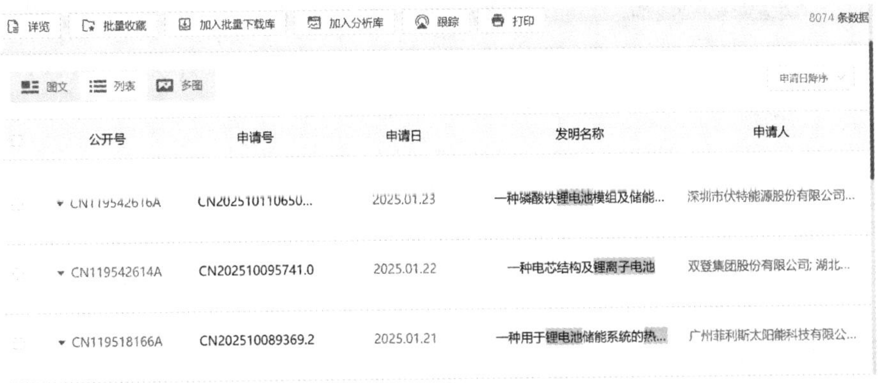

图 4-11　检索结果列表

(5)点击列表中的专利名称,可以调出该专利的摘要页,如图 4-12 所示。

公开号（公开）	CN119542616A
公开日期（公开）	2025.02.28
申请人（公开）	深圳市伏特能源股份有限公司；河南伏特新能源科技有限公司
发明人（公开）	姜山；李少民；李嘉淦；郑小清；李嘉芮；邓思淇
IPC分类（公开）	H01M50/242;H01M10/613;H01M10/6561;H01M50/289;H01M10/625;H01M50/244;H01M50/258;H01M50/204;H01M10/6556
发明名称（公开）	一种磷酸铁锂电池模组及储能设备
摘要（公开）	本发明公开一种磷酸铁锂电池模组及储能设备，包括模组托板和模组托板上方的多个电池模组，所述模组托板上设有连接多个电池模组的控制器，所述电池模组的上方设有模组上盖，所述模组上盖的一端设有出气槽，所述模组托板上设有覆盖多个电池模组的防护盖，所述电池模组内设有气体流通散热机构，散热气体在出气槽处向外流通；该磷酸铁锂电池模组及储能设备整体结构合理稳定，在使用时能够确保内部散热，避免热量堆积影响模组正常运行，且内部电

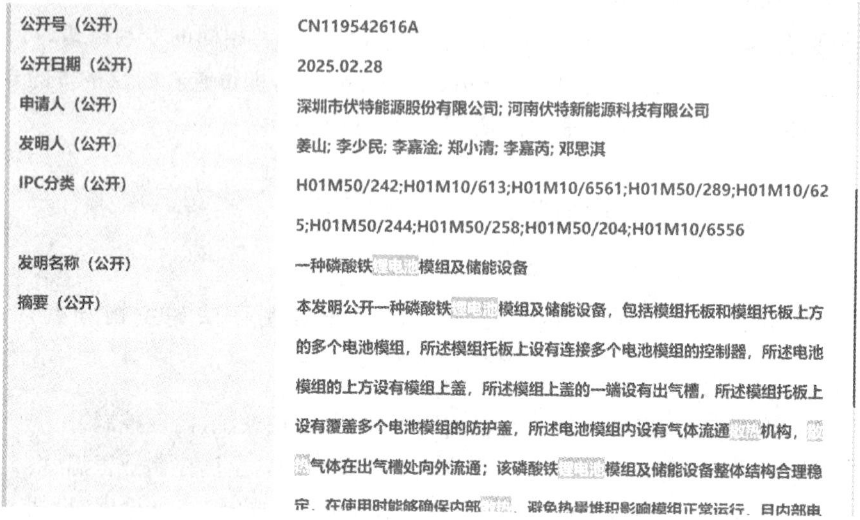

图 4-12　专利摘要页

2. 检索美国苹果公司的“滑动解锁”技术专利

检索步骤如下。

(1)分析课题：检索词有滑动解锁(slide to unlock)、智能手机(smartphone)；申请人为 Apple Inc.。

(2)访问美国专利商标局网站专利检索页面，选择“Advanced search”，输入检索式 TTL/(“slide to unlock” AND smartphone) AND AN/Apple，检索页面如图 4-13 所示。

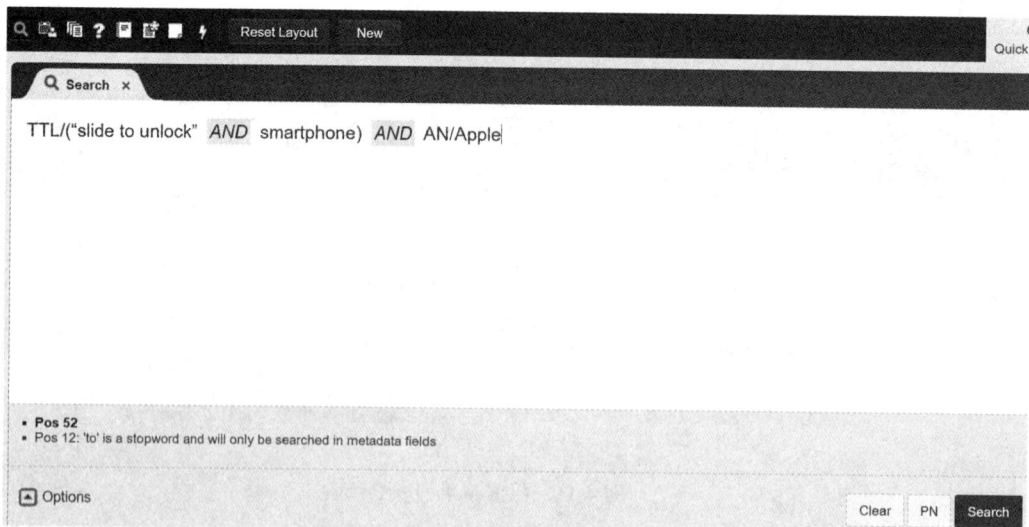

图 4-13　检索页面

(3)点击检索按钮后,系统显示符合检索要求的检索结果。点击"Preview Text",将显示该专利的扉页信息,如图 4-14 所示。

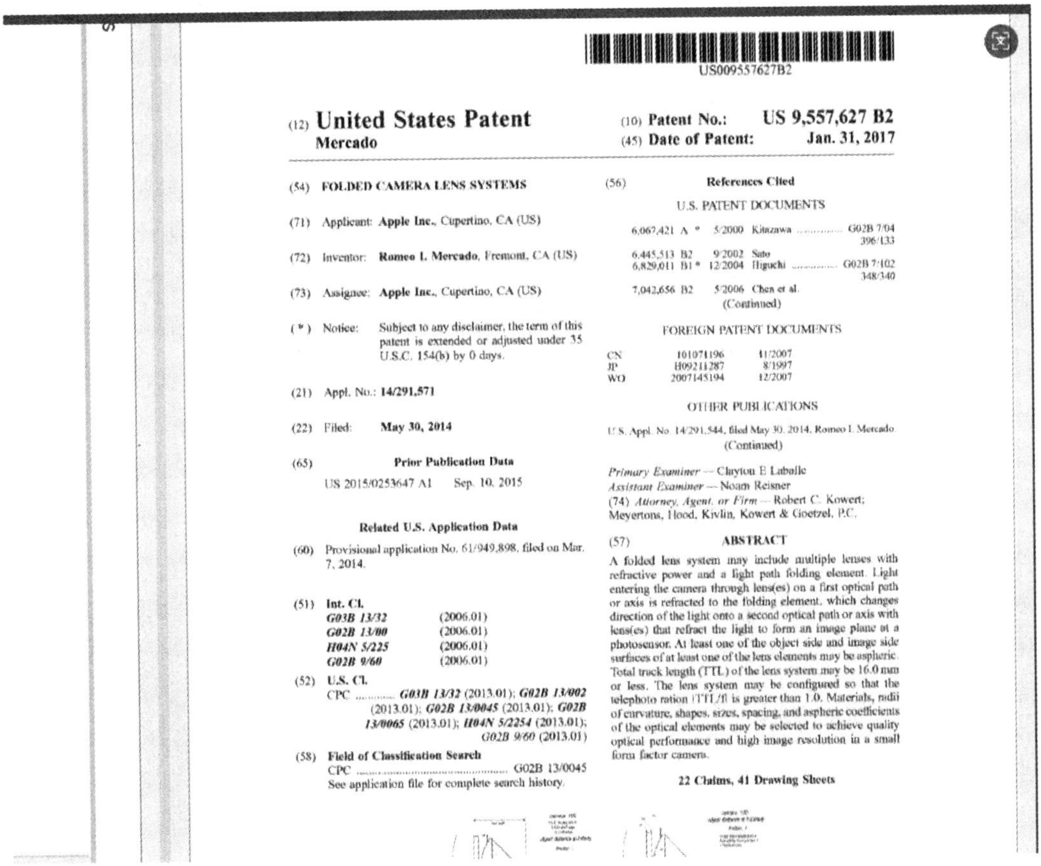
US009557627B2

(12) **United States Patent**
Mercado

(10) **Patent No.:** **US 9,557,627 B2**
(45) **Date of Patent:** **Jan. 31, 2017**

(54) **FOLDED CAMERA LENS SYSTEMS**

(71) Applicant: **Apple Inc.**, Cupertino, CA (US)

(72) Inventor: **Romeo I. Mercado**, Fremont, CA (US)

(73) Assignee: **Apple Inc.**, Cupertino, CA (US)

(*) Notice: Subject to any disclaimer, the term of this patent is extended or adjusted under 35 U.S.C. 154(b) by 0 days.

(21) Appl. No.: **14/291,571**

(22) Filed: **May 30, 2014**

(65) **Prior Publication Data**
US 2015/0253647 A1　Sep. 10, 2015

Related U.S. Application Data
(60) Provisional application No. 61/949,898, filed on Mar. 7, 2014.

(51) **Int. Cl.**
G03B 13/32 (2006.01)
G02B 13/00 (2006.01)
H04N 5/225 (2006.01)
G02B 9/60 (2006.01)

(52) **U.S. Cl.**
CPC ***G03B 13/32*** (2013.01); ***G02B 13/002*** (2013.01); ***G02B 13/0045*** (2013.01); ***G02B 13/0065*** (2013.01); ***H04N 5/2254*** (2013.01); ***G02B 9/60*** (2013.01)

(58) **Field of Classification Search**
CPC G02B 13/0045
See application file for complete search history.

(56) **References Cited**

U.S. PATENT DOCUMENTS

6,067,421 A * 5/2000 Kitazawa G02B 7/04 396/133
6,445,513 B2 9/2002 Sato
6,829,011 B1 * 12/2004 Higuchi G02B 7/102 348/340
7,042,656 B2 5/2006 Chen et al.
(Continued)

FOREIGN PATENT DOCUMENTS

CN 101071196 11/2007
JP H09211287 8/1997
WO 2007145194 12/2007

OTHER PUBLICATIONS

U.S. Appl. No. 14/291,544, filed May 30, 2014, Romeo I. Mercado.
(Continued)

Primary Examiner — Clayton E Laballe
Assistant Examiner — Noam Reisner
(74) *Attorney, Agent, or Firm* — Robert C. Kowert; Meyertons, Hood, Kivlin, Kowert & Goetzel, P.C.

(57) **ABSTRACT**

A folded lens system may include multiple lenses with refractive power and a light path folding element. Light entering the camera through lens(es) on a first optical path or axis is refracted to the folding element, which changes direction of the light onto a second optical path or axis with lens(es) that refract the light to form an image plane at a photosensor. At least one of the object side and image side surfaces of at least one of the lens elements may be aspheric. Total track length (TTL) of the lens system may be 16.0 mm or less. The lens system may be configured so that the telephoto ration (TTL/f) is greater than 1.0. Materials, radii of curvature, shapes, sizes, spacing, and aspheric coefficients of the optical elements may be selected to achieve quality optical performance and high image resolution in a small form factor camera.

22 Claims, 41 Drawing Sheets

图 4-14　专利扉页信息

4.2　其他特种文献检索

4.2.1　标准文献检索

标准是为了在一定范围内实现最佳秩序,经协商一致制定并由公认机构批准,供共同使用和重复使用的规范性文件。标准的起源可以追溯到古代文明,随着社会的发展和技术的进步,人们逐渐认识到统一规范的重要性。在工业革命时期,标准化的需求日益增长,推动各国相继成立标准化组织。国际标准化组织(ISO)于 1947 年成立,标志着全球标准化工作的正式展开。

标准文献的种类繁多,包括国际标准、国家标准、行业标准和企业标准等。国际标准主要由国际标准化组织(ISO)、国际电工委员会(IEC)等国际机构发布,具有全球通用性。国家标准是各国政府或标准化机构制定的,主要针对本国的技术要求和产业发展。行业标准是特定行业或领域的技术规范,具有行业适用性。企业标准则是由企业自行制定的内部技术标准,适用于企业生产和管理过程。

标准文献检索主要通过在线数据库检索和实体机构查询两种途径进行,应确保检索结果的准确性和时效性。

在线数据库检索是一种高效且便捷的标准文献获取方式,支持通过标准编号、关键词、分类号等多种检索条件进行检索,并提供即时查阅和下载服务。用户可以通过互联网访问在线数据库,快速定位所需标准。常用检索渠道包括国家标准网站、专业数据库及行业协会平台等。实体机构查询则适用于需要深入研究标准内容、进行学术研究或法律咨询的用户,用户可前往实体图书馆或档案馆获取纸质或电子版标准文献。

1. 中国标准文献网站

1)国家标准化管理委员会网

国家标准化管理委员会网(https://www.sac.gov.cn)提供国家标准的公开查询,支持按标准号、关键词和发布日期检索,可免费获取部分标准文本,部分需要付费才能查看。点击国家标准化管理委员会网主页上方的"办事服务"下的"标准服务平台",即可进入全国标准信息公共服务平台,如图 4-15 所示。

图 4-15　国家标准化管理委员会网主页

该平台提供国家标准、行业标准、地方标准、团体标准、企业标准、国际标准以及国外标准等多类型标准的检索服务,用户可选择机构、专家、国际国外等分类方式进行检索,满足多样化需求。

点击"高级检索",即可进入高级检索界面。高级检索功能提供了 16 个检索字段,包括检索类别、标准属性、国家标准号、标准状态、主管部门、中文标准名称、英文标准名称、国际标准分类号、中国标准分类号、采用国际标准、被代替国标号、计划编号、发布日期、实施日期、归口单位以及起草单位,如图 4-16 所示。

图 4-16　全国标准信息公共服务平台——高级检索界面

2)中国标准服务网

中国标准服务网(http://www.cssn.net.cn)收录了国家标准、行业标准、地方标准等各类标准,提供标准的题录信息和文摘,部分标准提供全文付费下载服务。在网站首页的导航栏点击"高级检索"即可进入高级检索界面,如图 4-17 所示。高级检索功能提供了标准状态、关键词、国家/发布机构、国际标准分类、中国标准分类、起草单位、起草人、发布年等检索字段。

3)工标网

工标网(http://www.csres.com)是专业权威的标准门户网站,全面收录了各行业标准、国家标准、国外标准,提供了标准资讯、公告及标准更新信息,聚焦工程和工业领域标准,支持标准下载与采购一站式服务。同时,该网站提供行业协会和学术机构的专业标准资源,配备定制化检索功能,为企业提供各种标准化信息服务,并为用户提供便捷的在线购买服务。工标网首页如图 4-18 所示。

4)国家科技图书文献中心(NSTL)

NSTL(https://www.nstl.gov.cn/)是一个基于网络环境的科技文献信息资源服务体系,由多个文献信息机构组成,全面收藏和开发理、工、农、医等四大领域的科技文献。

■ **高级检索** ■

标准状态:	◉ 全部　○ 现行　○ 未生效　○ 作废　○ 被代替　○ 废止　○ 历史
关键词:	标准号、题名、关键词等，支持中文、英文、原文
国家/发布机构:	点击选择，可搜索
国际标准分类(ICS):	点击选择，可搜索
中国标准分类(CCS):	点击选择，可搜索
起草单位:	请输入起草单位
起草人:	请输入起草人姓名
发布年:	起始年　——— 截至年

检索　重置

图 4-17　中国标准服务网高级检索界面

工标网
csres.com

分类　新标准　标准公告　标准动态　论坛　文档

搜索帮助 高级查询

标准搜索　公告搜索

内蒙古自治区市场监

国家标准(GB)　化工(HG)　机械(JB)　建材(JC)　纺织(FZ)　煤炭(MT)　更多 >>

购标咨询:400-7255-888
有问题? 联系在线客服

付款方式 — 帮助中心 — 关于工标网 — 快速查询 — 版权声明 — 联系我们 — 使用条款
© 2008 csres 琼ICP备09001676号-1 收藏本站

图 4-18　工标网首页

NSTL 提供了中外文学术期刊、会议录、学位论文、科技报告、图书、专利、标准和计量规程等资源，是我国收集外文印本科技文献资源最多的科技文献信息机构。

2. 国际标准文献网站

1) 国际标准化组织(ISO)网站

国际标准化组织(ISO)是世界上最大的国际标准化机构,是非政府性国际组织,总部在瑞士日内瓦。ISO 的官方网站(www.iso.org)首页如图 4-19 所示。

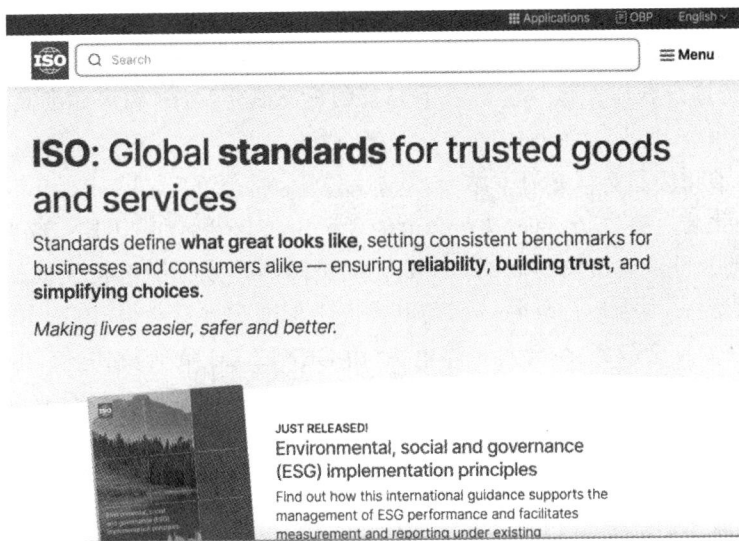

图 4-19　ISO 网站首页

在 ISO 网站首页最上方有一个检索输入框,可以输入检索词进行简单检索,如图 4-20所示。

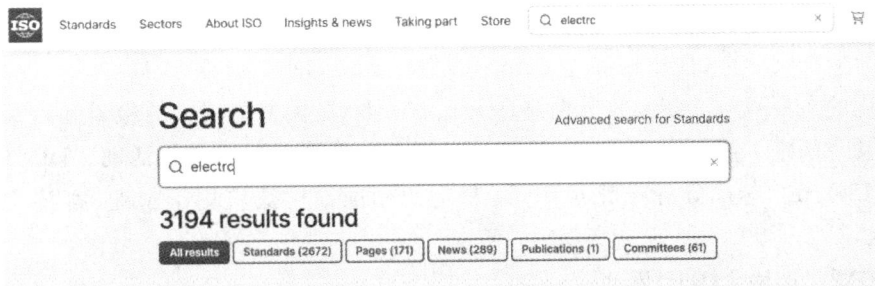

图 4-20　ISO 简单检索界面

在简单检索结果显示界面的右侧,可以看到提示信息"Advanced search for standards",点击即可进入高级检索界面。

2) 国际电工委员会(IEC)网站

国际电工委员会(International Electrotechnical Commission,IEC)成立于 1906 年,是世界上最早的国际性电工标准化组织,其官方网站(www.iec.ch)提供全面的电工电子标准检索服务。IEC 在全球电工电子及相关技术领域的标准化方面发挥着核心作用,已发布超过 10000 项国际标准。IEC 下设 170 多个技术委员会和分委员会,涵盖发电、输配电、家用电器、办公设备、半导体、光纤、电池等多个领域。

3)美国国家标准学会(ANSI)网站

美国国家标准学会(American National Standards Institute,ANSI)成立于 1918 年,是美国的非营利性民间标准化机构,总部设在华盛顿。ANSI 不直接制定标准,而是负责审查其他标准制定机构制定的标准,经审查批准后可成为美国国家标准(American National Standards,ANS)。ANSI 代表美国参加国际标准化活动,提供标准信息咨询服务,与政府机构进行合作。该学会建立了完善的标准制定程序,确保标准制定过程公开、透明和协商一致。

4)欧洲标准化委员会(CEN)网站

欧洲标准化委员会(European Committee for Standardization,CEN)成立于 1961 年,是由 30 个欧盟及欧洲自由贸易联盟(EFTA)成员国的国家标准机构组成的非营利性组织。其官方网站(www.cencenelec.eu,与欧洲电工标准化委员会(CENELEC)共享)提供欧洲标准(EN)的检索服务,主要负责除电工(由 CENELEC 负责)和电信(由 ETSI 负责)领域外的标准化工作。CEN 制定和发布的欧洲标准(EN)在其成员国具有强制性采用地位,部分标准因版权限制可能仅提供预览服务。

5)国际电信联盟(ITU)网站

国际电信联盟(International Telecommunication Union,ITU)成立于 1865 年,是联合国专门机构中历史最悠久的组织。ITU 官方网站(www.itu.int)提供全球电信标准的在线检索。该组织负责分配全球无线电频谱与卫星轨道,制定确保网络和技术无缝互连的国际标准。ITU 由无线电通信部门(ITU-R)、电信标准化部门(ITU-T)和电信发展部门(ITU-D)组成,拥有 193 个成员国和 700 多个部门成员。

6)德国标准化学会(DIN)网站

德国标准化学会(Deutsches Institut für Normung,DIN)成立于 1917 年,是德国工业标准化的主要机构。DIN 官方网站(www.din.de)提供德国标准的检索和购买服务。该组织参与制定了超过 34000 项 DIN 标准,并积极参与国际标准化活动。DIN 代表德国加入 ISO、IEC 等国际标准化组织,其制定的标准被广泛应用于工业、科技、商业等领域。

7)英国标准协会(BSI)网站

英国标准协会(British Standards Institution,BSI)成立于 1901 年,是世界上第一个国家标准机构。BSI 官方网站(www.bsigroup.com)提供英国标准的检索和认证服务。BSI 制定了世界上第一个质量管理体系标准 BS 5750(后来发展为 ISO 9001)。目前 BSI 已发布超过 37000 项标准,在全球 190 多个国家开展业务,提供标准制定、合格评定及认证等服务。

8)世界卫生组织(WHO)网站

世界卫生组织成立于 1948 年,是联合国负责全球卫生事务的专门机构。WHO 官方网站(www.who.int)提供国际卫生条例等重要标准文件的检索服务。WHO 制定了众多涉及公共卫生、药品质量、疾病防控等领域的国际标准和指南。该组织拥有 194 个成员国,在全球设有 6 个区域办事处,与各国政府、机构和组织密切合作,共同促进全球卫生事业发展。

4.2.2　会议文献检索

1.国内会议文献检索

1)知网会议论文数据库

中国学术会议网(https://conf.cnki.net/)由中国知网(CNKI)主办,平台覆盖范围广泛,几乎涵盖所有国内外重要的学术会议及动态,如图 4-21 所示。

平台主要功能包括学术会议信息检索、会议论文查询以及在线会议支持。通过关键词搜索,用户可以快速定位目标会议信息,包括会议主题、时间、地点和主办单位等。此外,网站收录了大量学术会议论文,为用户提供检索、预览和部分论文全文下载服务。

图 4-21　中国学术会议网

2)万方会议论文数据库

会议论文数据库是万方数据知识服务平台(https://www.wanfangdata.com.cn/)的重要组成部分,收录国内外学术会议论文,涉及自然科学、社会科学、工程技术、医学等多个领域。该平台支持按作者、关键词或会议名称查询论文。用户可以在线阅读文献摘要并下载全文,部分高质量论文还附带引用分析。平台特别注重论文引用信息的关联性,提供文献推荐和引用趋势分析服务。

3)NSTL

国家科技图书文献中心(NSTL)是国家级科技资源服务机构,由多部门联合建立,提供全面的学术文献检索服务。作为科研人员获取科技文献的重要平台,NSTL整合了期刊、会议论文、科技报告等资源。其会议论文资源覆盖国内外重要学术会议,特别是高技术领域的国际会议,如IEEE、SPIE等。此外,NSTL提供学术领域的动态分析和趋势报告服务,是支持科研决策的重要工具。

通过以上三大平台的介绍可以看出,中国学术会议网注重会议信息更新,万方会议论文数据库强调文献查询的便捷性,而NSTL以其丰富的科技文献资源和高质量服务在科研支持中扮演重要角色。

2. 国际会议文献检索

1)IEEE Xplore 数字图书馆

IEEE Xplore(https://ieeexplore.ieee.org/)是由电气电子工程师学会(IEEE)推出的权威学术资源库,专注于电气工程、电子技术、计算机科学等领域的国际会议文献。平台收录了大量高水平会议论文,如IEEE会议录等。

该平台支持按主题、作者、会议名称等维度精准定位目标文献。同时,平台提供论文摘要预览和全文付费下载服务,对于部分机构用户或订阅用户,支持无限制访问。

此外,IEEE Xplore注重文献的引用信息展示,支持引用链分析,帮助研究者追踪文献影响力和科研前沿动态。

2)ACM Digital Library

ACM Digital Library(https://dl.acm.org/)是由美国计算机学会(ACM)推出的学术资源库,专注于计算机科学和信息技术领域的国际会议文献。平台收录了众多全球顶级会议论文,例如SIGGRAPH、CHI和KDD等,支持通过关键词检索、主题导航和会议年份筛选相关论文资源。ACM Digital Library提供完整的会议论文摘要、关键词和参考文献列表,并支持全文付费下载。订阅用户或机构可以无限制访问ACM全文资源,获取全球最新研究动态。

3)ISI Processing

ISI Processing(https://process.isi-be.eu/)是国际科学信息研究所(Institute for Scientific Information,ISI)推出的高质量学术文献处理平台,收录全球各领域的科研论文、会议论文和专著章节。该平台的国际会议文献是其重要特色之一,涵盖自然科学、工程技术、生物医学和社会科学等领域。ISI Processing的优势在于其强大的引文索引分析功能,不仅可以查阅会议论文,还可以通过引文网络追踪论文的引用情况和相关领域的发展动态。同时,该平台支持关键词检索、按领域筛选和引用频次排序,便于快速定位高影响力文献。此外,该平台还整合了Web of Science数据库,实现了会议文献、期刊论文和书籍章节之间的系统性关联。

4.2.3　学位论文检索

1. 国内学位论文检索

CALIS 学位论文中心服务系统和 CNKI 学位论文库是国内研究生与科研人员查阅学位论文的权威平台。前者以高校联合共建模式为主,适合校内访问;后者收录面广、检索便利,是科研选题和文献综述工作的有力支持工具。

1) CALIS 学位论文中心服务系统

CALIS(China Academic Library & Information System,中国高等教育文献保障系统)学位论文中心服务系统(http://etd.calis.edu.cn)是由教育部主导、全国高校共建的学位论文资源共享平台。该平台主要收录全国重点高校(包括 985、211 院校)及部分普通高校的优秀硕士、博士学位论文,覆盖文、理、工、农、医等多个领域,重点展示各校推荐的优秀研究成果。系统支持通过作者、题名、学科、年份等多个维度进行检索,方便用户快速定位所需文献。

CALIS 学位论文中心服务系统主要面向高校用户提供服务,通常需要通过所在学校的图书馆授权访问。用户使用校园网登录后即可获得全文下载权限,部分高校还额外提供 VPN 或校外访问服务。

2) CNKI 学位论文库

CNKI 学位论文库包括中国博士学位论文全文数据库和中国优秀硕士学位论文全文数据库,是目前国内资源完备、质量上乘、连续动态更新的中国博硕士学位论文全文数据库。数据库收录了全国各高校 1984 年以来的博硕士学位论文,涵盖社会科学、自然科学、工程技术、医学等 14 个一级学科门类。平台资源每月更新,确保用户能及时获取最新的学位研究成果。系统支持主题检索、全文检索和参考文献追踪等多样化检索方式,同时提供高效的在线阅读与下载服务。

2. 国外学位论文检索

国外学位论文是了解国际科研前沿的重要资源,特别是博士学位论文,通常是学术研究领域最具原创性、研究深度较大的成果。PQDT Global 是获取国际学术资源的主要平台,其文献内容权威、更新及时且学术价值高。

PQDT Global(ProQuest Dissertations & Theses Global)是 ProQuest 公司开发的全球最权威、最全面的学位论文数据库,也是目前规模最大、内容最全面的国际学位论文检索平台之一。该数据库收录了世界各地 100 多个国家/地区 4200 余所高校或科学研究机构超过 510 万篇博硕士学位论文,其中硕士论文超过 77 万篇,博士论文超过 440 万篇,覆盖科学、工程技术、农学、生物学、医学、心理学、哲学、人文、社会科学等各个领域,全文最早回溯至 1743 年,引文最早回溯至 1637 年,是学术研究中十分重要的参考信息源。

PQDT Global 特别注重收录欧美顶尖高校的研究生论文,其中以博士学位论文为主,同时精选部分优秀硕士学位论文和少数高校的本科荣誉论文。平台每年新增超过 10 万篇学位论文,确保用户能够及时获取最新学术成果。其强大的检索系统支持按主题、作者、院校、导师、关键词和出版年份等维度进行高级检索,用户可预览论文摘要,并通过机构订阅或单篇购买的方式获取全文。

在访问方式上,高校师生可通过所在机构的订阅服务登录 ProQuest 平台下载全文,个人用户则可通过注册账号在线支付获取论文,部分高校论文还提供开放获取服务。

第5章 网络信息资源检索

5.1 网络信息资源概述

网络信息资源是通过网络生产和传播的一类电子型信息资源,又称电子信息资源、互联网信息资源、数字化信息资源等,大多数学者倾向于把网络信息资源理解为"通过计算机网络可以利用的各种信息资源的总和"。

5.1.1 网络信息资源的特点

了解网络信息资源的特点,有助于人们利用和管理这类信息。网络信息资源具有以下几个主要特征。

1.数量巨大、增长迅速

由于互联网结构的开放性和信息发布的自由性,网络信息呈爆炸性增长和全球化分布,网络信息资源内容包罗万象,覆盖了不同学科和专业、不同领域、不同地域、不同语言的信息资源。第54次《中国互联网络发展状况统计报告》显示:截至2024年6月,我国网民规模近11亿人,互联网普及率达78.0%;IPv6地址数量为69080块/32,主要商业网站及移动互联网应用IPv6支持率达到90%;域名总数为3187万个,其中国家顶级域名".CN"数量为1956万个,占域名总数的61.4%,连续十年位居全球第一。我国互联网行业保持良好发展势头,互联网基础资源夯实发展根基,数字应用释放创新活力,更多人群接入互联网,共享数字时代的便捷和红利。

2.变化频繁、时效性强

网络信息资源增长迅速,变化也极为频繁。受信息时效性影响,新闻、广告等内容总是不断更新,网页地址、链接信息、访问记录等也时刻处于动态变化中。任何网络信息资源都可能在极短时间内建立、更新、更换地址或消失,导致网络信息资源不稳定,动态性和不确定性高,难以有效控制,增加了信息资源管理和检索的难度。

3.表现形式多样

网络信息资源表现形式多样,涉及人们生活的各个领域。从信息的类型来看,有文本、图表、图像、音频、视频、软件等信息类型；从存在的形式来看，有文件、数据库、超文本和超媒体等存在形式。网络信息资源是多类型、多媒体、集中式的信息混合体，能够满足网络用户的各种信息需求。

4.超时空、可交互、快捷便利

网络对人类信息交流与沟通的最大贡献是将以往分散的文本信息、图像信息、声音信息和多媒体信息整合在同一网络媒介上，人们可以同时获取各种不同来源、不同状态、不同内容的信息，超越时空限制。大部分网络信息在发布的同时都提供了电子邮件以及关注、点赞、评论、转发和分享等互动功能，便于用户浏览信息后进行交流，体现了信息的交互性。网络信息发布有很大的自由度和随意性，且信息流通不受时空、地域的限制，在传播速度和便捷性方面远超传统信息载体。

5.高度共享、使用成本低

互联网的开放性、通用性使得信息资源具备高度共享性，信息资源能在更高水平上实现有效配置。在网络环境下，时间和空间范围得到了最大限度的延伸和扩展。一份信息资源上网后，不仅可以及时地提供给本地网络用户利用，而且可以发散到全球每一个互联网用户终端，用户不需要排队等候就可以共享同一份信息资源。在互联网上，大部分信息资源可免费使用，低费用的网络信息资源刺激了用户的信息需求，从而促进了信息资源的有效配置。

6.无序、不均匀、质量参差不齐

网络信息资源没有统一的发布标准，也没有统一的管理机构。互联网是在通信双方自愿的基础上，通过 TCP/IP 协议实现不同网络的互联，对网络信息资源的组织管理并无统一的规范和标准。信息资源分散存储在联网的计算机中，导致信息资源分布相对无序和不均匀。网络用户在存储和发布信息时有很大的自由度，大量冗余、低劣甚至虚假信息在无"主管"的网络上传播，缺乏必要的过滤、监督和质量控制，为用户选择和利用网络信息资源带来了诸多不便。

5.1.2 网络信息资源的分类

人们从不同角度对网络信息资源进行了分类，本书以信息检索与论文写作应用技能为出发点，介绍两种网络信息资源分类方式。

1.按照网络信息资源的组织方式划分

(1)文件方式。文件方式采用主题组织法的思想，以文件名标识信息内容，用文件夹组织信息资源，并通过网络共享实现信息传播。文件服务器(FTP)即以此方式组织网络信息资源，用户界面是人们熟悉的文件夹窗口，浏览和下载信息操作简便。文件方式是网络信息资源组织的简单方式。

（2）数据库方式。数据库方式是当前普遍使用的网络信息资源组织方式,即将已获得的网络信息资源以固定的记录格式存储,用户通过关键词及其组配查询就可以找到所需信息线索。利用数据库技术进行网络信息资源的管理能高速处理大量结构化数据,提高了信息管理的效率。数据库以信息项作为数据的最小单位,可根据用户需求灵活地改变查询结果集的大小,降低了网络数据传输负载。

（3）主题树方式。主题树方式就是将确定范畴所获得的信息资源按照某种事先确定的概念体系,分门别类地逐层加以组织,用户通过浏览的方式逐层进行选择,找到所需的相关站点链接。主题树方式能较好地满足用户族性检索的要求,允许用户根据兴趣从任意等级类目入手,选择不同的浏览检索范围。

（4）超文本/超媒体方式。超文本方式以线性和静态的文本信息为处理对象。超媒体方式是超文本方式和多媒体技术的结合,将文字、图表、声音、图像、视频等多媒体信息以超文本方式组织。

（5）自由文本方式。自由文本方式主要用于全文数据库的信息组织,是针对非结构化的文本信息进行组织和处理的一种方式。基于全文数据库的全文检索可以将任意字符作为检索标识,用户用自然语言即可直接检索未经标引的一次文献。

（6）主页方式。主页方式类似于档案卷宗的组织分式,它将有关机构或个人的各种信息集中组织在一起,对某机构或人物等各类对象进行全面介绍,如热门地点和相关站点的推荐。目前单位和个人网络均采取建立主页的方式,详略程度由其自行决定。

（7）非结构化数据库组织方式。非结构化数据库可根据半结构化和非结构化数据的特殊性进行存储和管理,在管理机制上超越了传统结构化关系数据库对信息采取定长和结构化定义的局限,与 web 技术相结合,可实现非结构化数据库型信息资源的直接上网发布与全文检索。

（8）镜像站点方式。当一个单位有了自己的服务站点时,可将网上最重要和最常用的信息移植到自己的服务器上,这种站点为镜像信息站点。这样用户经常使用的信息不需要每次都从远程调用,既节省了通信的开销,又可加快信息的传递。

2.按照网络信息资源交流方式划分

（1）正式出版信息,指受到一定的知识产权保护,信息质量可靠,利用率较高的知识性、分析性信息,用户一般可上网查到,如各种网络数据库、联机杂志和电子杂志、电子图书、电子报纸等。正式出版信息又分为一次、二次和三次出版信息。其中一次出版信息包括电子图书、电子期刊、电子报纸等;二次出版信息包括搜索引擎、检索数据库、网络导航等;三次出版信息包括网络述评、参考数据库、网站推荐等。

（2）半正式出版信息,又称"灰色"信息,指受到一定知识产权保护但没有纳入正式出版信息系统中的信息,包括各种学术团体和教育机构、企业和商业部门、国际组织和政府机构、行业协会等单位介绍自己或宣传其产品的描述性信息,如内部电子期刊、会议文集和各类报告、机构情况和产品介绍等。

（3）非正式出版信息，指流动性、随意性较强的，信息量大、信息质量难以保证和控制的动态性信息，如通过电子邮件、专题讨论小组和论坛、电子会议、电子布告板等发布的信息。

5.2 搜索引擎

5.2.1 搜索引擎概述

搜索引擎作为互联网时代的重要工具，极大地提升了人们在海量信息中查找所需内容的效率。搜索引擎是指根据一定的策略，通过特定的计算机程序从互联网上搜集信息，在对信息进行组织和处理后，为用户提供检索服务，将相关信息展示给用户的系统。

搜索引擎的发展经历了多个阶段。第一代搜索引擎以人工分类目录为主，如 Yahoo，用户通过多种方式在分类目录中寻找网站。第二代搜索引擎以 Google 为代表，采用关键字查询和网页链接分析技术，能够覆盖大量网页内容，并根据网页重要性呈现结果。第三代搜索引擎更加注重个性化、专业化和智能化，使用自动聚类、分类等人工智能技术，实现了技术和人工的完美结合。第四代搜索引擎则面向主题和个性化需求，采用特征提取和文本智能化策略，更准确有效地提供信息。

按照工作方式，搜索引擎可以分为几大类。全文搜索引擎如百度和谷歌，通过建立自己的网页抓取、索引和检索系统，提供与用户查询条件相匹配的记录。目录索引搜索引擎如新浪分类目录搜索，将网站分门别类地存放在相应目录中。元搜索引擎在接收到用户的查询请求后，在其他多个引擎上进行搜索并将结果返回给用户。垂直搜索引擎则专注于特定的搜索领域和需求。

搜索引擎技术的不断进步，不仅为用户提供了更快速、更准确的检索服务，也为网站搜索引擎优化（SEO）提供了重要支持。SEO 通过调整网站内容和结构，提高网站在搜索引擎中的排名，从而增加网站的流量和曝光率。用户在使用搜索引擎时，通过使用具体的关键字和多个关键字的组合，能够更精确地找到所需信息。

5.2.2 搜索引擎工作原理

搜索引擎的工作原理复杂而精妙，主要可以分为三个核心步骤：数据采集、建立索引数据库、搜索与排序。搜索引擎工作原理如图 5-1 所示。

1. 数据采集

数据采集是搜索引擎工作的第一步，通常由被称为"蜘蛛程序"或"网络爬虫"的自动化程序来完成。蜘蛛程序从指定的起始 URL 开始，通过模拟人类访问网站的行为，抓取

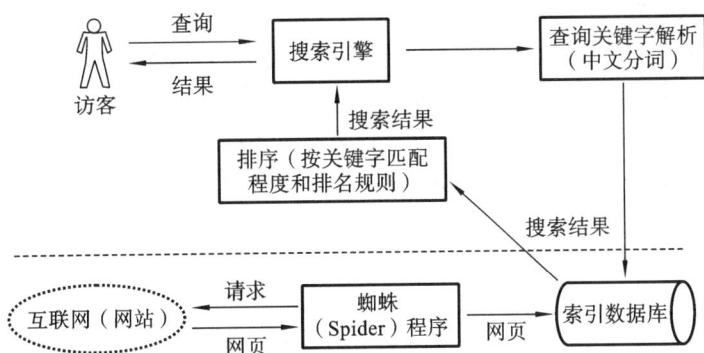

图 5-1　搜索引擎工作原理图

网页内容。它会顺着网页上的超链接不断访问新的网页,并将这些网页的信息保存到搜索引擎的服务器上。在抓取过程中,蜘蛛程序会采用不同的技术手段来处理各种类型的网页内容,例如,它会解析 HTML 代码来提取文本信息,对于图片和视频等多媒体内容,则可能通过分析相关的标签和描述信息来索引这些资源。这种处理方式使得搜索引擎能够全面地获取并存储各种类型的数据,从而为用户提供更丰富、更准确的搜索结果。蜘蛛程序的工作方式有两种:定期搜索和提交网站搜索。定期搜索是指搜索引擎每隔一段时间主动派出蜘蛛程序,对一定 IP 地址范围内的网站进行检索。提交网站搜索则是网站拥有者主动向搜索引擎提交网址,蜘蛛程序在一定时间内定向扫描该网站并将其信息存入数据库。不过,由于搜索引擎索引规则的不断变化,主动提交网址并不保证网站一定能被收录。因此,目前最佳的做法是增加外部链接,使蜘蛛程序有更多机会发现并收录网站。

2.建立索引数据库

在完成数据采集后,搜索引擎会对收集到的网页信息进行提取和组织,建立索引数据库。这一步骤至关重要,它使得搜索引擎能够快速响应用户的查询请求。索引数据库通过分析网页内容,排除 HTML 等标记符号,提取出所有的字或词,并记录每个字或词出现的网址及其在网页中的位置(如标题、正文等)。这些数据被存入查询表中,成为用户搜索的直接依据。此外,搜索引擎还会对网页进行等级计算,这通常基于网页的链接质量、数量等因素。一个接收大量高质量链接的网页,其在搜索引擎中的排名相对较高,这一规律在 Google 的 PageRank 算法中体现得尤为明显。PageRank 算法通过分析网页之间的链接关系,将链接视为一种"投票"行为,一个网页获得的链接越多,说明它越受欢迎和重要,从而能在搜索结果中获得更高的排名。这种机制使得搜索引擎能够提供更加相关和权威的搜索结果。

3.搜索与排序

当用户输入查询关键字后,搜索引擎的检索模块会将其拆分成具有检索意义的字或词,然后在索引数据库中快速检索出相关的文档。检索出文档后,搜索引擎会通过复杂的算法对文档与查询的相关度进行评价,并进行排序。排序的依据通常包括关键词的匹配程度、出现位置、频次,以及链接质量等。相关度越高的文档,在搜索结果中的排名就越靠前。除了基于算法的排序,一些搜索引擎还会穿插广告,这通常是根据广告主的出价和相关性来决定的。广告排序的具体机制会考虑广告质量得分,这一得分基于多个因素进行计算,包括点击率、相关性以及用户反馈等。用户检索的过程实际上是对前两个过程的检验,检验搜索引擎能否迅速且准确地提供用户需要的信息。

5.2.3　常用搜索引擎

搜索引擎已经成为我们日常生活中不可或缺的一部分,从全球知名的谷歌到国内广泛使用的百度,各种搜索引擎为我们提供了丰富的信息获取渠道。以下介绍一些常用的搜索引擎。

1. 全球搜索引擎巨头:谷歌

谷歌是全球最大的搜索引擎,以其简洁的页面设计和高度相关的搜索结果赢得了广大用户的青睐。谷歌不仅搜索结果准确、全面,还提供了一系列增值服务,如谷歌地图、谷歌翻译等。谷歌的搜索技术不断更新,确保用户能够快速找到所需信息。此外,谷歌对多种语言的支持也非常友好,使得它成为全球最受欢迎的搜索引擎之一。

2. 国内搜索引擎的领头羊:百度

百度是全球知名的中文搜索引擎,拥有庞大的中文网页数据库,能够瞬间找到相关的搜索结果。截至 2024 年,百度在中国市场占据超过 50% 的份额,是国内最受欢迎的搜索引擎。百度的服务器遍布全国,用户能够从最近的服务器获取搜索信息,确保搜索体验更高效、更便捷。除了网页搜索,百度还提供图片、视频、新闻等多种搜索服务。

3. 360 搜索:安全可靠的搜索选择

360 搜索是 360 公司推出的全文搜索引擎,凭借安全、真实的搜索服务体验深受用户青睐。该搜索引擎依托强大的技术支持和上万台服务器集群,每日抓取网页数量达数亿规模,同时收录数亿优质页面,保障了搜索的响应速度与质量。除基础网页搜索外,360 搜索还提供新闻、影视等多元化的垂直搜索服务。

4. 搜狗搜索:深度挖掘中文信息

搜狗搜索是腾讯旗下的搜索引擎,致力于中文互联网信息的深度挖掘。依托腾讯生态,搜狗搜索整合了微信、知乎等内容资源,提供差异化的搜索服务。同时,搜狗输入法作为其核心产品之一,长期占据市场领先地位。搜狗搜索在中文搜索方面具有独特的优势,能够帮助用户更快地了解信息。

5. 新兴与特色搜索引擎

近年来,一些新兴的搜索引擎逐渐崭露头角。例如,头条搜索以其个性化推荐和实时热点追踪功能吸引了大量用户;夸克/神马搜索专注于移动端用户体验,提供简洁高效的搜索服务;无追搜索则强调隐私保护,为用户提供不被追踪的搜索环境。此外,还有面向特定需求的搜索引擎,如 DataGo 注重隐私保护,微软 Bing 提供国际化的搜索体验。

6. 专业搜索引擎

在垂直领域和平台生态中,专业搜索引擎发挥着重要作用。电商平台如淘宝、天猫、京东、拼多多均内置了高效的站内搜索系统,帮助用户快速找到所需的商品。学术领域则有语义学者、ResearchIndex、ZLibrary 等专业学术搜索引擎,提供丰富的学术文献资源。此外,办公人导航等聚合平台整合了各类专业搜索引擎,实现一站式资源获取,大幅提升用户检索效率。

5.2.4　移动搜索

移动搜索是现代获取信息的关键途径,深刻改变了我们的生活。随着智能手机和平板电脑的普及,移动搜索成为连接用户与互联网世界的桥梁。移动搜索不仅让我们能够随时随地获取所需信息,还极大地推动了电子商务、在线教育等领域的发展。

移动搜索发展迅猛,从早期的短信搜索引擎到如今通过移动终端进行复杂信息检索,技术不断进步。百度与诺基亚合作推出移动搜索软件,谷歌推出谷歌移动搜索,两者都是该领域的佼佼者。百度移动搜索可查找网页、新闻、图片,访问贴吧。谷歌移动搜索通过 GMS 服务,提供多种功能,丰富了应用场景。

移动搜索分为搜索前、搜索中、搜索后三个阶段。入口形式多样,如独立 Tab 式、搜索表单式等。例如,新浪微博采用独立页面形式设置搜索功能,而出行类应用常用搜索表单形式,搜索框一般位于导航栏区域。

移动搜索用户规模持续扩大,数据显示,截至 2020 年 12 月,我国搜索引擎用户规模达 7.70 亿,较 2020 年 3 月增长 1962 万,占网民整体的 77.8%。其中,手机搜索引擎用户规模达 7.68 亿,较 2020 年 3 月增长 2300 万,占手机网民的 77.9%。文字搜索仍占主流,AI 搜索崛起,语音和图片搜索的使用率也在稳步提升。

移动搜索的商业价值日益凸显,成为网民获取信息的首要入口,百度、搜狗、360 等搜索引擎通过技术创新和生态完善不断提升用户黏性。行业巨头纷纷布局市场,积极拓展搜索增值服务以提升收入,形成了"一超多强"的市场竞争格局。

对于广告投放者而言,移动搜索提供了广阔的空间。例如,360 移动搜索日均检索量达到 2 亿次,市场渗透率达 15%。为了有效地利用这一平台,广告投放者需要采用科学的推广方法,准备具有吸引力的广告物料,并合理设置关键词和创意。此外,使用百度推广或谷歌广告等工具可以更精准地监控投放效果和调整投放策略。建议重点投放特定时间段,以抓住闲时流量。

移动搜索的发展深刻改变了人们获取信息的方式,有力推动了互联网经济的繁荣。

随着技术进步和应用场景的持续拓展,移动搜索必将在信息服务领域发挥更加重要的作用,开启互联网发展的新篇章。

5.2.5 搜索的未来趋势

在人工智能技术的推动下,搜索这一基础功能正经历着深刻的变革,从文字到视频,从单一模态到跨模态,逐渐显现出智能化、多元化与无缝体验的特点。如今,我们不仅能够通过关键词进行文字搜索,还能通过语音指令获取信息,比如对着智能音箱说"明天天气怎么样"即可获取天气报告。此外,图片搜索也日益普及,用户可以通过上传图片来寻找相似的商品或识别植物、动物等。这些不同模态的搜索方式共同展示了搜索功能在智能化与多元化方面的巨大进步。

1. 智能化搜索:语义理解与交互式对话

人工智能的发展极大地改变了搜索的本质。未来的搜索引擎将不再仅仅依赖关键词匹配,而是通过语义理解技术,深入挖掘用户查询背后的真实意图。通过自然语言处理技术,搜索引擎能够模仿人类的对话方式,通过交互式问答消除歧义,精准提供用户所需信息。百度创始人李彦宏曾指出,越来越多的搜索将直接得到答案,而不是像过去那样提供大量链接让用户自行筛选。随着首条满足率(即第一条搜索结果就满足用户查询需求的比例)的不断提升,用户将享受到更加高效、便捷的搜索体验。

2. 多元化搜索渠道与内容生态

搜索渠道的多元化已成为不可逆转的趋势。传统搜索引擎虽然仍占据重要地位,但已不再是用户获取信息的唯一途径。微信、抖音、支付宝等各大平台纷纷布局搜索业务,通过多元化的内容生态满足用户个性化的需求。2022 年,微信搜一搜月活用户达到 7 亿,抖音视频搜索月活用户超过 5.5 亿,这些数据充分证明了多平台搜索的巨大潜力。在 5G、虚拟现实等新技术的推动下,内容输出方式更加丰富,搜索渠道的多元化将为用户带来更加多样化的选择。

3. 视频搜索的崛起

视频内容的爆发式增长使得视频搜索逐渐成为未来搜索领域的新趋势。2024 年,全球在线视频流量占据所有网络流量的 74%,这不仅改变了人们获取信息和娱乐的方式,也对搜索引擎提出了更高的要求。视频搜索需要同时处理声音、图像、文本等多模态数据,虽然在技术上仍面临诸多挑战,但各大科技公司正加大研发投入,致力于打造更快速、更准确、更全面的视频搜索服务。例如,谷歌的 YouTube 平台利用人工智能技术改善视频推荐和搜索结果,通过语音识别技术提高视频字幕的准确性,并支持多种语言的搜索;抖音(TikTok)通过图像识别技术实现精准的内容推荐和搜索。这些技术进展表明,未来视频搜索将与图文搜索互为补充,共同满足用户多元化的需求。

4.垂直化、细分化与专业化搜索场景

用户需求和行为习惯的变化导致搜索场景趋向垂直化、细分化和专业化。相较于泛化信息搜索,垂类搜索更加专注于特定领域,能够提供独有的、专业化的内容,优化用户体验。夸克、豆包等 AI 搜索产品在教育、办公、医疗等细分场景表现优异,逐步分流传统搜索用户,孵化出现象级产品。未来,随着各行业对搜索需求的不断深化,垂直化搜索将成为 AI 搜索发展的重要方向。

5.PC 端与多端协同趋势

随着年轻人学习和办公需求的增加,PC 端产品将成为新的入口级应用。夸克 PC 端提供"系统级全场景 AI"功能,让用户可以通过快捷键、截屏、画线等方式随时调用 AI 搜索功能,完成写作和信息总结等复杂任务。数据显示,夸克 PC 端用户使用快捷键进行搜索的涨幅最大,这表明 PC 端在处理复杂任务方面具有巨大潜力。未来,AI 搜索将打破不同设备之间的边界,实现多端协同,为用户提供无缝衔接的智能体验。

6.AI 搜索重塑行业生态

AI 搜索的崛起不仅仅是对搜索算法的优化,更是对用户信息检索方式的一次根本性重塑。新兴企业的入场正在逐步打破传统搜索市场的"寡头效应"。根据 Gartner 的预测,到 2026 年,传统搜索引擎的访问量可能减少 25%。AI 搜索与传统搜索之间并非简单的取代关系,而是自然发展与演进的结果。短期内,AI 搜索将分流部分传统搜索用户,双方之间的市场份额差距将逐步缩小。随着 AI 搜索技术的进步,其更智能化、更个性化的服务将吸引更多用户,从而进一步压缩传统搜索引擎的市场空间。这种变化不仅促使传统搜索引擎加快技术革新,也推动了整个行业向更高效、更精准的信息检索方向发展。对于用户而言,这意味着他们将享受到更丰富、更便捷的搜索体验。

因此,搜索的未来趋势将聚焦于智能化、多元化、垂直化以及多端协同发展。随着技术的不断进步和应用场景的不断拓展,搜索引擎将不再是简单的信息获取工具,而是集搜索、存储、整合、提炼、创作于一体的全能型智能助手,为用户带来更加高效、便捷、个性化的服务体验。

5.3　开放存取资源

开放存取(Open Access,OA)又称开放获取、开放共享、开放使用等,是国际学术界、出版界、图书情报界为了推动利用互联网自由传播科研成果而采取的行动。其初衷是解决自 20 世纪 70 年代起出现的"学术期刊危机",充分利用互联网推动科研成果转化,促进学术信息的广泛交流,提升科学研究的公共利用程度,保障科学信息的长期保存,提高科学研究的效率。2002 年《布达佩斯开放存取倡议》(BOAI)对开放存取的定义为:某文献

在公共网络领域里可以被免费获取,任何用户均可阅读、下载、拷贝、传递、打印、检索、超级链接该文献,并为之建立索引,用作软件的输入数据或其他任何合法用途。用户在使用该文献时不受财力、法律或技术的限制,而只需要在存取时保持文献的完整性。对其复制和传递的唯一限制,或者说版权的唯一作用是使作者有权控制其作品的完整性及作品被准确接收和引用。

开放存取出版是在基于订阅的传统出版模式以外的另一种选择,已成为全球趋势。随着开放存取运动的不断深入,可开放存取的资源数量不断增长,范围不断拓展,其质量也不断提高。下文将分别介绍中国主流的开放存取项目平台和不同类型开放存取资源的获取路径。

5.3.1 中国重要开放存取项目平台

1. 中国科技论文在线

中国科技论文在线(https://www.paper.edu.cn)是经教育部批准,由教育部科技发展中心主办,针对科研人员普遍反映的论文发表困难,学术交流渠道窄,不利于科研成果快速、高效地转化为现实生产力而创建的科技论文网站。该平台利用现代信息技术手段,打破传统出版物的概念,免去传统的评审、修改、编辑、印刷等程序,给科研人员提供了一个方便、快捷的交流平台,从而使新成果得到及时推广,科研创新思想得到及时交流。中国科技论文在线主页如图 5-2 所示。

图 5-2　中国科技论文在线主页

2.国家哲学社会科学文献中心

2016 年,习近平总书记在哲学社会科学工作座谈会上明确提出了"加快国家哲学社会科学文献中心建设,构建方便快捷、资源共享的哲学社会科学研究信息化平台"的要求。为贯彻落实习总书记讲话精神,中宣部作出了总体部署,由中国社会科学院牵头建设国家哲学社会科学文献中心(www.ncpssd.cn),教育部、国家新闻出版广电总局(现国家广播电视总局)予以配合。国家哲学社会科学文献中心立足全国哲学社会科学领域,由国家投入和支持,开展哲学社会科学文献信息资源建设和服务,其主页如图 5-3 所示。

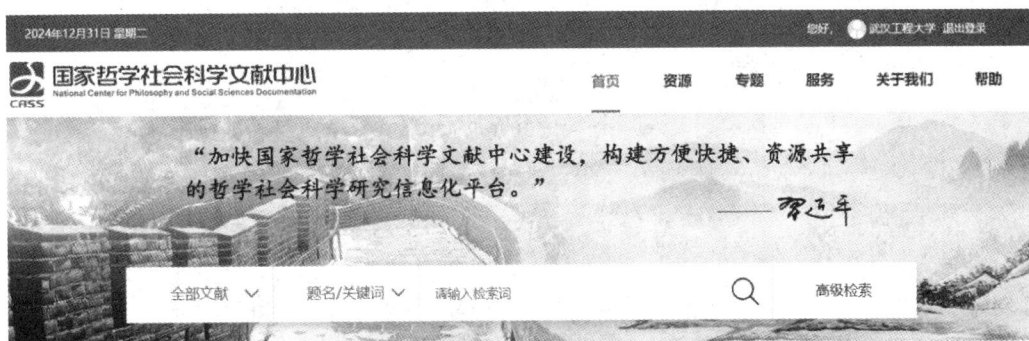

图 5-3　国家哲学社会科学文献中心主页

3.中国开放获取期刊数据库

中国开放获取期刊数据库(http://www.coaj.cn)是一个由中国科学院主管、中国科技出版传媒股份有限公司主办、北京中科期刊出版有限公司承办的 OA 平台,前身为中国科学院科技期刊开放获取平台。该平台作为新闻出版改革发展项目库入库项目,其目标是建设成为一站式的中国科技期刊 OA 集成平台和门户,集中展示、导航中国开放获取科技期刊,强化科技期刊的学术交流功能,提升中国科技期刊的学术影响力,引领中国科技信息的开放获取。中国开放获取期刊数据库主页如图 5-4 所示。

图 5-4　中国开放获取期刊数据库主页

4. SOCOLAR 平台

中国教育图书进出口公司建设的开放存取资源一站式服务平台——SOCOLAR（www.socolar.com）收录了来自世界各地、各种语种的重要 OA 资源，并提供 OA 资源的全文链接，同时还具有 OA 知识的宣传、交流以及 OA 期刊的发表、仓储服务等功能。SOCOLAR 主页如图 5-5 所示。

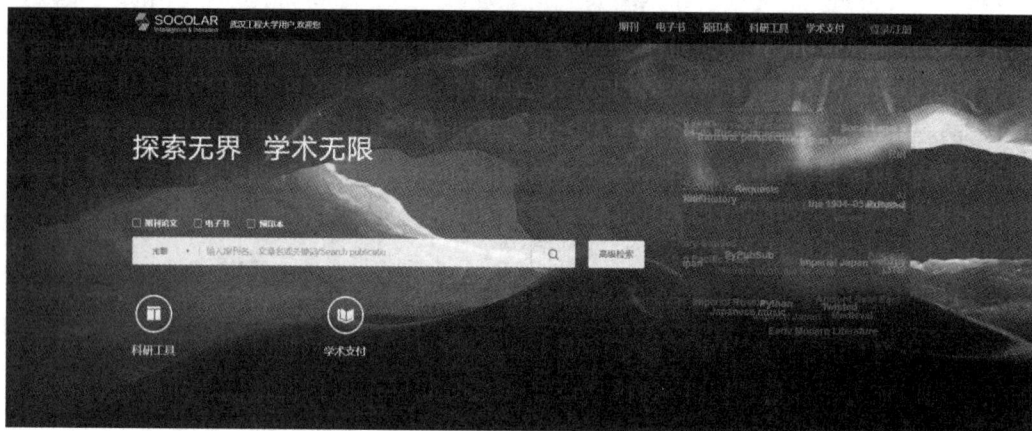

图 5-5　SOCOLAR 主页

5. 国家自然科学基金大数据知识管理服务门户

国家自然科学基金大数据知识管理服务门户（https://kd.nsfc.cn）是面向国家自然科学基金委员会工作人员、科研管理部门、科研人员及公众的服务系统，提供科学基金资助项目、结题项目、项目成果的检索和统计，项目结题报告全文和项目成果全文的浏览，相关知识发现和学术关系检索等服务。该平台主要实现的功能包括：基于网络的简单数据检索，如对科研项目、科研成果、科研人员、科研单位的检索；基于关系的关联检索，如论文引用、项目合作等关联检索；基于知识网络的知识发现，如人员合作网络分析、单位合作网络分析、科研人员关联路径发现等；基于多维数据的统计分析，如基金资助项目申请与资助情况多维统计分析、结题项目成果产出情况多维统计分析；基于知识网络关系数据的分析挖掘，如项目和成果的影响分析等。国家自然科学基金大数据知识管理服务门户主页如图 5-6 所示。

6. 中国科学院科技论文预发布平台（ChinaXiv）

2016 年 6 月，中国科学院科技论文预发布平台（https://chinaxiv.org/）正式上线，该平台是由中国科学院科学传播局组织实施，中国科学院发展规划局提供具体指导，中国科学院文献情报中心联合相关研究所和相关科技期刊倾力打造的国内第一个按国际通行模式规范运营的预发布平台。该平台面向全国科研人员，建设可靠、规范的自然科学领域的

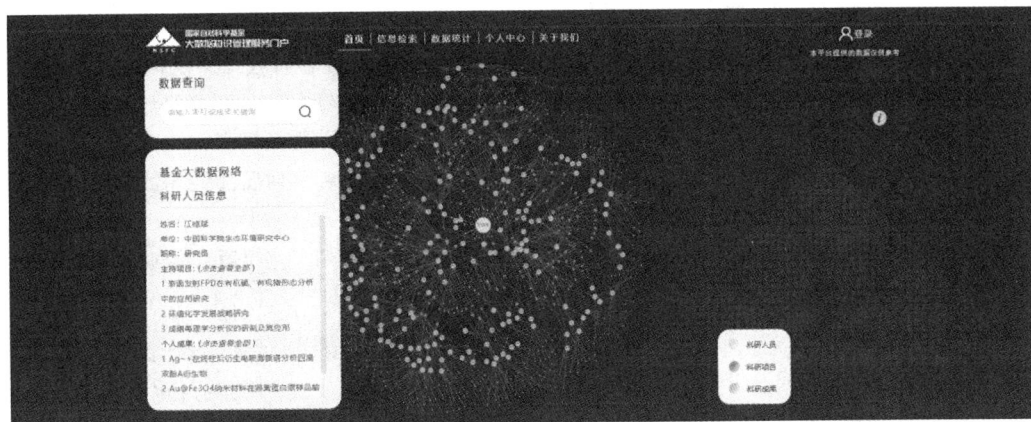

图 5-6　国家自然科学基金大数据知识管理服务门户主页

中国科研论文开放仓储库,接受中英文科技论文的预印本存缴和已发表科技论文的开放存档。中国科学院科技论文预发布平台首页如图 5-7 所示。

图 5-7　中国科学院科技论文预发布平台首页

5.3.2　OA 期刊的获取

　　OA 期刊分散存放在全球各地的服务器和网站上,获取这些资源有一定难度。为此,一些机构和研究人员对现有的 OA 期刊进行了系统收集和整理,建立了专门的资源站点。这些站点不仅提供强大的期刊检索功能,部分还支持论文级别的精细检索,为研究人员获取 OA 资源提供了极大便利。表 5-1 列出了国内外一些知名的 OA 期刊资源站点。

表 5-1　国内外著名的 OA 期刊资源站点

序号	名称	网址	简介
1	GoOA	http://gooa. las. ac. cn/ paperc/ ♯/home	GoOA 是中国科学院文献情报中心面向科研创新发展需求打造的高质量开放获取(OA)学术资源集成平台。该平台聚焦自然科学领域,同时涵盖部分社会科学学科,精选收录来自 Elsevier、Springer Nature、Wiley 等国际知名出版机构的 2200 余种高质量 OA 期刊及其论文全文资源
2	开放获取期刊指南(Directory of Open Access Journals,DOAJ)	https://doaj. org/	DOAJ 是由瑞典的隆德大学图书馆(Lund University Libraries)为开放存取期刊做的一个目录系统。目前,有 5687 种期刊能够检索到文章级别,即能检索篇名、关键词、摘要等
3	openj-gate Access	https://www. openj-gate. com/	openj-gate Access 系统地收集了全球约 3720 种期刊,包含学校、研究机构和行业期刊,这些期刊是综合类的,也有生物医学类期刊,其中超过 1500 种学术期刊经过同行评议(peer-reviewed)
4	J-STAGE	https://www. jstage. jst. go. jp/browse	J-STAGE 是日本学术出版物的平台,它由日本科学技术振兴机构(JST)开发和管理,可以在线访问来自日本 1800 多家出版商的 3200 多种期刊、会议记录和其他学术出版物
5	教科文与科技电子在线图书馆(SciELO)	https://scielo. org/en/	SciELO 目前已提供 600 多种专业期刊的 20 万篇论文全文,供读者免费阅览
6	Open Science	https://opensciencedirectory. net/	OA 期刊查询的入口,可以检索到世界上大部分开放存取期刊
7	SOCOLAR	www. socolar. com	中国教育图书进出口公司建设的开放存取资源一站式服务平台,收录了来自世界各地、各种语种的重要 OA 资源,并提供 OA 资源的全文链接
8	哲学社会科学外文 OA 资源整合与服务平台(OA JOURNAL)	http://103. 247. 176. 188/Journal. aspx	哲学社会科学外文 OA 资源整合与服务平台拥有哲学社会科学及相关学科的学术期刊 8599 种,含 734 万篇元数据、685 万篇全文文献

续表

序号	名称	网址	简介
9	Abc Chemistry(化学免费全文期刊)	https://abc-chemistry.org/	Abc Chemistry 是化学方面的免费全文网上期刊数据库,是由白俄罗斯国立大学化学系的一位教授建立的,分为永久期刊和临时期刊两大类

5.3.3　免费电子图书的获取

电子图书是指以电子形式存放图、文、声、像信息,通过磁盘、光盘、网络等电子媒介出版发行,并借助一定的工具进行阅读的"书本"。电子图书网站的类型多种多样,可以将其分为免费综合性图书网站、免费工具书网站、免费自然科学图书网站、免费人文社科图书网站、免费经典文学图书网站、有声图书网站。国内外著名的电子图书资源站点如表 5-2 所示。

表 5-2　国内外著名的电子图书资源站点

序号	名称	网址	简介
1	开放存取图书目录(Directory of Open Access Books,DOAB)	http://www.doabooks.org/	DOAB 由欧洲开放存取出版网络(Open Access Publishing in European Networks,OAPEN)基金会与 SemperTool 合作建立,于 2012 年开始提供服务,收录以开放存取模式出版的同行评审单行著作及汇编出版物
2	全国图书馆参考咨询联盟	http://www.ucdrs.superlib.net/	该平台拥有元数据总量 7.6 亿篇(册),其中中文图书 660 万册、中文期刊元数据 12000 万篇、中文报纸 19000 万篇、中文学位论文 680 万篇、中文会议论文 680 万篇、外文期刊 29000 万篇、外文学位论文 680 万篇、外文会议论文 2600 万篇、开放学术资源 4900 万篇、国家标准与行业标准 7 万件、专利说明书 86 万件。注册后可通过电子邮件免费传递文献
3	NAP(美国国家科学院出版社)	https://nap.nationalacademies.org/	NAP 出版美国国家科学院、工程院和医学院的各类报告,每年出版 200 多本书,涉及科学、工程和医学等多个领域;提供超过 8500 种 PDF 格式的图书,可以按章节或整本书免费下载

序号	名称	网址	简介
4	World Vision（世界宣明会开放获取资源）	https://www.wvi.org/	用户可在线阅读、下载问责制、年度报告、传染病防控、母乳喂养、儿童保护、灾害管理、健康、营养等主题的出版物
5	FAO（Food and Agriculture Organization of the United Nations，联合国粮食及农业组织）开放获取资源	https://www.fao.org/home/en/	自1945年成立以来，粮农组织的4.5万多种出版物聚焦可持续发展、生物多样性、气候变化、食品安全和营养等问题，涉及农业、城市、林业、植物生产和卫生、渔业和水产养殖等主题。2018年，国际粮农组织开始实施开放获取政策，其1998年以来的出版物实现免费获取，并遵守知识共享许可协议，这一政策的实施将使粮农组织的知识产品的使用范围和易用性达到最大，实现更好、更快、更有效地共享信息
6	IUCN Library System	https://portals.iucn.org/library/	该平台提供已经实现数字化的出版物，包括世界自然保护联盟年度报告（包括区域及专题年报）、红色名录、有关保护区的刊物等
7	Taylor & Francis eBooks	https://www.taylorfrancis.com/search?openAccess=true	Taylor&Francis eBooks 包含了800余本电子书，涵盖经济、区域研究、社会科学、发展研究、教育、环境科学、工程与技术、语言文学、艺术、体育与休闲等领域
8	STTCL（Studies in 20th & 21st Century Literature）	https://newprairiepress.org/sttcl/	STTCL致力于以法语、德语和西班牙语出版高质量的、由同行评议的、用英语撰写的关于1900年后文学、电影和媒体的文章
9	bibliomania	http://www.bibliomania.com/	该平台提供超过2000部免费电子文献，包括经典小说、戏剧、诗歌、短篇小说和当代文章，也有部分研究成果
10	UC Press E-Books Collection，1982-2004	https://publishing.cdlib.org/ucpressebooks//	该平台收录了近2000本学术出版社的图书，涉及艺术、科学、历史、音乐、宗教和小说等主题，其中有700多种图书可供免费下载
11	OpenStax CNX	https://cnx.org/	OpenStax是莱斯大学的一个非营利性项目，致力于出版高质量的、经同行评审的、公开许可的教科书，这些教科书可以在线免费获取

续表

序号	名称	网址	简介
12	Project Gutenberg	https://www.gutenberg.org/	该平台有超过 7 万种免费电子图书
13	ACLS Humanities E-Book	https://www.humanitiesebook.org/	该平台收录了 5000 多本人文科学方面的电子书,涵盖非洲历史、美国历史、动物研究、考古学、艺术和建筑史、亚洲历史、经济史、环境研究、欧洲历史、电影和媒体研究等领域
14	Open Textbook Library	https://open.umn.edu/opentextbooks/	该平台最早由美国明尼苏达大学教育与人类发展学院于 2012 年创立,目前由开放教育网络社区支持运营,入选教科书由学院和任课教师负责审查,以评估其质量;内容覆盖商业、计算机科学、教育、工程、科学、法律、人文、新闻等多个领域;可以免费下载 PDF、EPUB、XML 格式或在线浏览
15	HathiTrust Digital Library	https://www.hathitrust.org/	HathiTrust 成立于 2008 年,是一个非营利性的学术和研究图书馆合作组织,保存了 1800 多万个数字化项目

5.3.4　机构库资源的获取

机构知识库(institutional repository,IR)在国内又被称为学术典藏库、机构库或机构仓储,是存储、组织、保存和提供存取服务的学术型、数字化信息系统。国内外著名的机构库资源站点如表 5-3 所示。

表 5-3　国内外著名的机构库资源站点

序号	名称	网址	简介
1	PubScholar 公益学术平台	https://pubscholar.cn/	PubScholar 公益学术平台在尊重知识产权和国际通行规范的前提下,发挥中国科学院自身拥有丰富且高质量学术资源的优势,带动国内外的学术资源机构积极合作,最大限度地开放优质学术资源。目前,平台整合集成了中国科学院的科技成果资源、科技出版资源和学术交流资源,OA 环境下允许集成服务的学术资源,以及通过协议授权或其他合作共建模式获得授权许可的学术资源

续表

序号	名称	网址	简介
2	香港科技大学机构知识库	https://repository. hkust. edu. hk/	香港科技大学机构知识库是由香港科技大学图书馆用 Dspace 软件开发的一个数字化学术成果存储与交流知识库,于 2003 年创建,是香港地区成立的第一个机构知识库,收录了该校教学科研人员和博士生提交的论文
3	洛桑联邦理工学院机构库	https://infoscience. epfl. ch/? ln＝en	洛桑联邦理工学院(EPFL)机构库收录了 EPFL 的学者的多种类型的研究成果和资源,如文章和评论、会议论文、书籍、专利、海报以及教育资源等
4	弗吉尼亚理工大学机构库	https://scholar. lib. vt. edu/	弗吉尼亚理工大学机构库收录了弗吉尼亚理工大学教职工和学生的学术成果
5	加州理工学院机构库	https://authors. library. caltech. edu/	加州理工学院机构库目前收录了加州理工学院教师和其他研究人员撰写的超过 87000 篇研究论文
6	悉尼大学机构库	https://ses. library. usyd. edu. au/	悉尼大学机构库目前收录了近 2 万篇论文
7	女王大学机构库	https://qspace. library. queensu. ca/	女王大学机构库是由女王大学图书馆设立并负责运营的在线资源库,旨在收集、存储和发布该校学者、教师和学生的学术成果和其他方面的资料
8	南卡罗来纳大学机构库	https://scholarcommons. sc. edu/	南卡罗来纳大学机构库是一个保存、收集和传播该校学术研究成果的机构库,收录的文献包括文章和书籍、文件、技术报告、演示文稿、会议记录、硕士论文、开放式论文等
9	加利福尼亚大学国际和区域数字馆藏(eScholarship)	https://escholarship. org/	eScholarship 是加利福尼亚大学十个校区和附属研究中心共同构建的机构知识库,共收录超过 44 万篇论文
10	剑桥大学机构库	https://www. repository. cam. ac. uk/	剑桥大学机构库由剑桥大学图书馆与计算机服务中心于 2003 年联合创建,主要用于存储剑桥大学图书馆自主数字化的资料和该校其他机构产生的数字资源
11	麻省理工学院机构库	http://dspace. mit. edu/	麻省理工学院机构库收录了该校教学科研人员和研究生提交的论文(包括已发表的和待发表的)、会议论文、预印本、学位论文、研究与技术报告、工作论文和演示稿全文等

5.3.5　开放数据的获取

2012 年,联合国教科文组织出版的《发展与促进开放存取的政策指南》对开放数据的定义为:在学术交流方面,开放数据指研究中产生的数据集的公开提供,其使用的一些条件取决于隐私的需要或其他条件的限制。广义的开放数据是指所有数字形式的数据,包括图书馆中的文献书目数据等。国内外著名的开放数据资源站点如表 5-4 所示。

表 5-4　国内外著名的开放数据资源站点

序号	名称	网址	简介
1	中国统计年鉴	http://www.stats.gov.cn/sj/ndsj/	中华人民共和国国家统计局是国务院直属机构,提供大量向全社会公开的统计内容。其中《中国统计年鉴》是国家统计局编印的全面反映中华人民共和国经济和社会发展情况的资料性年刊,可在线阅读
2	人民日报图文数据库	http://data.people.com.cn/rmrb/20221014/1?code=2	人民日报图文数据库收录了《人民日报》创刊至今的全部图文报道信息并每日更新,其中最近七天内容提供全文浏览
3	国务院发展研究中心信息网	http://www.drcnet.com.cn/www/int/	国务院发展研究中心信息网(简称国研网)免费开放文献数据库浏览及下载权限,用户无须注册/登录即可免费获取海量资讯、报告、案例、政策
4	北京市公共数据开放平台	https://data.beijing.gov.cn/index.htm	北京市公共数据开放平台由北京市政务服务和数据管理局牵头建设,北京市各政务部门共同参与,致力于提供北京市政务部门可开放的各类数据的下载与服务
5	上海市公共数据开放平台	https://data.sh.gov.cn/	上海市公共数据开放平台是由上海市数据局牵头,相关政府部门共同参与建设的政府数据服务门户
6	湖北省公共数据开放平台	https://data.hubei.gov.cn/#/portal/index	湖北省公共数据开放平台是由湖北省数据局牵头,相关政府部门共同参与建设的政府数据服务门户
7	博鳌亚洲论坛	https://www.boaoforum.org/zh/index.html	用户可在线阅读年度报告、博鳌内刊、年会会刊、亚洲经济周报、会议简报等内容

序号	名称	网址	简介
8	联合国正式文件系统	https://documents.un.org/prod/ods.nsf/home.xsp	该文件系统提供 1946 年以来联合国大会、安全理事会、经济及社会理事会和托管理事会通过的所有决议
9	联合国数据获取系统（UNdata）	http://data.un.org/	该网站的数据由联合国统计司提供,涵盖人口、贸易、商品、农业、就业、环境、工业、教育、旅游等领域
10	国际化学品安全卡（ICSCs）	https://chemicalsafety.ilo.org/dyn/icsc/showcard.home	ICSCs 是联合国环境规划署（UNEP）、国际劳工组织（ILO）和世界卫生组织（WHO）等合作编辑的一套具有国际权威性和指导性的化学品安全信息卡片
11	世界贸易组织（WTO）开放获取资源	https://www.wto.org/	世界贸易组织就各种与贸易有关的问题编写了大量出版物,绝大多数出版物可以从 WTO 官方网站下载,如《世界贸易统计评论》《世界贸易报告》《年度报告》等
12	欧洲自由贸易联盟（EFTA）开放获取资源	https://www.efta.int/publications	用户可在 EFTA 官方网站下载年度报告、统计数据、使用手册、简报、情况说明书等系列文件以及修订后的欧洲自由贸易联盟公约简介
13	联合国教科文组织（UNESCO）开放获取资源	https://www.unesco.org/en	联合国教科文组织数据库提供来自 200 个国家和地区的多种格式数据下载服务
14	联合国教科文组织世界遗产委员会开放获取资源	https://whc.unesco.org/	用户可在线阅读、下载世界遗产相关的各种出版物,从期刊到书籍、手册、报告、宣传册和信息包等。部分内容可通过 iTunes、Google Play、Amazon 等终端免费获取
15	亚太经济合作组织（Asia-Pacific Economic Cooperation，APEC）开放获取资源	https://www.apec.org/	该网站是 APEC 官方数据的唯一综合来源,报告、政策简报和专题文件多以电子形式发布,涉及贸易投资自由化和便利化、结构改革、连通性、经济和金融分析、经济可持续发展

5.3.6　学位论文、会议论文及科技报告等资源的获取

学位论文、会议论文和科技报告均属于"灰色文献"（gray literature）的范畴,本书第 4 章已介绍了这类文献的检索方法,本节将补充介绍一些开放存取项目站点收录的相关资

源。学位论文、会议论文及科技报告等资源站点如表 5-5 所示。

表 5-5 学位论文、会议论文及科技报告等资源站点

序号	名称	网址	简介
1	国家科技图书文献中心高级检索	https://www. nstl. gov. cn/search_advanced. html?	该数据库主要收录了 1984 年至今我国高等院校、研究生院及研究院所发布的硕士、博士和博士后论文
2	中国国家图书馆博士论文库	http://read. nlc. cn/allSearch/searchList? searchType ＝ 65＆showType ＝ 1＆pageNo ＝1	拥有北京大学、清华大学、复旦大学等高校的博士论文,提供检索、浏览服务
3	香港科技大学学位论文数据库	https://lbezone. hkust. edu. hk/rse/	支持浏览和简单的检索,提供 PDF 格式全文
4	DART-Europe（欧洲研究论文库/欧洲学位论文库）	https://www. dart-europe. org/basic-search. php	DART-Europe 是一个面向 29 个欧洲国家 575 所大学的开放获取学位论文平台,提供检索、浏览服务
5	国家科技报告服务系统	https://www. nstrs. cn/index	向社会公众免费提供科技报告摘要浏览服务,社会公众不需要注册,即可通过检索科技报告摘要和基本信息,了解国家科技投入所产出科技报告的基本情况
6	中国光学期刊网	https://www. opticsjournal. net/	中国光学期刊网由中科院上海光学精密机械研究所下属中国激光杂志社整合国内光学类比较权威的期刊建立,目前全文收录了 29 种光学期刊和光学会议论文
7	GeoRef(地学参考)数据库	https://pubs. geoscienceworld. org/georef	GeoRef 是地球科学领域最全面的书目数据库,并以每年超过 10 万篇参考文献的数量持续增长。该数据库收录了超过 450 万份地球科学文献记录,涵盖期刊文章、书籍、地图、会议论文、报告和学位论文等
8	ICA （International Council on Archives,国际档案理事会）开放获取资源	https://www. ica. org/en	国际档案理事会的出版物包括《档案》《国际档案理事会通报》等核心期刊、各专业委员会公报、各地区分会杂志、《欧洲财富》,以及各类标准与工具手册、教育培训资料、会议论文集、项目报告、时事通讯和宣传材料等

5.3.7　在线课程资源的获取

2011 年 5 月,乔布斯与比尔·盖茨会面时提出:"为什么计算机改变了几乎所有领域,却唯独对教育的影响小得令人吃惊?"这便是著名的"乔布斯之问",它有效推动了教育与技术的深度融合。从 2011 年秋季开始,慕课,即大规模开放在线课程(massive open online course,MOOC)呈井喷式发展,并被誉为"印刷术发明以来教育最大的革新"。2012 年,慕课作为一匹"黑马"闯入了人们的视线,不仅打破了传统的教育教学模式,更让教育工作者看到了"高等教育的春天"。《纽约时报》因此将 2012 年称为 MOOC 元年。

随着云计算、互联网、大数据等技术的快速发展,现代信息技术正逐渐改变着人们的思维模式和学习方式,也为精品在线开放课程建设提供了有力的技术支撑,信息化技术与教育教学已经深度融合。在线开放课程成功实现了一种高端的知识交换,它除了适用于在校学生的选课学习,也适用于专家培训、各学科间的交流学习以及特别教育的学习模式——任何学习类型的信息都可以通过网络传播。在线开放课程可以给学习者带来很多益处,能够让每个学习者免费获取来自名牌大学的资源,可以在任何地方、任何时间进行自主学习。根据在线学习目的和需求的不同,可以选择不同类型、不同模式的在线开放课程。

1. 慕课模式

MOOC 是慕课的英文缩写,是一种任何人都能免费注册使用的在线教育模式。其中,第一个字母"M"代表 massive(大规模),与传统课程只有几十个或几百个学生不同,一门 MOOC 课程动辄上万人参与,最多达十几万人;第二个字母"O"代表 open(开放),以兴趣为导向,凡是想学习的,都可以进来学,不分国籍,只需一个邮箱,就可注册参与;第三个字母"O"代表 online(在线),即学习在网上完成,不受时空限制;第四个字母"C"代表 course(课程)。MOOC 有一套类似于线下课程的作业评估体系和考核方式。每门课程定期开课,整个学习过程包括多个环节:观看视频、参与讨论、提交作业、穿插课程的提问和终极考试。

慕课是一种个人自主学习型在线开放课程,选取优秀的课程内容重新进行教学设计,通过制作团队的精良的技术手段,这些优秀课程内容变得更加精致、更具模块化,并辅以自动评测的在线测验与考试,理工科课程甚至可以在线虚拟实验过程,支持学习者真正实现随时随地自主学习,也支持多人讨论交流,共同完成知识建构。这类在线开放课程打破了传统面授课堂上由一名教师主导的教学活动模式,采用章节教学大纲与知识点序列双索引,支持在线协作学习,支持教学团队与学习者共建在线学习社区;学习者在线自主学习教学资源,并以非正式学习的方式参与互动;学习平台提供网络社交的功能,将同伴支持与学习者的自主学习相结合,达到知识社会化建构的学习效果;慕课课程的每段视频长度为 15 分钟左右,适合碎片化自主学习。为了保证学习者不在课程学习中迷失方向,慕课课程可以按需自由注册、免费学习,通过考核后付费拿证书。国内外主流的 MOOC 课程平台有中国大学 MOOC、学堂在线、华文慕课、Coursera、Udacity、edX 和可汗学院等。

1)中国大学 MOOC

中国大学 MOOC(https：//www.icourse163.org)于 2014 年 5 月正式上线,是由网易与高教社携手推出的在线教育平台,承接教育部国家精品开放课程任务,向大众提供中国知名高校的 MOOC 课程。该平台以参与建设高校及课程团队数量、课程及教学资源数量、选课人数等稳居国内 MOOC 平台之首,而成为中文 MOOC 第一大平台。截至 2024 年 12 月底,中国大学 MOOC 已承载了一万多门开放课、1400 多门国家级精品课,有 826 所合作高校,在这里,每一个有意愿提升自己的人都可以免费获得优质的高等教育。其网站主页如图 5-8 所示。

图 5-8　中国大学 MOOC 网站主页

2)学堂在线

学堂在线(https：//www.xuetangx.com)是清华大学于 2013 年 10 月发起建立的慕课平台、教育部在线教育研究中心的研究交流和成果应用平台、国家 2016 年首批双创示范基地项目,是中国高等教育学会产教融合研究分会副秘书长单位,也是联合国教科文组织(UNESCO)国际工程教育中心(ICEE)的在线教育平台。目前,学堂在线汇聚了来自清华大学、北京大学、复旦大学、中国科技大学,以及麻省理工学院、斯坦福大学、加利福尼亚大学伯克利分校等国内外高校的超过 5000 门优质课程,覆盖 13 大学科门类。其网站主页如图 5-9 所示。

3)华文慕课

华文慕课(https：//www.chinesemooc.org)是一个以中文为主的 MOOC 服务平台,于 2015 年 2 月 19 日正式上线,旨在为全球华人服务,重点提供人文社科类课程资源。该平台由北京大学与阿里巴巴集团联合打造,秉承公益、开放的原则,倡导因材施教的教育理念。目前入驻该平台的大学有北京大学、台湾大学、北京师范大学等。所有课程对外免费开放,大部分课程以自助课程形式开课,各高校可申请免费 SPOC 平台服务,平台提供一对一开课指导。其网站主页如图 5-10 所示。

图 5-9　学堂在线网站主页

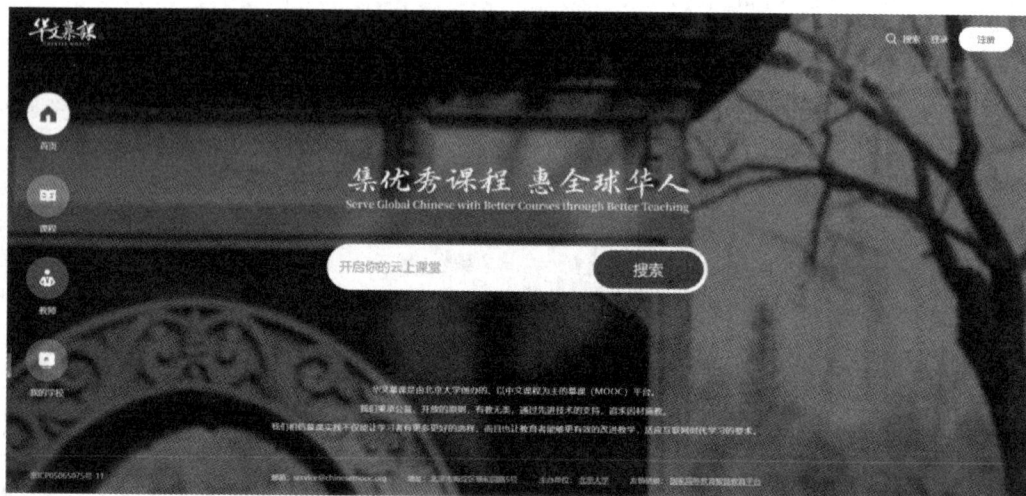

图 5-10　华文慕课网站主页

4）Coursera

Coursera（https://www.coursera.org）是一个全球在线学习和职业发展平台，为世界各地的学习者提供来自顶尖大学和公司的在线课程。该平台由美国斯坦福大学的计算机科学教授吴恩达和达芙妮·科勒于 2012 年 4 月共同创办，合作伙伴包括常青藤联盟学校、杜克大学、约翰斯·霍普金斯大学、莱斯大学、加州理工大学、伊利诺伊大学厄巴纳-香槟分校、伯克利音乐学院、清华大学、北京大学等国际知名院校。Coursera 课程资源包罗万象，涵盖艺术、人文、音乐、电影、社会科学、法律、健康、营养学、教师专业发展、教育学、经济金融、商业管理、化学、生命科学、地球科学、物理学、统计学等领域。Coursera 的愿景是为世界各地的学习者提供改变生活的学习体验。Coursera 网站主页如图 5-11 所示。

图 5-11　Coursera 网站主页

5）Udacity

　　Udacity（https://www.udacity.com）是由斯坦福大学教授塞巴斯蒂安·特伦（Sebastian Thrun）与大卫·斯塔文斯（David Stavens）和麦克·索科尔斯基（Mike Sokolsky）于 2012 年注资成立的一个私立的营利性教育机构，其目标是实现民主教育。该平台专注于理工科领域，主要提供计算机科学、数学、物理及商务类课程。其前身可追溯至 2011 年特伦教授在斯坦福大学开设的免费计算机科学课程。Udacity 采用独特的学习管理系统，整合了视频教学、编程接口、在线论坛和社交功能。平台课程设计精良，采用模块化结构：每门课程分为若干单元，每个单元包含多个知识模块，并配有相应练习和可打印的详细课堂笔记。与多数 MOOC 平台不同，Udacity 不与高校联盟合作，而是直接与领域专家及 Google、Facebook 等科技企业合作，重点提供科技领域的职业培训服务。Udacity 采用灵活的随到随学模式，主要盈利来源包括一对一辅导服务、线上线下监考测验、认证证书颁发以及企业合作项目等。Udacity 网站主页如图 5-12 所示。

6）edX

　　edX（https://www.edx.org）是麻省理工学院和哈佛大学在 2012 年共同创办的非营利性组织，其目标是与世界一流大学合作，建设全球范围内影响力最大的在线课程平台。edX 课程讲师皆出自一流大学，具备较高水平的科研和教学经验，能够充分、有效地开发在线课程资源。该平台提供的教学资源主要分为非视频资源和视频资源两大类，包括教学大纲、教学进度表、课件等基础材料。此外，许多课程还提供在线测试、作业批改、互动问答、虚拟实验、电子教材、动画模拟等丰富的辅助教学内容。课程涵盖领域广泛，涉及生物、数学、统计、物理、化学、电子工程、计算机科学、经济金融、文学、历史、音乐、哲学、法律、人类学、商业管理、医学、营养学等多个学科。

　　截至 2024 年 12 月，edX 平台已汇聚了来自全球 260 多所高校和机构的 4500 多个教育项目，为 190 多个国家的 8300 万注册学习者提供优质在线教育服务。edX 网站主页如图 5-13 所示。

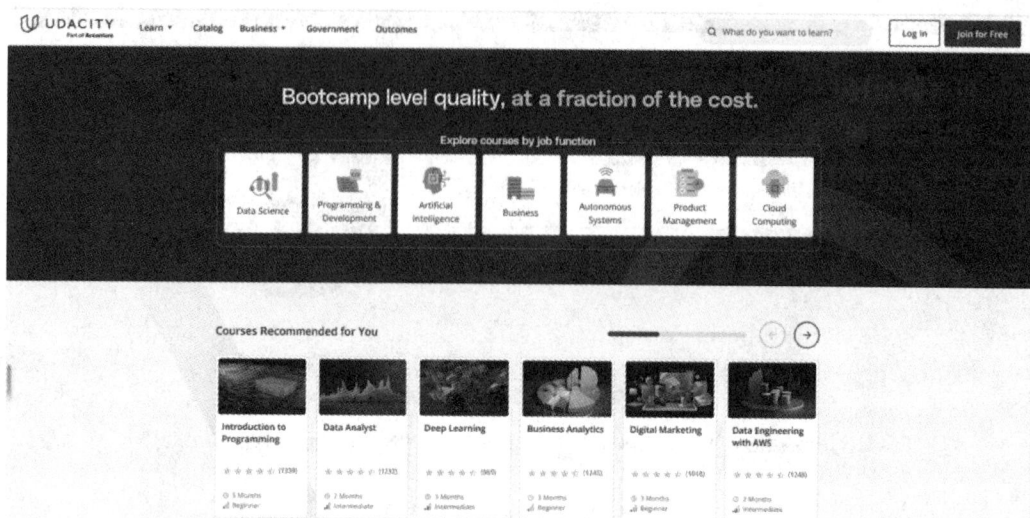

图 5-12　Udacity 网站主页

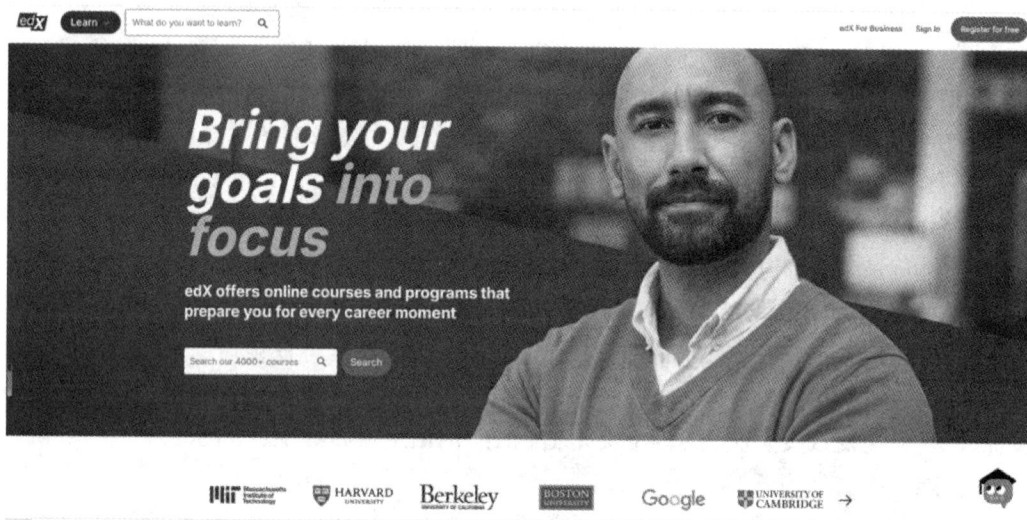

图 5-13　edX 网站主页

7）可汗学院

可汗学院(Khan Academy)由孟加拉裔美国人萨尔曼·可汗(Salman Khan)于 2006 年创办,该机构致力于通过网络视频进行免费授课,旨在为全球学习者提供优质的教育资源。最初,可汗学院仅是一个由个人创建的非实体、非营利性的在线学习平台,经过不断发展,现已成为国际知名的非营利性教育组织。

在发展过程中,可汗学院从最初单一的教学视频形式,逐步发展为集教学视频、学习支持、教学管理等功能于一体的完整教育系统。目前,可汗学院提供数学、历史、金融、物理、化学、生物、天文学等多学科内容,其在线图书馆收录了 3500 多个由可汗老师亲自讲解的教学视频。这些课程已被翻译成 25 种语言,服务全球超过 4000 万注册学习者,持续为世界各地的人们提供免费的高质量教育。可汗学院网站主页（https://www.khanacademy.org/）如图 5-14 所示。

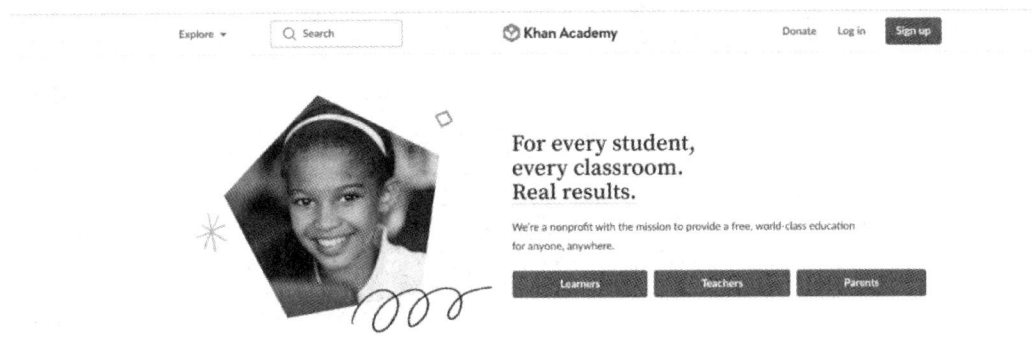

图 5-14　可汗学院网站主页

2. 网络资源共享课模式

网络资源共享课模式是以教师引领为主的在线开放课程模式。此种模式以名师为主导，注重团队协作，以传统课堂教学过程为主线，按章节结构划分课程内容，将支撑传统面授课堂教学过程和相应教学环节的教学资源进行数字化处理，采用知识点、关键字、索引等方式将资源分类整合到在线学习平台。在教学实施方面，该模式通过教学团队协作来引领学习过程，构建在线学习社区，支持学习者以正式学习的方式参与互动并达到知识建构的效果。网络资源共享课的视频时长一般在 45 分钟左右，学习者需要注册方可学习，一般对学生和课程教师免费开放。网络资源共享课的受众主要是学生，同时也服务于有提升教学能力需求的教师。

这类课程的典型应用有"爱课程"网的资源共享课。"爱课程"网（https://www.icourses.cn）是教育部、财政部"十二五"期间启动实施的"高等学校本科教学质量与教学改革工程"支持建设的一个高等教育课程资源共享平台，集中展示"中国大学视频公开课"和"中国大学资源共享课"，并对课程资源进行运行、更新、维护和管理。其网站主页如图5-15 所示。

3. 网络公开课模式

网络公开课实质上是一种讲座型在线开放课程，主要针对想要了解相关领域文化和科学知识的社会大众开设，目的在于促进社会文化发展与文明进步，由讲座教师挑选经典或热门课程内容，按出版级标准制作视频并发布在网络上。网络公开课的授课视频不是按章节大纲进行编排的，也不按知识点划分内容，大多数情况下采用专题形式进行讲授，每个专题由若干个时长在 30 分钟左右的独立视频组成。网络公开课面向社会大众免费开放，学习者不用注册，直接点播便可观看学习。

这类课程的典型代表有网易公开课（https://open.163.com）等，其网站主页如图 5-16

图 5-15　爱课程网站主页

所示。2010 年 11 月 1 日,网易作为中国领先的门户网站,率先上线国内名校的公开课,首批推出 1200 集课程,其中 200 多集配有中文字幕。该平台为用户提供哈佛大学等世界级名校的公开课、可汗学院教学视频以及 TED 演讲等优质教育资源,内容涵盖人文社科、艺术、自然科学、金融等多个领域。网易公开课致力于打造一个开放、免费的在线学习平台,秉承"开放、平等、协作、分享"的互联网精神,推动知识的无国界传播。

图 5-16　网易公开课网站主页

以上介绍了国内外具有较大影响力的三种模式共九个免费在线课程资源平台。除这些平台外,还有很多优质的在线课程平台,如国家智慧教育公共服务平台、国图公开课等,学习者可以根据自己的需求灵活选择。

第 6 章　AI 搜索

6.1　AI 搜索概述

AI 搜索不是传统搜索引擎的简单升级,而是借助深度学习和自然语言处理等技术,彻底改变了信息获取的方式。从情报学理论角度看,大模型的兴起为搜索技术带来了真正的革命性突破,搜索经历着从文本和关键词匹配到真正语义理解的范式转变。目前流行的 AI 搜索引擎主要有 DeepSeek、Kimi、文心一言、夸克、纳米 AI 搜索、秘塔 AI 搜索、天工 AI、豆包等。AI 时代的搜索不再局限于传统的信息检索功能,而是能够满足用户在写作、对话等方面的多层次需求,具备更像人、更懂人的特点。通过自然语言处理和深度学习,AI 搜索能够深入理解用户意图,提供精准、个性化的搜索结果。它更像是一个"答案引擎",当用户提出问题时,能够给出简洁明确的答案,并标明来源,同时给出一系列联想、提示乃至推理过程,与用户进一步互动,拓展和延伸相关话题,从而帮助用户快速筛选海量信息,提高信息获取效率。AI 搜索的升级体现在更精准地理解用户需求、更广泛的信息覆盖范围,以及更高的数据有效性,使得搜索结果更加贴近用户偏好。

从国内外 AI 技术发展趋势来看,除了 AIGC(人工智能生产内容)和 AGI(通用人工智能)之外,AI 代理(AI Agent)正成为重要发展方向。当前大模型技术正从"训练"阶段向"推理"阶段演进,AI 代理将在通用人工智能应用中扮演关键角色,大模型的快速迭代升级持续推动着 AI 代理能力的提升。如 OpenAI 公司推出的 AI 助理产品"Operator",它具备处理复杂任务的能力,包括代码生成、旅行预订乃至自动化电商购物等功能。长期来看,AI 代理的核心竞争力在于推理能力,随着 AI 代理的广泛应用,市场对推理算力的需求将大幅增长。可以说,算力资源是支撑通用 AI 检索平台的关键要素。

随着 AI 代理的广泛应用,AI 正与人们的工作生活深度融合,催生出更多创新产品。例如 Butterfly Effect 公司推出的通用 AI 智能体 Manus,能够自动执行复杂任务,该产品的核心价值在于其对工作流通用性的研究突破。不同于传统 AI 仅能执行预设指令,Manus 通过"记忆＋学习"功能主动适应用户需求,可自动筛选简历、分析股票并生成结构化报告。这种"端到端"的任务处理能力,标志着 AI 从辅助工具向自主智能体的进化。与此同时,智谱新一代 AI Agent 已实现通过语音远程操控电脑的功能。当前 AI 竞争的主战场正从训练端转向规模更大、竞争更激烈的推理领域。以往竞争聚焦于快速预训练响应,而现在则转向慢速深度推理。在专业领域,各类 AI 智能体已成为成熟产品,包括众多编码代理及用于科学和金融研究的实验性开源智能体。除智能体外,AI 在多模态能力方面也取得显著进展:上下文记忆和图像生成能力持续提升,文本推理中的幻觉现象大幅减少,多模态推理的幻觉问题也正在改善。可以预见,AI 将继续深刻重塑社会各领域的应用场景。

6.1.1 AI 搜索拓展应用场景

各大厂商纷纷将 AI 搜索技术应用于更多领域,以满足用户多样化的需求。各种大模型在问答系统、智能助手、数字人、RAG(retrieval-augmented generation)及智能体等多个领域展开激烈竞争。例如夸克搜索引擎将 AI 技术与电商领域相结合,为用户提供更加智能化的搜索体验;荣耀手机推出 AI 图形化搜索工具,多角度理解用户意图,通过全面检索得到更精准的答案,提高了搜索效率和准确度。在医疗领域,AI 搜索能够结合患者的症状描述和医疗影像资料,快速提供初步的诊断建议,为医生提供有力支持;在教育领域,AI 搜索能够根据学生的学习需求,提供个性化的学习资源和教学方案,助力学生高效学习。

AI 搜索与产业的深度融合推动了大模型在各领域的竞争,加速了数据信息的精准匹配与智能流动。这种多场景应用使得 AI 信息素养教育从各种场景技能训练和经验积累中脱颖而出,形成了一个包含场景、角色、AI 工具、产业或专业框架的体系。2025 年,DeepSeek 大模型成为世界领先的 AI 模型,国内涌现出多种组合式 AI 智能处理模式,如 DeekSeek+Kimi(自动生成 PPT)、DeepSeek+Excel(智能数据分析)、DeepSeek+Word(文档创作优化助手)、DeepSeek + Photoshop(精修图像神器)、DeepSeek + Cline 和 DeepSeek+Notion(AI 编程好手),也有 DeepSeek+微信搜索、DeepSeek+百度搜索、DeepSeek+腾讯元宝。

2024 年 11 月,ChatGPT 推出全新搜索功能,支持用户通过语音输入问题,并整合网络信息进行回复,还能就话题展开深入探讨。OpenAI 与新闻和数据提供商合作,为天气、股票、体育、新闻和地图等类别提供实时信息。目前该功能仅限付费用户和 SearchGPT 候补名单用户使用,ChatGPT 将与谷歌搜索、微软必应、Perplexity 等搜索引擎展开竞争。该搜索功能基于 GPT-4 微调版本,部分内容由第三方搜索提供商和新闻合作伙伴提供。专家预测,人工智能搜索将成为未来信息获取的主要方式。

6.1.2 AI 应用的核心要素

AI 应用的核心要素包括 AGI、AIGC 以及 AI Agent,其应用范围极为广泛,约束机制与语料库、大模型和应用场景密切相关。

1. AGI 的概念

AGI(artificial general intelligence)即通用人工智能,是指具有高效的学习和泛化能力、能够根据所处的复杂动态环境自主产生并完成任务的通用人工智能体,具备自主的感知、认知、决策、学习、执行和社会协作等能力,且符合人类情感、伦理与道德观念。理论上,成熟的 AGI 系统能够胜任人类所能完成的任何任务,并在各个领域展现出全面的智能表现,无须人工干预,其解决问题的能力甚至可能超越人类水平。

AGI 的价值主要体现在:认知、执行任务的成本大大低于人类;AI 系统间具备更高效的沟通与知识共享能力;不受生理限制,可实现 7×24 小时不间断工作;处理问题速度更快且注意力高度集中,不受人类常见的情感因素或外界干扰影响;具有更强大的逻辑思维能力和更出色的复杂规划与推理能力。

然而需要指出的是,当前 AGI 的发展仍处于初级阶段。最新研究表明,现有 AGI 的智能水平仅能达到人类智能的部分层面,且运行成本高。目前所谓的 AGI 更多是人类智能的延伸,仍存在明显局限。未来可能需要依托量子计算技术,或发展出全新整体认知模式的 AGI 系统,才能真正开启 AGI 时代。

2. AIGC 的概念

AIGC 的全称为 artificial intelligence generated content,即人工智能生成内容,通常指利用 AI 技术(尤其是机器学习和深度学习模型)自动生成内容,包括文本、视频、音乐或图像等。与具备通用智能的 AGI 不同,AIGC 属于狭义人工智能范畴,专注于特定领域的创作任务,不具备通用学习能力。

AIGC 的主要应用场景包括客户服务领域的聊天机器人、智能语音助手(如苹果 Siri、亚马逊 Alexa)、内容推荐系统(如 Google、Netflix 和 Spotify 的个性化推荐引擎)、由人工智能驱动的业务分析和商业智能(BI)工具(可进行数据分析、客户情绪评估及数据可视化呈现),以及基于深度学习的图像和面部识别应用等。这些应用都体现了 AIGC 在特定领域的强大内容生成能力。

6.2　AI 专有训练数据平台

6.2.1　赋能数据库应用

1. 知网智能助手和检测服务系统

知网智能助手与检测服务系统是 AGI 和 AIGC 技术赋能文献数据库的典型应用。该系统允许用户通过自然语言提问直接获取答案,并支持连续追问,即实现了问答式增强检索(AGI)和生成式知识服务(AIGC)的融合。用户可通过知网主页的"AI 研究助手"入口使用该服务,首次使用需注册个人账户,系统提供专门的问答式增强检索界面供用户提问。其检索策略建议从学术问题入手逐步深入,而非咨询生活常识问题。

与智能助手不同,知网个人 AIGC 检测服务系统基于知网独有的结构化、碎片化和知识元化的高质量文献大数据资源,采用"知识增强 AIGC 检测技术"和若干检测算法,通过语言模式和语义逻辑两条链路,可快速、准确地识别学术文本中不同比例的疑似 AI 生成内容。

2. Elsevier 数据库 Scopus AI

Scopus AI 由生成式 AI(GenAI)和大语言模型(large language models,LLMs)技术提供支持,结合 Scopus 现有的搜索功能,能帮助早期研究人员和经验丰富的学者完成任务。这一工具能针对选定的科学问题快速生成可溯源的概要,并在概要中提炼关键观点,有时还能识别文献中的科研空白领域,以便科研人员能够进行更加深入的研究。

Scopus AI 具有以下功能:点击"更深层链接",用户可进行更广泛的探索;支持自然语言查询,用户可以以自然对话的方式提出问题;能够对搜索结果主题进行可视化展示,使用户能够把握各个主题间复杂的关系;帮助用户有效识别各领域的专家,并展示专家与查询主题相关的专业背景,节省研究时间。此外,在进行关键词搜索时,Scopus AI 会智能生成切分词或词组,并用布尔逻辑符"or"构建检索式,这实际上是 AIGC 技术的应用场景。

3. SCI 研究助手

新版 SCI 平台在检索入口上方设置了研究助手(research assistant)功能。这一智能助手具备问答式互动检索能力,能在检索结果中展示算法生成的关联主题词列表,并提供 AGI 功能支持,如提示下一步做什么、回答开放式问题等。当用户不知道如何提问时,可通过与助手互动进入引导式任务流程,获取系统生成的主题关系图,进而基于主题找到相关文献。

当用户投稿时,SCI 研究助手可通过文章的标题和文摘去匹配 SCI 中的期刊,并提供匹配度评分。当用户需要生成一篇或多篇文章的总结和概要时,SCI 研究助手可根据用户提供的 DOI 或 SCI 入藏号自动生成一段简明的文字;用户也可添加更多限制条件,如被引频次和出版年等,以获得更符合自己需求的内容。此外,SCI 研究助手支持机构专题文献检索、相关学者查询,还可以智能生成文献引用可视化图谱、参考文献深度关联分析。SCI 研究助手主要检索与用户查询语义相似度最高的文章(在 WOS 核心合集范围内),并按相似度高低展示前 8 篇文献。使用时应注意,提问应具体、简洁,使用英文开放式问句。

6.2.2 赋能科研机构应用

SCIAIEngine 平台(http://sciengine.las.ac.cn/)是基于版权作品语料库的自然语言大模型,具有内容可靠、可信度高的特点。该平台由中国科学院文献情报中心科技文献语义挖掘研究组(成立于 2017 年)开发,是一款科技文献知识驱动的人工智能引擎,通过深度学习技术从科技文献大数据中自动获取文本挖掘知识,并基于这些知识构建核心 AI 组件,支持科技文献的深入挖掘与利用。

该平台对外提供 AI 客户端服务,为科研用户提供便捷的操作方式来挖掘科技文献中蕴含的丰富知识。用户使用前需要通过 API 接口提供 Token 验证信息登录。1.0 版本主要功能包括:①科技文献摘要语步识别(英文),针对英文科技文献非结构化摘要,自动识别摘要中每一个句子的语步标签,如 Background、Objective、Methods、Results、Conclusions 等,并完成语步标注;②科技文献摘要语步识别(中文),针对中文科技文献非结构化摘要,自动识别摘要中每一个句子的语步标签,如背景、目的、方法、结果、结论等;③科技文献分类,基于科技文献摘要内容,为每篇论文自动推荐一到两个中图法分类号;④科技文献关键词识别,基于科技论文摘要内容,自动推荐若干个论文关键词,并对作者提供的关键词进行重要性排序。该平台有助于解决通用 AI 在专业术语理解和长句翻译方面的困难,对参加学术会议时编辑自己的论文海报也有一定的参考价值。

除 SCIAIEngine 平台外,中国科学院还开发了三个 AI 科研辅助工具。①紫东太初(https://taichu-web.ia.ac.cn/):由中国科学院自动化研究所和武汉人工智能研究院推出的新一代多模态大模型,支持多轮问答、文本创作、图像生成、3D 理解、信号分析等功能,拥有较强的多模态认知、理解、创作能力。②学术专用版 GPT:中国科学院学生基于 GPT 优化的科研助手,专门为科研人员设计,支持智能问答、文本生成、摘要抽取等功能,还可以实现一键润色、一键中英互译、一键代码解释、分析报告生成、PDF 论文全文翻译等操作。③PubScholar(https://pubscholar.cn/):中国科学院发布的公益学术平台,大部分资源对公众免费开放,具备 AI 检索、AI 对话、智能综述、AI 精读等功能。

6.3　多源整合训练数据平台

6.3.1　通用 AI 应用平台

通用 AI 应用平台不同于专用平台,其数据来源多样,涵盖长文本、音视频等数据类型,且支持多模态搜索。这类平台通常由互联网头部企业运营,以全网数据作为主要语料库,同时也会整合部分版权内容。用户可指定文件进行投喂,平台可提供分析、训练以及自动生成服务,包括概述、翻译、思维导图、PPT 制作、自动摘要及多模态内容创作等功能。这类平台基本以 AIGC 应用为主,同时整合各大模型的 AGI 功能作为辅助。国内典型代表有 DeepSeek-R3 和可灵 AI 平台(https://klingai.kuaishou.com),其文生视频和图生视频功能已实现商业化应用,显著降低了影视制作成本。

自 OpenAI 推出 Sora 以来,全球视频生成大模型迎来爆发式发展,从快手的可灵 AI、Runway 公司的 Runway Gen-3、Luma AI 的 Dream Machine,到生数科技的 Vidu、智谱 AI 的智谱清影、字节跳动的 PixelDance、MiniMax 的海螺 AI,再到腾讯混元大模型最新推出的文生视频功能,以及中国电信人工智能研究院(TeleAI)的视频生成大模型。当前,AIGC 已成为人工智能领域的主流应用方向。具备搜索功能的 AIGC 主要有以下几种。

1. DeepSeek

DeepSeek(https://www.deepseek.com)是中国幻方量化旗下的人工智能公司深度求索(杭州深度求索人工智能基础技术研究有限公司)自主研发的智能助手,专注于大语言模型的开发和应用。目前国内主流云计算平台已全面接入 DeepSeek 模型,为用户提供了稳定可靠的替代方案。这些非官方渠道提供了三类模型选择:DeepSeek-V3 模型、完整版 DeepSeek-R1 模型(671B 参数)、轻量级 DeepSeek-R1 模型(参数规模从 1.5B 到 70B 不等)。其中,完整版 R1 模型保留了全部 671B 参数,能发挥出最佳性能,但对计算资源要求较高。轻量级模型则通过知识蒸馏技术,在保持核心功能的同时大幅降低了参数规模,可在普通算力环境下流畅运行,为用户提供了更灵活的选择。具体应用情况如下。

基于华为云昇腾云的 DeepSeek-R1/V3 推理服务,目前支持 V3 和 R1 大模型,以及多款 R1 蒸馏小模型。在硅基流动的一站式大模型云服务平台(SiliconCloud, https://siliconflow.cn/zh-cn/)上,用户注册后可以在网页左侧体验中心的文本对话中选择 DeepSeek-R1 等模型进行体验,专业用户也可以通过 API 接口将 DeepSeek 各类模型按需接入自己的应用或服务中。

阿里云 PAI Model Gallery (https://pai. console. aliyun. com/ # /quick-start/ models)支持云上一键部署 DeepSeek-V3、DeepSeek-R1 模型以及 R1 蒸馏模型。用户可以根据业务需求选择部署不同参数量的模型。

百度智能云提供两种 DeepSeek 模型使用途径:在模型广场调用 DeepSeek 的 V3 和 R1 两款模型的 API;在体验中心与 DeepSeek 两款模型直接对话。

火山引擎(https://www.volcengine.com/product/ark)支持 V3/R1 等不同尺寸的 DeepSeek 开源模型,可通过两种方式使用:一是在火山引擎机器学习平台 veMLP 中部署,适用于自己进行模型定制、部署、推理的企业;二是在火山方舟中调用模型,适用于期望通过 API 快速集成预训练模型的企业,目前已经支持 4 个模型版本。

在腾讯云 TI-ONE 平台(https://console. cloud. tencent. com/tione/v2/aimarket)上,用户可在大模型广场中或通过云 API 调用 DeepSeek 系列模型服务。

360 公司则宣布在旗下纳米 AI 搜索开通"DeepSeek 高速专线",用户下载纳米 AI 搜索 APP 后注册登录,点击底部 AI 机器人并选择 DeepSeek 对话即可使用安全通畅的 DeepSeek 服务。

2. 纳米 AI 搜索

纳米 AI 搜索(https://www.n.cn/)是 360 公司推出的产品,支持文字、语音、拍照、视频等多种搜索方式,是一种多模态内容创作引擎,具有"答案引擎、学习引擎、写作引擎、创作引擎"四大核心能力。其主要特点如下:第一,打破传统搜索引擎仅呈现网上已有的图文和视频的固有模式,不但能根据不同的搜索需求进行分析,还能对搜索结果进行改写和创造。第二,作为全球首个具备慢思考能力的搜索引擎,该模式通过调用多个大模型,经过多个步骤(进入慢思考状态、拆解问题、分析关键字并搜索全网资料、阅读所有内容、生成答案),平均阅读全网近 30 万篇资料并精选其中 30 篇,可生成长达 5000 字的深度回答,显著提升回答的质量和准确性。第三,支持多模型切换,在标准回答模式下,可以切换不同的模型(如通义千问、豆包、文心一言等)重新回答问题,帮助用户获得更好的搜索结果。纳米 AI 搜索是一个多模态、多场景、多创作的"超级引擎",能够满足不同场景下的搜索需求。

3. Kimi

Kimi(https://kimi.moonshot.cn)是由北京月之暗面科技有限公司(Moonshot AI)推出的 AI 通用搜索平台,它针对 ChatGPT 在长文本处理方面的局限性,特别支持 200 万字超长文本解析,更符合国内用户的文本搜索风格和习惯。其功能特点主要有多语言对话、长文本处理、文件阅读、网页内容解析、搜索能力、数学计算、信息整合、代码解析等。

该平台核心的交互手段仍基于提示词,对于用户来说,提示词的构建能力至关重要。要生成好的提示词依赖于两个方面:首先,用户需要明确任务的具体执行步骤和技巧,才能向 Kimi 发出有效指令,让 Kimi 执行;其次,能够用自然语言清晰表达所有的需求,确保 Kimi 能够准确理解。基于这一机制,Kimi 平台形成了独特的优势,包括基于提示词的智能搜索、多语种搜索、长文本搜索,以及搜索结果的多维度呈现和整合等。

4. 秘塔 AI 搜索

秘塔 AI 搜索(https://metaso.cn)是由上海秘塔网络科技有限公司于 2024 年 3 月推出的搜索引擎产品。该平台具有一键直达搜索内容并保留引用来源的功能,且全程无广告干扰。此外,其拥有虚拟书架,可用于临时存储文件;可精准检索单句话的文献出处,获取专业市场情报(如专业分析报告、股票分析报告等);还提供检索主题的引导式 GPI 提示功能,帮助用户优化搜索策略。

5. 文心一言

文心一言(https://yiyan.baidu.com)是由百度公司推出的产品,基于飞桨深度学习平台和文心知识增强大模型,具有多模态开源生态,以及知识增强、检索增强和对话增强的技术特点。该平台依托百度公司在互联网中的内容生态优势(如百度百科、百度文库等),可智能生成各种文案,支持各种文章和网页的分析,思维导图、PPT 的制作,自动翻译等。目前其 3.5 版本是免费的,而文心大模型 4.0 和 4.0 Turbo 版要会员才能使用。文心一言在情感分析和个性化推荐方面表现突出,能够根据用户兴趣和偏好提供个性化回答和建议,文本生成能力也较好,但在语义理解和上下文推理方面略弱。

6. 讯飞星火

讯飞星火(https://xinghuo.xfyun.cn)是由科大讯飞公司推出的产品,具有较强的语言理解能力,能够准确识别和理解自然语言,提供流畅的人机交互体验。该产品可不断对模型进行迭代更新,以适应不断变化的语言使用环境和用户需求,确保处理效果与时俱进,能更好地适应各种场景。讯飞星火在灵活性和集成、定制方面更具优势,且跨平台兼容性强,具有将学术会议录音转化成文字、生成多语种会议字幕、支持多邻国平台口语翻译等功能。

7. 通义千问

通义千问(https://tongyi.aliyun.com/qianwen)是由阿里巴巴推出的产品,阿里巴巴特别注重语义理解和上下文推理,采用深度学习技术构建了一个大规模的语言模型。该平台主要应用于智能客服、智能助手、智能问答等场景,支持多语种,适应国际化业务场景,具有热点新闻搜索、语音转文字(AI会议纪要)、长文本速读、PPT创作等功能。此外,通义千问还专注于企业应用场景,在智能服务和数据分析方面的实用性和安全性得到广泛认可。2024年12月,阿里云通义千问发布首个开源多模态推理模型 QVQ-72B-Preview。QVQ展现出超预期的视觉理解和推理能力,在解决数学、物理、科学等领域的复杂推理问题上表现尤为突出。多项评测数据显示,QVQ超越了此前的视觉理解模型 Qwen2-VL,整体表现与 OpenAI o1、Claude3.5 Sonnet 等推理模型相当。

8. 豆包

豆包(https://www.doubao.com/chat)是由字节跳动公司推出的产品,2024年正式发布了豆包视觉理解模型、豆包3D生成模型,以及全面升级的豆包通用模型 Pro、音乐模型和文生图模型等。其中豆包通用模型 Pro 的综合任务处理能力、推理能力、数学能力、专业知识能力较之前的模型有显著提升。豆包视觉理解模型支持用户同时输入文本和图像相关的问题,模型能够综合理解并给出准确的回答。豆包擅长和用户对话互动,修改文稿。豆包搜索能理解和找到对话内容相关的各种文本、视频、图像,并具备一定的推理能力。

6.3.2 多源数据整合分析工具

1. SciTE

SciTE(https://scite.en.softonic.com)是一款基于 AI 的文献引用分析工具,它打破传统检索方式,支持对文章的引用内容进行关键词检索。SciTE 的核心优势在于不仅能帮助科研人员迅速找到特定文献的施引文献群,展示引文的上下文,还能直观呈现其他作者对被查阅文章的态度(持支持观点还是反对观点),以及他们是如何解读这些内容的。SciTE 不仅可以显示传统引文中显示的书目信息和可交互视图,还提供引文陈述、引文语境、引文位置、引用意图(支持、争议或提及)和编辑信息(如更正、撤稿等信息)。该工具极大简化了科研工作流程:用户无须逐个检查参考文献是否被支持、反对或撤回,也无须手动验证引文结果是否被质疑。通过直接上传 PDF 文稿,AI 即可自动完成引用检查。此外,Scite Assistant 支持个性化设置,可协助完成各类科研任务。

2. PolyGPT

PolyGPT(https://polygpt.cn)采用独特的主题模型技术,包含知识图谱、主题挖掘两部分,支持 Web of Science、CNKI、CSCD、CSSCI 等数据库的文献导入,可通过 AI 技术对文献摘要进行分词处理并提取关键词,分析每篇文献的主题概率分布,实现深度主题分析。研究人员可利用该平台进行关键词共现分析,并生成作者-期刊-关键词桑基图、作者发文时序比较图等多种可视化图表,从而快速、高效地完成文献数据可视化分析工作。

3. Connected Papers

Connected Papers(https://www.connectedpapers.com)是一款基于引文的可视化工具,它通过引文帮助用户探索和理解相关研究领域的论文之间的关系。用户可以输入论文标题或者 DOI(digital object identifier,数字对象标识符),系统将利用 AI 自动生成论文引用网络图,其中包含与该论文相关联的其他论文。用户可以通过这个网络图来浏览和导航相关论文,还可以和 Zotero 开源文献管理软件结合使用。

4. 赛特新思

赛特新思(https://www.citexs.com)的主要功能是文献溯源与追踪,其核心功能如下:能使用 AI 问答式搜索引擎提出问题;能输入单篇文献,通过引文智能找到相关领域文献、经典文献、核心文献;能生成文献精读报告。该平台的独特之处在于其拥有的 GenDoma 数据库(测试版),该数据库是国内首个人类基因与疾病综合数据库,通过整合 70 多个数据库数据和自建模型所挖掘的文本信息,从多个维度分析人类基因以及疾病的分子机制及其转化应用,助力精准医学。GenDoma 由两个核心子数据库组成:基因数据库,多角度分析基因的功能、基因的调控网络、基因与疾病的关系、基因相关的生物标志物以及基因在癌症中的差异表达;疾病数据库,从不同维度解析疾病的生物机制(例如 miRNA-疾病、lncRNA-疾病、蛋白质-疾病、基因突变-疾病),挖掘新的疾病分子标记物并构建疾病生物学知识图谱。所有搜索结果均可通过 AI 文献大数据算法进行关键词关联分析。

6.4　DeepSeek 提问指令与场景应用

DeepSeek 主要提供智能对话、文本生成、语义理解、计算推理、代码生成与补全等功能,支持开发者集成和终端用户直接使用。此外,其支持联网搜索、深度思考模式,同时支持文件上传处理,能够识别各类文档及图片中的文字内容。在智能对话场景中,最具实用价值的是提示词工程应用——DeepSeek 的推理过程是不断基于概率生成下一个字词(token),而非传统的关键词匹配检索。用户需要掌握以下技能来优化交互效果:①基础策略(清晰指令、角色扮演、提供范例);②高级策略(思维链提示、约束性提示);③持续迭代优化。提示词(prompt)是对 AI 的指令,可以是一个问题、一段话或关键词的组合,其使用目的是让 AI 按用户的想法思考和创作,输出用户想要的结果。提示词的构造质量决定了 AI 输出内容的质量,如思维链提示词可实现复杂推理,角色扮演提示词可模拟专业人士的思维方式等。提示词能在各种场景中显著提升用户的工作效率,如利用数据分析功能可以高效完成重复性、基础性的工作任务。不断调试和优化提示词已成为 AI 信息检索素养的重要组成部分。

DeepSeek 提示词主要类型如下。

指令式提示词:例如,写一篇关于慕课的说明文。

填空式提示词:例如,地球上最大的鸟是……因为……

创意生成式提示词:例如,设想一下在月亮上如何生存。

问答式提示词:例如,什么是 AI?它能做哪些事?

对话式提示词:例如,你好,能说一下你对北京的印象吗?

思维链提示词:例如,让我们分别从科学技术、经济、日常生活的角度讨论合成生物对我们生活的影响。

6.4.1 DeepSeek 提示词工程

要科学而艺术地使用 AI,需要构建人与 DeepSeek 之间的系统性互动框架体系。提示词框架为我们提供了一个标准化设计模式和流程,可避免遗漏重要信息,减少歧义,大大提高与 AI 沟通的效率。

1. TASTE 框架

TASTE 框架(task+audience+structure+tone+example)即使用"任务+受众+结构+语气+示例"框架构造提示词。例如:请写一篇关于大学生学习慕课的介绍文章,主要面向没有专业基础的大学新生。文章需包含慕课的基本知识、现状、前景和常用的网站四个部分。请使用探索性、风趣、启发性的语气,可参考小红书的文案风格。

2. ALIGN 框架

ALIGN 框架(aim+level+input+guidelines+novelty)即使用"目标+级别+输入+指南+新颖性"框架构造提示词。例如:请写一篇关于 A 股上市公司海尔智家的股票财务分析报告(目标),分析深度需达到专业投资者水平(级别),在网上找到这个公司近两年的财务报表(最好自己收集好再输入模型)(输入:财务报表),从该公司的盈利能力、偿债能力、运营效率三个维度进行分析,使用相关财务指标支持结论(指南:分析框架和指标要求),希望提供未来预测和投资建议(新颖性:原创性分析和预测)。

3. RTGO 框架

RTGO 框架(role+task+goal+objective)即使用"角色+任务+目标+操作要求"

框架构造提示词。例如：我是一名大学生创业者，想开一家电脑维修店（角色＋任务），主要面向在校大学生，请提供一个促销方案（项目策划方案＋广告＋预算 2000 元）（目标），广告词采用友好、幽默的语气，文风类似于网上流行的各种梗（操作要求）。从策略上看，该框架使用了一个清晰指令的基础性策略和两个提示词工程的高级策略：层层约束性提示和思维链提示。

4. CO-STAR 框架

CO-STAR 框架（context＋object＋style＋tone＋audience＋response）即使用"情境＋目标＋风格＋语气＋受众＋回应"框架构造提示词。例如：我是一个大学新生，想竞选校学生会主席（情境），请帮我撰写一份演讲稿（目标）。演讲稿要体现朝气和进取精神，还要注重个人修养和能力（风格），语气要充满激情（语气）。演讲对象是学生代表和教师代表（受众）。演讲稿需要包括开场白、自我介绍、工作打算和结束语四个部分，时间控制在 7 分钟内（回应）。

5. 持续反馈与调整

在多次搜索过程中，通过动态迭代优化提示词进行持续反馈与调整。例如，在查询中国国际"互联网＋"大学生创新创业大赛历年获奖名单时，发现 2023 年该赛事已更名为中国国际大学生创新大赛，而且数据非常散乱。经过多次调整和尝试，最终使用秘塔 AI 搜索在 https://www.gtxy.cn/cxcy/tszs/ljds 网站上找到了完整名单。

DeepSeek 的搜索过程是一个推理的过程，能够展示可能的关联线索，用户可以在相互关联的网页中找到潜在的联系，从而找到准确的知识内容。但这一过程往往较为耗时，且有时无法找到答案。在反馈迭代过程中添加约束条件、提供示例和使用专业术语能有效提高优化效率。例如：在内容优化方面可以使用"请从……角度展开""能否提供更多具体数据或案例支持""部分内容偏离主题"；在格式规范方面可以使用"请按照标准学术规范重新排版"等。这是提升提示词质量的关键步骤。建议在迭代过程中采用提问方式激活 AI 的发散性思维链，对于复杂优化任务，可运用 CO-STAR 框架来完善提示词。

6. 角色扮演

通过角色扮演可以显著提升 AI 的理解能力，用户可以设定具体的角色特征（包括专业背景、行业经验和目标受众）来丰富交互场景。基于这些设定，AI 能够以特定角色的视角进行思考和输出。例如：假设你是 *Cell* 期刊的审稿人，请针对以下文章提出修改意见。角色扮演是提示词工程中的基础策略。

7. 思维链

使用多个思维链提示词能够有效引导 AI 进行逐步推理，完整展现思考过程，这一方法尤其适合 DeepSeek-R1 推理模型。例如："请一步一步思考……解释你的推理过程……将问题分解为具体步骤……"。思维链是提示词工程中的高级策略。

8.少样本提示

少样本提示分输入和输出两步,如输入"Minipad",输出"突破性创新设计,轻薄灵巧外形,仿生芯片带来强劲性能"。少样本提示是提示词工程中的基础策略。

9.元提示策略框架

元提示策略框架是一种高级提示技巧,它是指在提示词中内置对提示词自身的要求,即"指令的指令"。例如,设定 AI 扮演提示词工程师的角色:"请先分析我的请求,指出我的请求中可能存在的歧义或不明确之处,然后生成一个更详细、更清晰的提示词。"

6.4.2 分场景的常用提示词

(1)角色扮演:请扮演……和我对话;请以……期刊审稿人的角色来评价我的文章。

(2)观点提炼:请提炼出以下内容的核心观点。

(3)诗意描述:请用充满诗意的语言描述……

(4)会议记录整理:将会议记录整理为三部分。①决策事项,需要用红色标注负责人信息;②待办事项;③原始记录。

(5)天赋挖掘:请根据以下日常行为,发掘我的隐藏优势。

(6)认知升级:请分享三个颠覆我对……传统理解的新知。

(7)发现蓝海:请在……饱和市场中寻找差异化突破口。

(8)数据论证:请用具体数据论证……观点的正确性。

(9)扩写:请将以下内容扩写成一篇详细的文章。

(10)校对:请检查以下内容的语法、拼写和标点,并给出修改建议。

(11)任务拆解:请将……这一任务拆解成详细的步骤。

(12)文本润色:请对以下内容的语言进行润色,使其……

(13)学习路径:请为零基础学习者规划掌握专利检索方法的路径。先列出分阶段任务清单(先学习专利基础知识,再学习布尔逻辑检索技术,最后练习真实案例),再列出教学知识点(布尔逻辑检索+专利知识+案例式教学),最后列出考试复习概要。

(14)记忆口诀:请为记住 17 种稀土元素创作记忆顺口溜。

(15)自动生成代码:请用 Python 语言写一个爬虫程序来自动抓取某网站的新闻。

(16)自动修复转换:请帮我修复这段 Python 代码……完成后转换为 Java 版本。

(17)观点论证:请引用相关专家或名人的观点论证……

(18)思维导图:请为……制作一个详细的思维导图。

(19)逆商培养:如何在……挫折场景中构建心理韧性。

(20)避坑指南:新手做……最常犯的五个错误是什么?

(21)大师思维:请用相关领域顶尖学者的思维方式回答……

(22)孩童思维:请用三岁小孩都能听懂的方式解释……

（23）共情回应：请给我一些当朋友抱怨……时最温暖的安慰方式。

（24）委婉拒绝：请给我三种得体拒绝……的表达方式。

（25）关系修复：请给我一些挽回因……产生裂痕的沟通话术。

（26）语义分析：请分析这段话的潜在含义。

（27）过来人视角：请以过来人的身份给正在经历……的年轻人一些忠告。

（28）动物视角：请以流浪猫的视角讲述……

（29）风格模仿：请模仿……的风格创作……

（30）化身段子手：请用段子手的风格吐槽……

（31）创意组合：请将……和……结合起来创造一个新事物。

（32）需求洞察：请识别……的三个潜在痛点需求。

（33）寻找喻体：将……比作日常生活中的什么事物最贴切？

（34）畅想未来：当……技术普及后世界会变成什么样？

（35）学科诊断：请分析孩子……科目成绩不佳的深层原因。

（36）翻译并掌握：请将以下内容翻译成中文，并将其中的专业词汇和长难句制作成学习笔记。

（37）能力评估：请设计检验……的 10 道递进式题目，解析和答案附在末尾。

（38）压力转化：请将考试焦虑想象成实体怪兽，设计 3 种与它和平相处的奇幻剧本。

（39）破冰锦囊：请给我 3 种在……场合搭讪多年未见好友的话术。

（40）个人成长：请为我制订一个包括阅读、学习和实践在内的个人成长方案。

（41）培养兴趣爱好：请推荐一些适合在业余时间培养的兴趣爱好。

（42）副业筛选：请评估自媒体运营等 5 种流行副业的时间回报率。

（43）转行评估：请建立……从业者转向……行业的技能迁移模型。

（44）高频面试问题：请生成……岗位的 7 个高频问题和应答策略。

（45）简历优化：我想申请……岗位，请根据以下要求优化我的简历。

（46）薪资谈判策略：设计薪资谈判中应对 HR 压价的 3 种话术框架。

（47）面试模拟：请根据我上传的简历模拟一场……岗位的面试。

（48）久坐警报：设计 5 个提醒活动身体的趣味短句。

（49）健康生活习惯：请提供一些日常生活中易于养成的健康习惯。

（50）饮食建议：请推荐一份营养均衡且适合上班族的一周食谱。

（51）快捷菜谱：请推荐一份简单、健康且美味的家常菜谱。

（52）心理健康：请提供一些保持心理健康和积极心态的实用方法。

（53）沟通技巧：请提供一些提升沟通和倾听技巧的方法。

（54）道歉模板：请为……过失设计真诚的补救方案。

（55）词穷助手：请提供一些和……相关的词语。

（56）短视频脚本：请写一个适合……平台的短视频脚本，主题是……（视频制作场景：请给某网站创作 1 分钟某软件使用方法的短视频脚本）

（57）生成标题：文章的主题是……请根据……平台的特点写 10 个爆款标题。

(58)幻灯片设计:请给我一份关于……的 PPT 设计建议,包括每页的内容和布局。

(59)代码注释:请为下列代码添加详细的中文注释。

(60)产品测评:请从用户体验角度分析……的优缺点。

(61)文献综述:请总结近五年石墨烯的关键研究突破。

(62)知识溯源:请梳理绿色化学这一概念的学术演进脉络。

(63)关联学习:请将根茎理论与现实案例相结合,讲解网络学习。

(64)教学方案:请设计融入游戏元素的……知识教学方案。

(65)数据叙事:请将以下数据转化为能让销售部门共情的故事化叙述框架。

(66)数据可视化:请将 2020—2024 年各院系发表论文汇总数据按院系分列成可对比柱状图,并说明数据对比结果。(数据分析场景:可使用“场景＋任务＋要求＋补充原则”来完成)

(67)冷知识分享:请分享关于合成生物学的几个鲜为人知的事实。

(68)逆向思维:请从相反的角度思考……

(69)逆向预测:请预测绝对不会……

(70)多步推论:如果……请分三步推演可能引发的连锁反应。

(71)极限假设:假如……为零……会变成什么样?

(72)假设检验:假设……成立,论证其对……的影响。

(73)情绪描述:请提供三种准确描述……心情的方法。

(74)镜头语言:请用电影分镜脚本呈现……

(75)物体拟人:假如……能说话,它会……

(76)热梗解析:请解析……网络热梗的传播心理学。

(77)产品自白:请让……自我介绍它的亮点。

(78)专业模仿:请模仿……学家的口吻评述……

(79)故事续写:请以……为开头创作……

(80)细节补充:请补充以下内容的细节,使其更加生动。

(81)构建技能树:请提供掌握……技能的渐进式学习路径。

(82)劣势转化:如何把……的负面效果转化成优势。

(83)成本博弈:请计算……的盈亏平衡点。

(84)需求演化:请分析……可能催生的三个新兴产业。

(85)情景模拟:请模拟在……情景下的最佳应对策略。

(86)新闻解读:请简要解读今天的热点新闻。

(87)新闻动态追踪:请梳理 DeepSeek 近一个月的重大更新。

(88)名人名言:“人不能两次踏入同一条河流”这句话是谁说的,在哪里能查到?

(89)数学计算:对单组数据进行方差分析,求出标准差。

(90)会议多语种翻译成中文:将文本翻译为中文,保留专业术语(如“ROI”“KPI”),按议题、决策、后续行动来分类。

(91)生成概念描述:设计一个可 3D 打印的水杯,突出水晶磨砂纹路、半圆形手柄风格。

6.4.3　DeepSeek 与其他软件平台组合及其提示词设计

(1)DeepSeek＋IMA(或 Notion)：个人知识库。DeepSeek 个人知识库系统通过 IMA 小程序(或 Notion 平台)构建专属知识空间,包含个人知识库和共享知识库两大功能模块。用户可将 PDF/DOC/JPEG/PNG 等本地或网络文件上传到知识库,为这些上传的文件打上知识标签(打开文件左上角),在知识库搜索框输入关键词就可以找到这些标签关联的文件。相较于微信收藏的杂乱无序,DeepSeek＋IMA 可以对微信公众号内容、本地文件和 QQ 群共享的文件集中进行知识化管理。在知识库中检索时通过标签和内容推理可以进一步精准化或泛化 DeepSeek 指令,从而与其他指令搭配成新的场景提示词,进行跨领域搜索。

(2)DeepSeek＋Gamma：自动生成 PPT(登录 Gamma 平台,选择"AI 生成 PPT"功能,用 Gamma 内置工具修改排版/图表/动画,支持 PDF/PPTX 格式导出)。

(3)DeepSeek＋剪映：图文视频一键出片。向 DeepSeek 提交视频脚本需求,复制生成的脚本并导入剪映"图文成片"功能,自动添加字幕/背景音乐/转场,替换 AI 素材库图片为本地文件,导出发布至抖音。

(4)DeepSeek＋Midjourney：精准生成商用图片。在 Midjourney 输入结构化场景提示词,生成 4 张候选图,选择最优图进行高清优化(Upscale)或局部修改(Vary Region)。

(5)DeepSeek＋飞书：会议纪要自动化。飞书妙记录制会议,自动转写文字稿,复制文字稿至 DeepSeek,输入提示词,同步到飞书云文档。

(6)DeepSeek＋Otter：多语种会议记录。Otter.ai 录制中英文混合会议,导出文本;输入 DeepSeek 提示词,输出表格格式纪要,支持导出 CSV。

(7)DeepSeek＋即梦＋Tripo：3D 建模极速交付。在即梦中生成基础模型,导出 OBJ 文件;使用 Tripo 优化网格密度,添加纹理贴图。提示词设计原则：①结构化设计,明确分块、主题及风格细节;②量化要求,指定页数/时长/分辨率等参数;③场景限定,如"抖音竖版视频"或"可 3D 打印模型"等功能性微调要求。

(8)DeepSeek-R1 与专业数据库结合：例如,在中经网查询中国农民工数量后,对结果进行 AI 分析时输入"从多角度分析我国农民工就业情况"的提示词,系统将自动生成详细文字分析报告(此功能需要专业数据库已经接入 DeepSeek-R1 并配置智能分析模块方可实现)。

DeepSeek 主要基于自回归大语言模型技术,其工作原理是将语言切分成最小单元(token),依据算法计算相关的其他 token 的概率,根据前文预测下文。这种机制存在以下缺陷：①会将一个微小的误差放大到指数级别,假如每个 token 预测错误率为 1％,连续生成 100 个 token 后正确率会跌至 37％。②自回归大语言模型技术主要依赖语言建立模型,它无物理世界的具身认知(没有视觉、触觉、运动反馈),不能正确反映人与物理世界的真实互动。③庞大的互联网语料库中存在大量虚假信息。基于以上三种原因,它可能推导出错误的结论。

6.5 AI 素养

AI 素养这一概念最早在 2015 年的一篇在线文章中被提及，Yoko 认为，人们不仅需要了解和应用 AI 技术，更需要形成一种深层次的认知和思考方式，以便更好地理解和应对 AI 技术的发展。AI 素养并不仅仅是对技术的掌握，更是一种思考和应对未来科技发展的能力。

关于 AI 素养的定义，目前仍缺乏一个统一的认识。在很多情况下，人们将 AI 素养纳入更广泛的信息素养或数字素养的讨论范畴中。信息素养和数字素养强调的是人们获取、评估和使用信息的能力，而 AI 素养则更进一步，强调对 AI 技术的深入理解和应用，以及对 AI 可能带来的社会、伦理和法律问题的关注和思考。Long 和 Magerko 在 2020 年给出的定义被认为是有关 AI 素养最重要的定义之一，他们提出，AI 素养是一组能力的集合，它使个人能够批判性地评估 AI 技术、有效地与 AI 沟通和协作，并在日常生活的多种场景中应用 AI 工具。Pinski 和 Benlian 在 2024 年指出，面对越来越多的伦理问题，AI 素养的重要性日益凸显，并提出了知识（knowledge）、意识（awareness）、技能（skill）、能力（competency）和经验（experience）五个维度。Almatrafi 等人于 2024 年在其系统综述中总结了 AI 素养的六大关键要素：识别（recognize）、了解与理解（know and understand）、使用与应用（use and apply）、评估（evaluate）、创造（create）和伦理导航（navigate ethically）。

尽管不同行业领域对 AI 素养的要求存在差异，但大体上都遵循一个基本的框架，这个框架主要关注的是对 AI 技术的理解、运用以及评估输出的能力。其中 KSAVE 模型构建的 AI 素养框架全面覆盖知识、技能、态度、价值观、伦理五个维度。

1. 知识维度（knowledge）

对于 AI 使用者来说，知识不仅仅是对 AI 技术原理的基本理解，更重要的是了解 AI 如何影响他们的生活和工作，这包括对 AI 应用的潜力、局限性以及可能产生的社会影响有基本的认识。Long 等基于现有多学科的研究，提出了 17 项 AI 素养能力，以揭示所有公民都应该了解的知识内容，包含识别 AI、理解智能、跨学科知识、区分通用和专用 AI、想象未来 AI 等。

2. 技能维度（skill）

技能维度包含两方面内容。一方面是指在各种场合使用 AI 解决实际问题的能力，强调借助 AI 知识、概念和应用解决不同场景中的问题。如 Han 等认为 AI 素养提升了学生的科学和技术知识，并将其应用于科学研究中，以解决实际问题。另一方面是评估和创造 AI。AI 通过数字自动化增强人类智能，AI 素养应促使学习者参与高阶思维活动。Ng 等指出，2/3 的 AI 素养研究将 AI 素养扩展到使个体能够批判性地评估 AI 技术、有效地沟通及与 AI 合作的高阶思维能力。

3. 态度、价值观和伦理维度(attitude,value and ethic)

这三个维度在本质上都与个体的内在信念和行为准则密切相关,它们相互影响和强化,共同构成了个体对 AI 技术的心理和道德响应。态度体现在用户对 AI 技术的接受程度和使用意愿上,包括对新兴技术的开放性、对 AI 带来的变化的适应性和对 AI 技术未来发展的期待,积极的态度有助于用户更好地融入 AI 驱动的社会环境中;对于 AI 使用者而言,价值观关系到他们在使用 AI 时的伦理和道德考虑,正确的价值观有助于使用者在享受 AI 带来的便利的同时,维护社会道德和伦理标准;伦理包含使用 AI 技术时的道德责任和行为规范,包括对 AI 技术可能带来的不利影响(如工作替代、偏见增强)的认识和对策,以及对 AI 技术使用的社会责任感。

从 AI 使用者的角度看,KSAVE 模型不仅凸显了技术知识和技能的必要性,还强调了态度、价值观和伦理的重要性。这些因素共同构成 AI 素养的完整框架,使用户不仅能够有效地使用 AI,还能在应用过程中做出负责任的决策,并始终保持对技术的正确态度和价值观。这样的素养在构建一个健康、和谐且可持续发展的 AI 驱动社会中起着至关重要的作用。

第 7 章 文献管理工具

7.1 文献管理工具概述

7.1.1 文献管理的意义

随着项目研究的深入与扩展,文献信息不断增加,需要分门别类地存放并有序地管理与利用文献信息,这时可以利用文献管理工具。目前,国内文献管理工具有知网研学平台、医学文献王、文献之星、NoteExpress 等,国外文献管理工具有 EndNote、Reference Manager、Procite、RefViz、Refworks 等,还有一些免费的文献管理工具,如 Zotero、Mendeley 等。

使用合适的文献管理工具,可以高效地管理文献,确保文献引用的准确性和规范性,提高论文的写作效率和质量。文献管理主要有以下三个方面的意义。

1. 知识组织与追踪

文献管理是对大量信息的有序组织,有助于快速定位、访问和使用关键信息。通过合理的分类、标注和文件命名,研究者能够迅速找到所需的文献,避免在混乱的文献堆中迷失。

2. 提高工作效率

一方面,通过科学的方法管理海量的文献资料,研究者可以节省大量时间,避免在查找和引用文献时浪费时间;另一方面,通过文献管理工具,研究者能够轻松地引用参考文献,这有助于提高工作效率,使研究更具针对性。

3. 支持思路构建

文献管理有助于建立全面的领域认识。通过阅读相关文献,研究者能够构建自己的独特思路和研究方向,更好地定位研究的切入点。

7.1.2 文献管理工具的功能

文献管理工具的功能主要包括建立图书馆及各种目录、存放各种类型的文献、迅速链接全文并保存、按用户需要排序、云端同步与备份、辅助论文撰写、插入引文、参考文献格式转换、标签标记等。

1. 文献导入与管理

支持从数据库、PDF 文件和在线资源导入文献，并自动提取元数据。

2. 文献分类与标注

通过标签和文件夹对文献进行分类管理，并支持高亮和添加注释，方便用户进行标注。

3. 引用格式转换

内置数千种引用格式，用户可以根据需求快速转换引用格式。

4. 与写作软件集成

与 Word 等写作软件无缝集成，支持一键插入引用和生成参考文献列表。

7.2　文献管理工具

7.2.1　NoteExpress 的基本功能与使用

NoteExpress 是北京爱琴海软件公司开发的一款专业级别的文献检索与管理系统，其核心功能是帮助读者在整个科研流程中高效利用电子资源：检索并管理得到的文献摘要与全文；在撰写学术论文、学位论文、专著或报告时，可在正文中的指定位置方便地添加注释，然后按照不同期刊对格式的要求自动生成参考文献索引。

1. NoteExpress 的基本功能

(1)检索：支持数以百计的全球图书馆书库和电子数据库，如知网、维普、万方、ACS、OCLC 等。一次检索，永久保存。

(2)管理：可以分门别类地管理百万级的电子文献题录和全文，独创的虚拟文件夹功能更适合多学科交叉的现代科研。多种标识、标签实现文献个性化管理。

(3)分析：对检索结果进行多种统计分析，从而使研究者更快速地了解某领域里的重要专家、研究机构、研究热点等。

(4)发现：在阅读文献中进行标注和记录，方便以后查看和引用。自动推送符合特定条件的相关文献，为长期跟踪某一专业的研究动态提供了极大方便。

(5)写作：支持 Word 和 WPS，在论文写作时可以随时引用保存的文献题录，并自动生成符合要求的参考文献索引。系统内置 3900 多种国内外期刊和学位论文的格式定义。

2. NoteExpress 的使用

1）建立题录数据库

（1）手工建立题录。在"文件"菜单下选择新建数据库，作为新建题录的存放位置。在右方题录列表中单击鼠标右键，选择"添加文件夹（新建题录）"，并输入题录名，如"指纹识别"。NoteExpress 题录界面如图 7-1 所示。

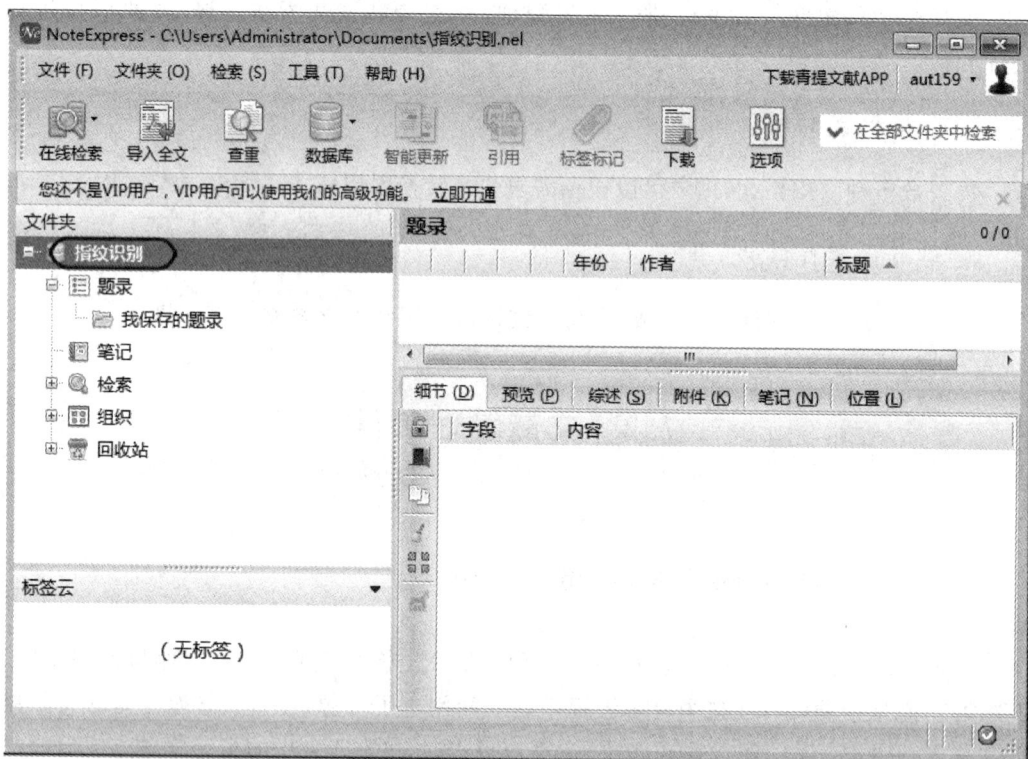

图 7-1　NoteExpress 题录界面

（2）数据库检索结果批量导入。检索知网、维普、万方、EI、ACS 等数据库后，可以直接导入批量题录，供阅读、研究或论文写作时引用。以 ACS 数据库为例，导入的方法如下。

在 ACS 数据库检索平台完成检索，选中自己感兴趣的检索结果，点击网页上方的"Download Citation"按钮，如图 7-2 所示。

在弹出的窗口中，先选择"RIS—For EndNote，ProCite，RefWorks，and most other reference management software"，再点击"Download Citation"按钮。

打开 NoteExpress 工具，选择指定文件夹，并右键选择"导入题录"，打开"导入题录"对话框，找到下载文件路径，选择相应题录格式的过滤器，ACS 数据库应选择"EI-（RIS）"过滤器，单击"开始导入"按钮即可导入题录，如图 7-3 所示。

（3）网页中导入。此功能主要运用于各数据库的检索结果页面，在选取所需保存题录

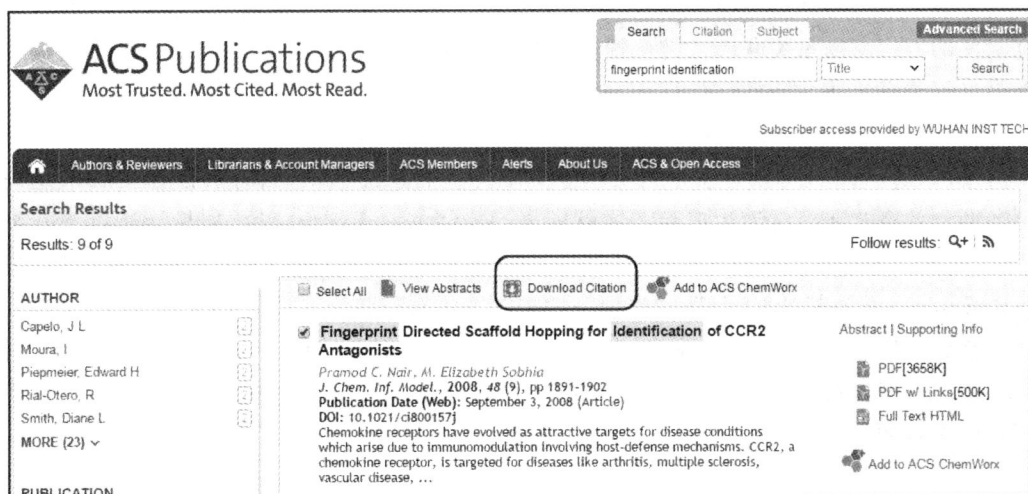

图 7-2　ACS 数据库题录导入界面

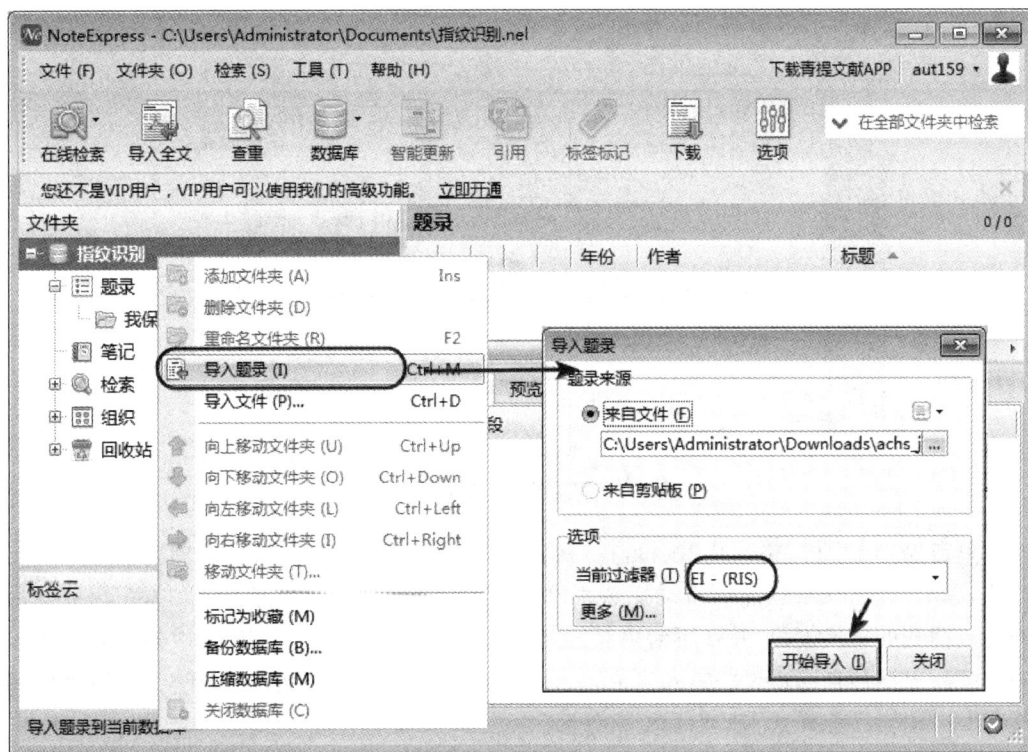

图 7-3　NoteExpress 题录导入界面

数据后,一般在"保存"按钮处使用鼠标右键菜单中的"添加为 NoteExpress 题录"功能,可直接将页面的文献导入库中,而无须先保存到计算机中。

2)个人文献管理

首先,NoteExpress 提供了查重并快速删除的功能。其次,提供了管理参考文献的全文及相关资源的功能,可以将与题录相关的文献全文、电子书或任何格式的文件,通过添加附件的方式与题录关联起来进行管理。再者,提供了笔记功能,可以与某个参考文献的题录之间建立链接,方便管理。

3)利用 NoteExpress 撰写论文

NoteExpress 可将参考文献题录作为文中注释插入文章中,同时可以在文章末尾按照各期刊的格式要求自动生成参考文献列表。安装 NoteExpress 后,如果计算机上安装有 Microsoft Word 文字处理软件,则会自动安装 Word 插件;如果没有出现插件,可点击 NoteExpress 菜单栏的"工具"—"选项"—"扩展",重新安装 Word 插件。

首先,在 Word 文档中将光标定位到想插入注释处,点击页面上的"转到 NoteExpress"按钮,可打开 NoteExpress 工具,选中某条题录,再单击"插入引文"按钮,就可以将选定的参考文献题录插入文档指定位置,如图 7-4 所示。

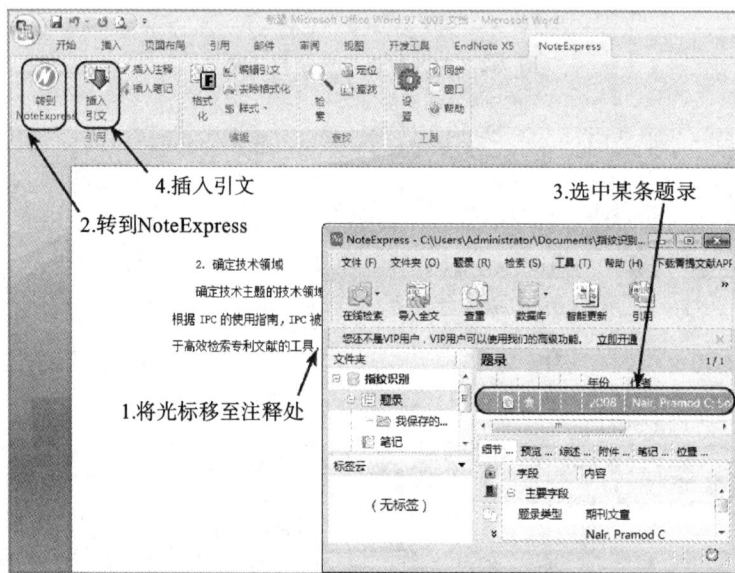

图 7-4　插入参考文献题录步骤

单击 Word 中的"格式化"按钮,在"格式"窗口中单击"浏览"按钮,选择要使用的输出样式,单击"确定"按钮,即可自动完成引文格式化。NoteExpress 内置了 1600 余种国内外主流期刊的格式模板,并在不断更新。如果需要自定义输出样式,让文中标引和文末参考文献列表按照自己需要的方式生成,可以通过 NoteExpress 菜单栏选择"工具"—"输出样式"—"编辑当前样式"来进行调整。

7.2.2　知网研学平台的基本功能与使用

1.知网研学平台的基本功能

知网研学平台(https://x.cnki.net)是由同方知网(北京)技术有限公司开发的一款

综合性学习平台,旨在为高校师生、科研人员以及各行业专业技术人员提供一站式研究学习服务。平台提供中外文献检索、文献管理、文献阅读、论文创作、笔记整理、知识体系构建、学术订阅等功能;支持多终端访问,包括网页版、桌面端(Windows 和 Mac)、移动端(iOS 和安卓),多端数据云同步,满足学习者在不同场景下的需求。知网研学平台主要功能如下。

1)研学智得 AI

研学智得 AI 以中国知网与华为共同打造的"华知大模型"为底座,将国产 AI 应用于产生思路、提出问题、论文选题、阅读学习、论文写作等场景中,可提高学习效率。其主要功能模块包括 AI 研读、AI 专题探究、AI 专题矩阵、AI 文献综述、AI 辅写等。

2)资源获取

研学平台提供多种中外文献获取方式,如 CNKI 一框式检索、浏览器插件"文献采集助手";也提供高质量的专业内容,如学科资源包、在线课程。在平台首页可下载文献采集助手安装包。

3)文献阅读与笔记整理

研学平台依托 XML 碎片化内容的增强出版技术,构建动态、交互、知识有机关联的新型阅读模式,方便学习者带着批判性思维去阅读、去探究、发现问题、提出问题。平台可实现查看章节目录、图表、知网节,文中参考文献阅读,添加段落笔记,中英互译,查看他人笔记等功能。

4)论文写作

研学平台提供多种论文创作方式(新建文档、上传模板、在线编辑),支持实时文献检索与引用,实现"边写作边搜索"的智能辅助创作流程,并自动处理引用关系与参考文献编号,可有效提升写作效率。

2.知网研学平台的使用

1)文献上传

知网研学平台支持中外文献、各类学习资源的一站式管理。用户可通过创建专题及子专题,实现多层级的学习资源体系化管理。专题内可按被引量、下载量、笔记数、文献重要度、学习时间等指标查阅学习资料。平台允许将本地学习资料上传到学习专题中统一管理,并支持 12 种资源类型,包括图书、期刊论文、学位论文、会议、报纸、年鉴、论文集、专利、标准、研究报告、电子文献、其他。系统可自动识别和提取本地上传文献的题录和参考文献;对于 PDF 文献,可自动提取文献内容,包括目录、图表、全文、参考文献等。

2)新建创作

点击"新建"可创建"文档"、"思维导图"和"新建文件夹"。新建内容时,可以基于空白模板开始创作,也可上传撰写文档模板、导图大纲模板。

选择模板后,进入内容创作页面。系统提供写作素材库,用户可调用前期学习过程中形成的文摘、笔记、汇编、创作文档和思维导图,也可利用专题文献、CNKI 文献,边写边搜。系统提供辅助成文功能,自动生成引用关系,参考文献自动编号,可提高写作效率。

3）引用素材

点击页面右侧"我的素材""我的专题""CNKI 文献"，可以检索并插入在线素材，包括我的笔记、笔记汇编、我的创作、我的专题、CNKI 文献等。系统支持添加摘录、笔记、文献内容等，并可自动建立引文关联。以插入笔记为例，将光标移至某条笔记后，点击"添加"，笔记内容会自动插入当前创作的文章中，且自动生成引用关系，参考文献自动编号。

系统支持直接插入引文。在"我的专题"或"CNKI 检索"文献列表处，将光标移至某条文献上方后，会出现"插入引文"按钮，点击按钮，引文会关联至光标处。插入在线素材或者引文后，系统会自动生成引用关系，点击参考文献角标，可编辑引用信息。如需手动插入引文，可点击"引用"—"插入新引用"，系统自动按照引用顺序生成引用角标，且打开"插入新引文"编辑框。

平台还提供智能排版服务，支持对用户提交的论文或者在线创作的文档进行全自动排版，自动生成包括图片、表格、题注、参考文献等元素在内的规范的 Word 版论文。操作流程包括"选择模板、提交论文、自动排版、预览/下载"四个步骤。

7.2.3 Zotero 的基本功能与使用

1. Zotero 的基本功能

Zotero 是一款免费开放源代码的文献管理工具，可以有效收集、管理和引用各种类型的线上和线下资源。该工具由美国乔治梅森大学（George Mason University）的历史与新媒体中心（Center for History and New Media）开发，受到了美国博物馆与图书馆服务协会、安德鲁·W.梅隆基金会、斯隆基金会等的资助。

作为一款浏览器扩展工具，Zotero 通过在浏览器里简单地点击鼠标来收集论文、图书信息。通过在 Word 里安装 Zotero 的相关插件，可以在论文里方便地插入参考文献。

2. Zotero 的使用

Zotero 文献管理窗口主要分成文献分类窗口、文献目录窗口和文献信息编辑窗口三个部分。在文献分类窗口，可根据不同的研究内容或专题建立不同的文件夹；在文献目录窗口，可查看某一专题或某类文献的文献目录，并对文献进行升、降序排列；在文献信息编辑窗口，可查看某条文献的所有记录，每一条文献都有信息、笔记、标签、关联文献四个选项卡，便于阅读完文献后做相关的笔记或者直接写文献摘要。Zotero 文献管理窗口如图 7-5 所示。

1）新建文献条目

新建文献条目一般有 3 种方式。一是手动，点击文献目录窗口上方的"绿十字"，根据提示手动录入文献信息；二是下载标准引文格式（如 RIS，BibTex 等），在 File 中导入；三是用 Zotero 浏览器插件直接导入。

Zotero 支持添加本地文件，用户可以将电脑上的 PDF 文档、电子书、照片、视频等文

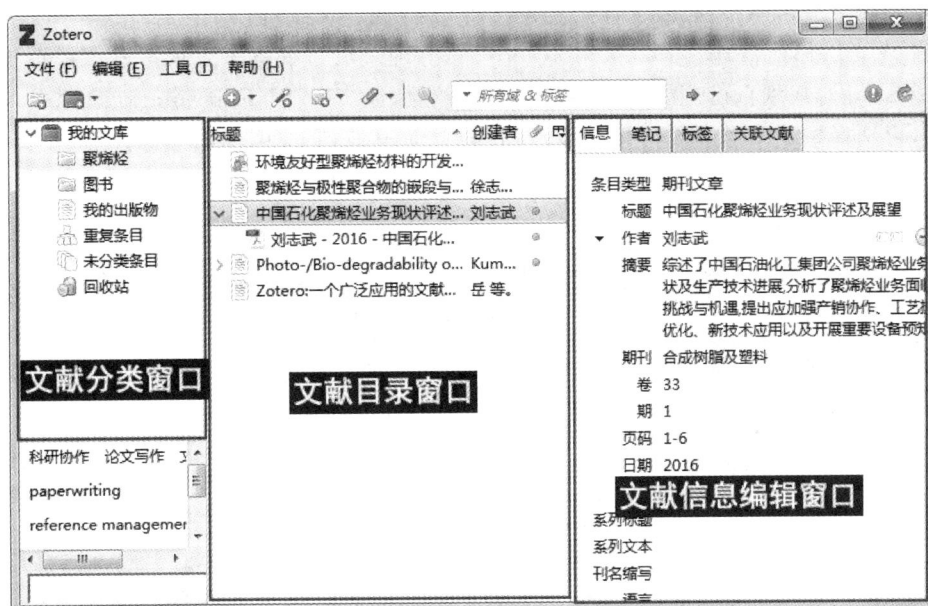

图 7-5　Zotero 文献管理窗口

件直接拖拽到 Zotero 进行管理,也可以把文件从 Zotero 里面拖拽出来使用。如果没有 PDF 文档,可先到相关数据库下载,然后把下载的 PDF 文档拖到相应标题后面,当标题后面出现小圆点时,表示 PDF 文档已成功保存到 Zotero 工具里。

通过中国知网搜索导入,Zotero 可以有效地识别中国知网的文献格式,具体操作为:在中国知网检索后,打开感兴趣的文献摘要页,点击鼠标右键,选择"Zotero Connector"—"Save to Zotero"—"Save to Zotero(CNKI)",即可将文献摘要信息和 PDF 全文保存到 Zotero 工具中,如图 7-6 所示。

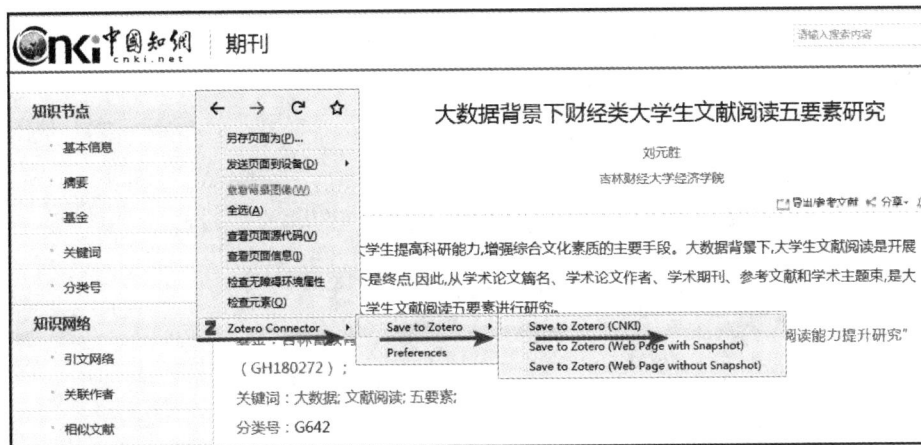

图 7-6　中国知网搜索导入

2）添加参考文献

用 Word 打开自己的论文，找到 Zotero 插件，即可进行插入和生成参考文献的操作。具体步骤如下：找到自己想要添加参考文献的位置，点击"Add/Edit Citation"，选择"经典视图"，再选择想要添加的参考文献，Zotero 会自动识别；完成引用编号添加后，将光标移到参考文献处，点击"Add/Edit Bibliography"，系统将自动生成完整的参考文献列表，最后点击"OK"，如图 7-7 所示。

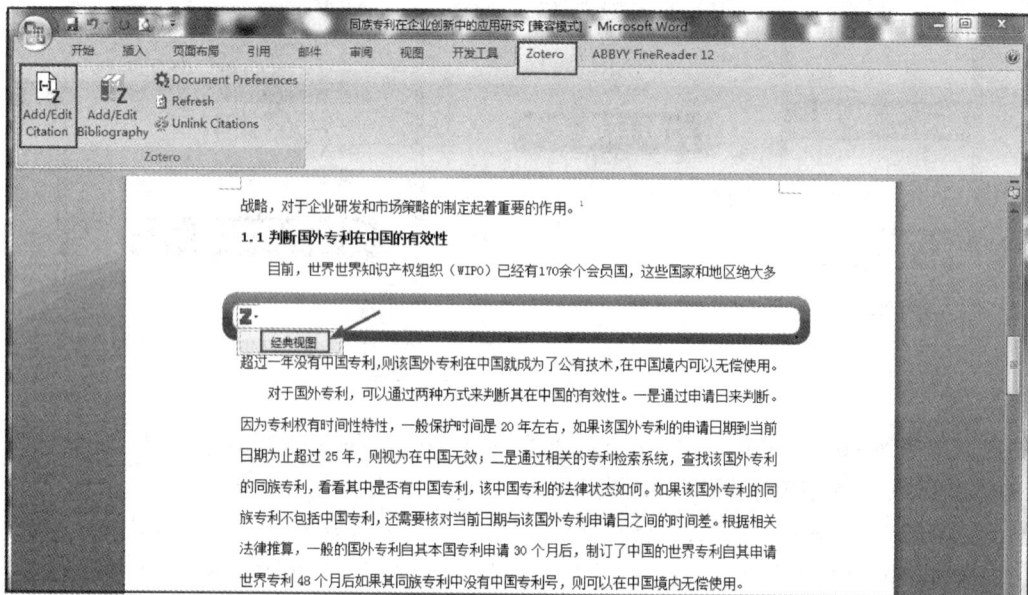

图 7-7　添加参考文献

Zotero 的很大一个特点是有许多的插件，我们可以根据自身需求选择不同插件，从而更好地管理文献。其中一个很重要的插件为 Zot-file 插件，它具有很多实用的功能，方便我们将需要的目录和文件链接在一起，达到有效管理 PDF 的目的。Zot-file 插件的下载和使用方法可以参考网上的相关教程。

第8章 学位论文写作与投稿指南

8.1 学位论文概述

8.1.1 学位论文定义

中华人民共和国国家标准《学位论文编写规则》(GB/T 7713.1—2006)对学位论文的定义是:"作者提交的用于其获得学位的文献。"学位论文分为学士论文、硕士论文和博士论文三种。学士论文表明作者较好地掌握了本学科的基础理论、专门知识和基础技能,并具有从事科学研究工作或承担专门技术工作的初步能力。硕士论文表明作者在本学科上掌握了坚实的基础理论和系统的专门知识,对所研究课题有新的见解,并具有从事科学研究工作或独立承担专门技术工作的能力。博士论文表明作者在本学科上掌握了坚实宽广的基础理论和系统深入的专门知识,在科学和专门技术上做出了创造性的成果,并具有独立从事创新科学研究工作或独立承担专门技术开发工作的能力。学位论文理论性、系统性较强,内容专一,阐述详细,具有一定的独创性,是一种重要的文献信息源。

8.1.2 学位论文写作意义

1. 有助于提升科研能力

在撰写学位论文的过程中,学生搜集文献、管理文献、阅读文献、综述文献的能力得以提升,有助于学生将所学专业知识进行整合和深化,从而加深对专业领域的理解和认识。同时,这一过程要求学生独立进行深入研究,从而培养了学生独立思考、解决问题和批判性思维能力,使其掌握了科学研究的基本方法。

2. 有助于培养创新能力

学位论文撰写是学生发现问题、分析问题、解决问题的过程。这一过程要求学生提出新的观点、理论或方法,有助于培养学生的创新意识和创新能力。通过论文写作,学生能够学会运用所学知识解决实际问题,从而推动学科领域的发展。

3.有助于养成学术规范

学位论文写作过程中,学生需要遵循学术规范和道德准则,如引用他人成果时需注明出处、避免抄袭等。这有助于学生养成良好的学术规范和学术道德。

8.2　学位论文选题

8.2.1　选题原则

科研工作人员在面对纷繁复杂的科学和技术问题时,如何正确地选择适合自己能力和条件的研究课题显得尤为重要。虽然在这方面没有固定的模式可循,但一般来说,必须遵循以下几条基本原则。

1.必要性和可行性原则

必要性是指选题应该是必要的,而不是重复的、可有可无的。一般来说,凡是与国民经济和社会发展需求相吻合的、与学科发展需求相一致的新选题都是必要的。现实中必要且有价值的课题很多,但由于人力、物力和财力的限制,不可能将所有课题都列入研究计划,因此就涉及"可行性"的问题。对于既定的课题而言,如果研究者、团队或机构已经具备研究的条件,或者通过努力可以创造研究的条件,则认为这样的选题是可行的,才能确保所选课题不会因自身能力和条件的限制而发生夭折。在选择课题时,其必要性反映了社会的客观需求,而可行性则反映了研究者的主观条件。

2.科学性原则

课题选择要以科学思想为指导,从客观实际出发,以事实和理论为基础,选择合乎科学道理、客观规律的课题,避免选择违反科学原理的课题。科研设计必须科学、符合逻辑。

3.创新性原则

创新性是科学研究的灵魂,要选择别人尚未提出过或者没有研究透的问题,开拓别人尚未涉足或深入研究过的领域,使选题具有先进性和新颖性。创新性体现为理论方面的创新见解、应用方面的创新技术、研究方法方面的创新突破。

8.2.2　选题方法

1.文献分析法

文献分析法是研究者通过系统回顾和分析已有的研究文献,识别某一领域中的研究趋势、热点问题、未解决的难题和研究空白的研究方法。这种方法要求研究者对文献进行全面的阅读,并且需要具备一定的学术敏感性,能够识别文献中的争议点或未解决的问题。文献分析法适用于大多数学术领域,尤其是基础性研究和理论构建。

2. 比较研究法

比较研究法通过对比不同地区、国家或不同研究对象之间的差异,提出新的研究课题。这种方法不仅可以揭示现象之间的异同,还能为研究者提供全球化或跨领域的视角。这种方法常用于社会科学、政治学、经济学等领域的研究,通过对比分析揭示出研究对象背后深层次的社会、文化或政策原因。

3. 实践观察法

实践观察法通过对日常生活或工作中的实际问题进行观察和记录,发现研究课题。这种方法常见于社会科学、教育学、管理学和其他与实际应用相关的学科。在观察过程中,研究者需要敏锐地抓住现象中的问题,并通过分析这些问题来确定其是否具备学术研究的价值。

4. 跨学科研究法

跨学科研究法结合两个或多个学科的知识、理论或方法,提出创新性的研究课题。这种方法特别适合那些研究领域边界模糊或需要不同学科协同解决复杂问题的课题,如人工智能、数据科学与教育学的结合,或者医学与社会学的结合。

5. 热点追踪法

热点追踪法通过密切关注学术领域中的前沿热点、新闻或社会问题,寻找具有影响力和前瞻性的研究课题。这种方法能够确保研究者所选课题的时效性和相关性,并能有效地回应当前的社会需求或学术趋势。

8.2.3　选题注意事项

1. 大小要适中

论题的大小应与论文的篇幅相称,与论文的学术要求、研究层次相适应。若题目定得太宽、太大,则涉及面太广、太分散,不容易把握全局,也不可能做深入细致的分析,写起来往往是泛泛而谈,难以说深讲透,写出的文章显得肤浅。题目细而小,考验研究者的功夫和底蕴。最简单的办法是从空间和时间两个角度去限定一个议题,例如不要笼统地说"中国",可以具体到中国的某一个地区或某一特定时段。

2. 应扬长避短

任何成果的取得都是理论与实践相结合的结果,是知识和经验不断积累的结果,因此确定论文选题要尽可能与自己的专业背景、知识结构、所从事的工作和个人兴趣联系起来考虑。要热爱和立足于自己的研究方向,发挥自己的业务专长,这样研究起来才会有实践基础,才有热情,才能体会深刻,更容易将论文写好。

3. 多与导师沟通

一般而言,初学者自己很难完全把握课题的创新性和可行性,而导师是学术或技术方面的资深者,也是科研道路上的引路人。他们在长期的科研工作中积累了丰富的经验,就如学术海洋中稳固而长明的灯塔一样,在科研探索的漫漫长夜里,指引着初学者不断前行。

8.3　开题报告的撰写

8.3.1　开题报告概述

毕业论文的撰写必须通过开题报告这个环节,如果开题报告未通过,那么就不允许撰写毕业论文。开题报告是毕业生在完成文献调研后写成的关于学位论文选题及实施方案的论述性报告。

开题报告的实质是向导师汇报自己的课题准备情况,同时让导师就自己的研究思路给予评论和提出建议,从而达到进一步明确研究目标、厘清研究思路,以及在文献梳理和研究方法方面获得更多指导的目的。在这个任务目标的引导下,开题报告应该就选题依据、研究目标、研究内容、研究方法、技术路线、可行性等方面进行全面、深入的介绍说明。

写开题报告的目的,就是请指导老师、评审老师和专家们帮忙判断自己所研究的选题有没有价值,研究方法是否奏效,论证逻辑有没有明显缺陷。

8.3.2　撰写开题报告

1. 论文题名

论文题名就是选题的名字,要符合以下要求:第一,题名要准确。准确就是论文题名要把论文研究的问题是什么、研究的对象是什么交代清楚,论文题名一定要和研究的内容相一致,不能过于宽泛,也不能过于局限,要准确地把研究的对象、问题概括出来。第二,题名要简洁。论文题名应尽量精简、不能太长,一般不要超过20个字。

2. 研究目的及意义(研究背景)

研究目的及意义就是对研究背景的说明,即为什么要研究这个问题以及研究它有什么价值。研究背景需提出问题,阐述研究该选题的原因。一般可以先从现实需要方面去论述,指出现实当中存在这个问题,需要去研究和解决,本论文的研究有什么实际作用等。之后,再说明论文的理论和学术价值,即现实背景与理论背景。

3. 研究现状及发展趋势(文献综述)

文献综述基于作者所收集的与论文主题相关的文献资料,对该研究领域的研究历史、现状、发展前景等内容进行综合分析、归纳整理和评论,并提出自己的见解和研究思路。

文献综述要求作者既要对所查阅资料的主要观点进行综合整理、陈述,还要根据自己的理解和认识,对综合整理后的文献进行专门的、全面的、深入的、系统的论述和相应的评价,并能从中分析总结出前人研究的不足和问题。也就是说,文献综述必须对前人的有关研究进行全面而系统的回顾和分析。

4. 论文写作目标

论文写作的目标就是论文最后要达到的具体目的,要解决哪些具体问题就是本论文研究要达到的预定目标。确定目标时要紧扣主题,用词要准确、精练、明了。撰写写作目标时注意目标不要定得过高,一方面要考虑论文本身的要求,另一方面要考虑实际的工作条件与工作水平,否则对预定的目标无法展开可行的研究。

5. 基本内容

研究的内容要具体、明确,主要包括限定选题范围,指定研究对象,阐释基本概念,说明创新点、拟解决的关键问题等内容,编列论文大纲,简述论点论据,提出预期结论、重点难点问题等。

6. 研究方法

课题研究的方法很多,包括观察法、问卷调查法、实验法、经验总结法、实证分析法、比较研究法、理论研究法、文献资料法等。一个大的课题往往需要采用多种研究方法,小的课题可以主要采用一种方法,同时兼用其他方法。

7. 研究步骤和进度

整个研究在时间及顺序上的安排要分阶段进行,对每一阶段的起止时间、相应的研究内容及成果均要有明确的规定,阶段之间不能间断,以保证研究进程的连续性。要写出研究和写作的具体阶段,每个阶段从什么时间开始至什么时间结束都要有详细的安排。

8. 主要参考文献

在开题报告中要列举已经找到的文献资料,这是让开题答辩委员和指导老师了解目前学生所掌握的材料是否得当、是否前沿和是否充分的重要依据。

8.4　学位论文基本结构与内容

8.4.1　前置部分

1. 标题

标题又称题目或题名。标题是以最恰当、最简明的词语反映论文中最重要的特定内容的逻辑组合。标题的主要目的有两个方面：一是吸引可能的读者，二是协助检索。因此标题中一定要包含一些关键词。确定标题的最佳时刻是在论文正文已经完成之后，这时标题最能准确清晰地反映文章的内容和重点。最佳论文标题是用最少的必要术语准确描述论文的内容，撰写标题总体应满足 ABC 原则：accuracy（准确）、brevity（简洁）和 clarity（清楚）。

2. 摘要

摘要也称内容提要，就是用简明的语言摘录出与论文等价的主要信息，并具有独立性和自明性的短文。摘要部分的写作内容一般应包括以下几个方面。

（1）目的：首先用一句话引出为什么做这个研究。

（2）方法：简要介绍采用了哪些研究方法。

（3）结果：直截了当地说出最重要的结果。

（4）结论：重点讨论了一个什么现象。

摘要是全文的高度浓缩，应具有独立性、全息性、简明性和客观性，确保准确、简洁而充分地表述论文的主要目的、方法及取得的主要结果及意义。摘要只是文字描述，不加评论和注释，不引用文献，不要过分抽象或空洞无物，不用图表，尽可能不用数学公式和化学结构式。

3. 关键词

关键词是摘要内容的浓缩，反映文章最重要的词、词组和短语，一般选用 3～6 个。关键词要反映论文所研究和讨论的重点内容，关键词表达的内容要比标题内容更具体详细。关键词十分重要，读者可以通过对关键词的检索与解读，初步判断论文的技术范围。

选取关键词时应注意代表性、通用性和序贯性。关键词可从研究的对象、性质和采取的方法中选取，一般可从论文的题目、摘要、小标题和结论中遴选，如无法组配，则可选用最直接的上位主题词。注意关键词不要全部从论文的标题中选取。

8.4.2　主体部分

1. 绪论

绪论主要是交代课题的来龙去脉,引出所研究的科学问题;突出研究的贡献和创新,引起读者的阅读兴趣。绪论部分的写作内容一般应包括以下三个部分:

(1)研究背景和意义,说明为什么要选择这个课题进行研究,强调研究该课题的重要性。

(2)国内外研究现状,回顾国内外相关领域的研究进展,有哪些已知的知识,指出已有研究的局限性或不足。

(3)研究的学术价值,说明本研究在理论上的贡献及在实际应用中的价值,明确指出研究的独特之处或创新点,如新理论、新方法、新视角或新发现。

2. 材料与方法

材料与方法的核心要求在于确保实验的可重复性与透明度,这部分的主要内容包括实验对象、实验材料和实验设备、实验过程(给出足够的细节信息,以便同行能够重复实验)以及结果的统计处理。

3. 结果

结果是一篇论文的核心,是表达作者思想观点最重要的部分,总的要求是必须实事求是,客观、准确地用说明性材料(图和表)描述主要成果或者发现。图和表通常出现在结果部分,因为它们比文字更具有直观性,且简单明了,避免冗长的文字叙述。

这一部分要求言简意赅,对实验或观察结果的表达要高度概括,并要客观地评价,不能简单地将实验记录数据或观察事实堆砌到论文中。

4. 结论

结论部分是对整个课题研究的总结,是最终的、总体的结论,不是正文中各段小结的简单重复。结论部分的写作要求是:措辞严谨,逻辑严密;明确具体,简洁精练。

作者应从更高层面来梳理和解读研究结果,并提出研究贡献。结论部分的写作内容一般包括以下几个方面:

(1)说明什么问题? 对研究结果进行概括、解释和推测。

(2)解决什么问题? 对前人研究的修正、补充和发展,强调研究的重要性和创新点。

(3)得出什么规律? 提炼原理,揭示关联,进行归纳。

(4)存在什么不足? 指出研究存在的不足之处,明确遗留的问题或下一步研究方向。

8.4.3　后置部分

1. 参考文献

在学位论文中,凡是引用前人(包括作者自己)已发表的文献中的观点、数据和材料等,都要对它们在文中出现的地方予以标明,并在文末列出参考文献。原则上,除了教科书公认的方程和表达式外,都要标明出处,并提供完整的文献信息。作者向刊物投稿时,参考文献的著录格式要遵循规范的要求,具体参见《信息与文献 参考文献著录规则》(GB/T 7714—2015)中的规定。下面介绍几种主要的文献著录格式。

(1)专著:[序号]著者.书名[M].出版地:出版社,出版年份:起止页码.

示例:[1]毕桂发.毛泽东读唐诗[M].北京:中国文史出版社,2024:7-10.

(2)期刊:[序号]作者.题名[J].刊名,年,卷(期):起止页码.

示例:[2]屈家亮,柳惠平,张佑红.纳豆激酶研究进展[J].武汉工程大学学报,2024,46(05):527-533.

(3)专利:[序号]专利申请者或所有者.专利题名:专利号[P].公告日期或公开日期.

示例:[3]武汉工程大学.一种熔融结晶分离装置:202411316700.1[P].2024-11-08.

(4)标准:[序号]主要责任者.标准名称:标准编号[S].出版地:出版社,出版年份.

示例:[4]国家市场监督管理总局,国家标准化管理委员会.机动车安全技术检验项目和方法:GB 38900—2020[S].北京:中国标准出版社,2020.

(5)学位论文:[序号]作者.篇名[D].出版地:保存者,出版年份:起止页码.

示例:[5]郝建新.不同衬底上金刚石的生长及性能研究[D].武汉:武汉工程大学,2022:11-18.

引用参考文献时应注意:

(1)确保亲自阅读过所引文献,最好引用原始文献,不要二次引用。

(2)所选用文献的主题必须与论文密切相关,尽量不要遗漏重要参考文献。

(3)优先引用最新发表的同等重要的论文。

(4)确保文献各著录项(作者姓名、论文题目、期刊或专著名等)正确无误。

2. 附录

附录是学位论文主体的补充,并不是必需的。

3. 致谢

在学位论文末以简短的语言向为研究工作或论文写作给予资助或帮助的组织或个人致以谢意,在表达时要恰如其分,要用真诚的语言表达自己的感激之情。

8.5　学术规范与学术不端

8.5.1　学术规范

1.学术规范的含义

所谓学术规范,是指学术共同体内形成的进行学术活动的基本规范,或者根据学术发展规律制定的有关学术活动的基本准则。其核心要求包括:尊重知识产权与学术伦理,杜绝抄袭剽窃行为;在充分理解与尊重已有学术成果的基础上,通过规范的引证、注释等方式明确说明引用来源,从而实现基于前人研究的学术创新。学术规范体现在学术实践活动的全过程,并由学术道德规范、学术法律规范、学术技术规范三个基本部分组成。

2.学术规范的内容

1)学术道德规范

学术道德规范是研究人员、教师和学生在科学研究活动中的心理意识和行为活动的总和,是依靠社会舆论、传统习惯和人们内心信念所维系的,并以善恶进行评价的规范。学术道德规范是以一定的要求,调节和影响学术活动中人的思想行为的规范的总和。

2)学术法律规范

学术法律规范是指学术活动中必须遵循的国家法律法规的要求。我国目前尚未制定专门的法律来规范人们的学术活动,与学术活动有关的规范主要分散在《中华人民共和国民法典》《中华人民共和国著作权法》《中华人民共和国专利法》《中华人民共和国保守国家秘密法》《中华人民共和国统计法》以及《出版管理条例》等法律法规中。

3)学术技术规范

学术技术规范是指以技术要求的形式,调整学术活动中人与科学技术关系的规范的总和,主要指在以学术论文、著作为主要形式的学术创作中所必须遵守的有关内容及形式规则的要求,包括国内外有关文献编写与出版的标准、法规文件等。

8.5.2　学术不端

学术不端是学术行为主体在学术活动中,有意违反学术共同体一致认同的学术规范,损害他人或组织的知识产权等合法权益的行为。2016 年 6 月 16 日,教育部颁布《高等学校预防与处理学术不端行为办法》,明确了以下几种学术不端行为:

(1)剽窃、抄袭、侵占他人学术成果;

(2)篡改他人研究成果;

（3）伪造科研数据、资料、文献、注释，或者捏造事实、编造虚假研究成果；

（4）未参加研究或创作而在研究成果、学术论文上署名，未经他人许可而不当使用他人署名，虚构合作者共同署名，或者多人共同完成研究而在成果中未注明他人工作、贡献；

（5）在申报课题、成果、奖励和职务评审评定、申请学位等过程中提供虚假学术信息；

（6）买卖论文、由他人代写或者为他人代写论文；

（7）其他根据高等学校或者有关学术组织、相关科研管理机构制定的规则，属于学术不端的行为。

8.6 投稿指南

8.6.1 投稿前的准备

1.论文水平自我评估

投稿前对论文的水平或价值（理论价值与实用价值）做出客观、正确的评估，是一个重要而困难的工作过程。评估的标准是论文的贡献或价值大小以及写作水平的高低。作者可采用仔细阅读、与同行讨论、论文信息量评估等办法进行评估。其中信息量的评估维度应涵盖真实性、创造性、重要性、学术性、科学性和研究深度。评估的重点在于论文是否提出了新观点、发现了新材料和运用了新方法。

就理论价值评估而言，重点考察作者在构造新的科学理论、利用最新理论研究结果的过程中，是否在理论研究上开辟了新领域、有突破或创见。

2.投稿价值

论文定稿后，面临如何选择投稿期刊的问题。选择目标期刊总的原则是：在保证尽快发表的前提下，综合考虑各种因素，获得较大的投稿价值。所谓投稿价值，是指论文发表所产生影响的总和。最高的投稿价值可概括为：论文能够以最快的速度发表在所属领域的最高水平刊物上；能最大限度地为需要的读者所检索到或看到；能在最广泛的时空内传播交流。这是投稿时追求的最高目标。

8.6.2 拟投期刊的遴选

1.拟投期刊的遴选方法

面对种类繁多的学术期刊，投稿者在选择、确定投稿期刊时，常有无从着手之困惑。当文稿的主题或中心内容确立后，可从期刊报道的范围、期刊的学术地位、期刊同类论文的现有水平、期刊的投稿须知等几个角度选择适宜期刊。

2.投稿期刊的选择评价工具

在保证论文水平的基础上,向国外期刊投稿时应尽量选择 SCI、EI 等检索系统收录的国外期刊,本学科的国外核心期刊,影响因子高的国外期刊。向国内期刊投稿时应尽量选择本学科的国内核心期刊等。选择投稿期刊时,可利用图书情报界对期刊的研究结果;运用计算机进行检索与统计;参考有关期刊评价与报道目录;阅读期刊的作者须知等。

1)《期刊引用报告》

《期刊引用报告》(*Journal Citation Reports*,JCR)由美国科学情报研究所(ISI)出版,是对世界权威期刊进行系统客观评价的有效工具。JCR 对 SCI 收录的期刊进行论文间的引用和被引用数据统计,计算出每种期刊的影响因子等参数并加以报道,对所收录期刊的学术水平、影响力等进行评价。在 SCI 数据库中选择 JCR 产品,在菜单栏中输入关键词就能检索出相关期刊,并且可以查看期刊的审稿周期、影响因子等信息。

2)LetPub

LetPub(https://www.letpub.com.cn)基本涵盖了所有学科领域,其期刊资源按专业类别分类,用户可根据研究领域在相应学科分类中查找目标期刊。网站提供包括审稿周期、JCR 分区、影响因子及投稿成功率等在内的详细期刊数据,能有效协助研究者找到合适的投稿期刊。

3)《中文核心期刊要目总览》

《中文核心期刊要目总览》(2023 年版)于 2024 年由北京大学出版社出版。该版本共收录有七大编 74 个学科类目的 1987 种刊物,具有较高的学术水平和使用价值,是图书情报机构进行期刊采购以及读者导读等的重要参考工具。

8.6.3 回复审稿意见

编辑部将审稿意见反馈给我们,并要求我们按照意见修改论文,这表明我们的投稿有望被录用。这是一个积极的信号,因此,我们必须认真对待每一条审稿意见,仔细修改论文,并给出令审稿人满意的回复。

1.按时完成修改任务

编辑部一般会根据审稿意见的内容判断需要修改的工作量,提出一个基本可行的修改期限。我们应在规定时间内完成稿件修改,并将修改稿及时提交给责任编辑。

2.逐条回应审稿意见

对审稿意见必须保持尊重的态度,逐条进行有针对性的回应,回复内容既要合情合理,又要保持专业自信,做到不卑不亢。

3. 为自己辩护

当审稿专家对某些专业内容存在理解偏差时，我们应当基于学术依据，通过正式渠道与编辑部进行专业沟通，对重要的学术观点和研究方法进行合理辩护，确保研究价值得到客观评价。

8.6.4　网上投稿示例

通常情况下，每个期刊都有其特定的投稿渠道。部分期刊设有官方网站，可直接通过官网投稿；而未建立官网的期刊，则需要通过电子邮件或电话等方式进行投稿。在确定目标期刊后，通常都能找到该刊的具体投稿要求。以 SCI 期刊为例，一般都会提供"Guide for Authors"等投稿指南，其中会详细说明投稿流程、格式要求及其他注意事项。

1. 中文期刊在线投稿

目前，越来越多的期刊采用在线投稿系统。进行网上投稿时，需要登录期刊的官方网站。例如，要向《现代化工》期刊投稿，首先进入其官网主页（https://www.xdhg.com.cn)，仔细阅读"关于本刊""投稿须知"等栏目的内容，完成注册后即可在线投稿，并可实时查看稿件状态等详细信息，如图 8-1 所示。

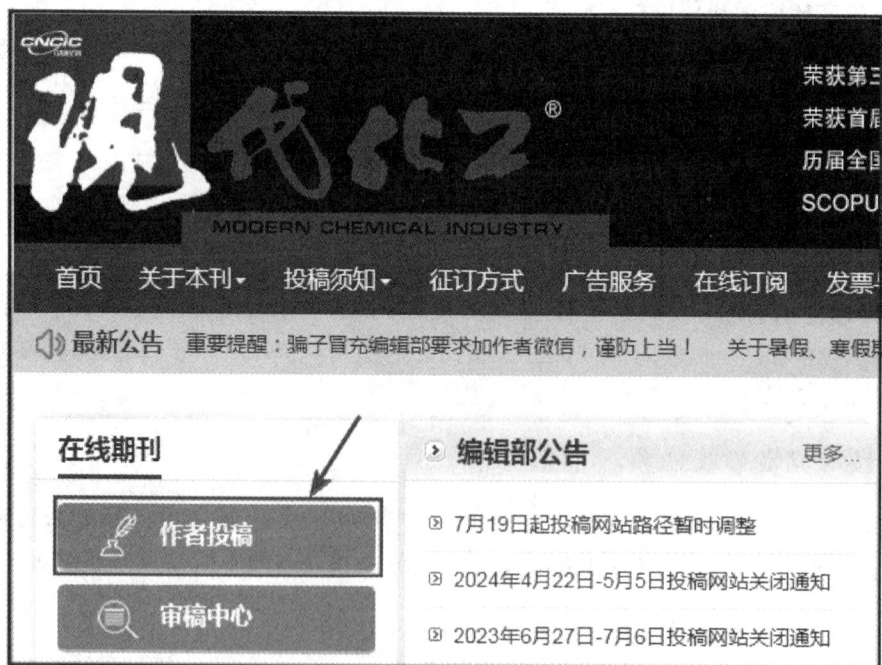

图 8-1　《现代化工》官网主页

2. 国外期刊在线投稿

下面以国外期刊 *Journal of Molecular Catalysis A : Chemical* 为例进行说明。首先进入期刊网站（http://ees. elsevier. com/molcaa/），点击"guide for authors"，查看作者须知，了解期刊的投稿要求，如图 8-2 所示。

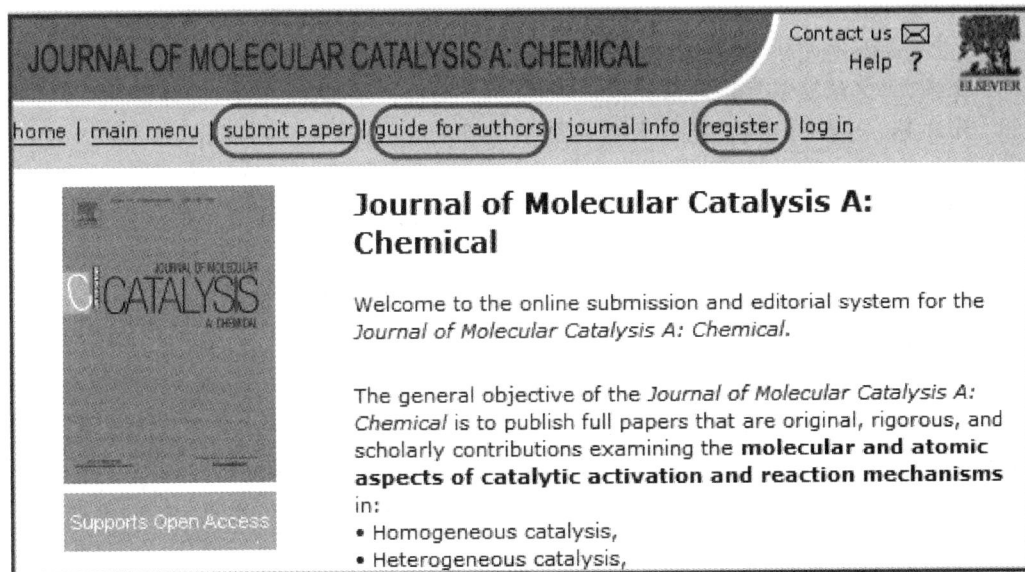

图 8-2　*Journal of Molecular Catalysis A : Chemical* 主页

接着，点击"submit paper"进入网上投稿平台，根据网站提示完成稿件提交，投稿成功后编辑部会发邮件给作者确认。

投稿后，作者可登录网站实时查询稿件处理进度，具体操作流程为：登录"Author Gateway"投稿系统，在"Author login"界面输入注册时设置的用户名和密码，完成身份验证后，进入"online submissions"栏目即可查看当前稿件的处理状态，点击"show"按钮则可查阅论文的详细信息。

参考文献

［1］ 张素萍.文献检索与信息素养教育研究［M］.延吉:延边大学出版社,2023.

［2］ 秦小燕,初景利.科学数据素养内涵结构研究［J］.图书情报工作,2019,63(18): 30-39.

［3］ 袁红军,袁一帆."双一流"高校图书馆信息素养教育现状调查与分析［J］.图书馆学 研究,2020(19):20-28＋35.

［4］ 陈晓红,高凡.近五年国内外信息素养教育研究进展及展望［J］.图书情报工作, 2018,62(10):136-142.

［5］ 蔡迎春,张静蓓,虞晨琳,等.数智时代的人工智能素养:内涵、框架与实施路径［J］. 中国图书馆学报,2024,50(04):71-84.

［6］ 樊瑜,吴少杰.信息检索与文献管理［M］.武汉:华中科技大学出版社,2021.

［7］ 刘哲,孙囡妮,杨扬.信息资源检索与毕业论文写作［M］.北京:中国商业出版 社,2020.

［8］ 周建芳.信息素养与信息检索［M］.4版.北京:科学出版社,2024.

［9］ 孙英伟.专利知识一书通［M］.北京:知识产权出版社,2021.

［10］ 杨帆.专利检索:从入门到精通［M］.北京:知识产权出版社,2021.

［11］ 王小兵.企业知识产权管理操作实务与法律风险防范［M］.2版.北京:中国法制出 版社,2022.

［12］ 魏保志.专利检索之道［M］.北京:知识产权出版社,2019.

［13］ 马天旗,赵星,欧阳石文.专利有效性检索［M］.北京:知识产权出版社,2021.

［14］ 邱均平,沙勇忠.信息资源管理学［M］.北京:科学出版社,2011.

［15］ 陈有富.网络信息资源的评价与检索［M］.郑州:河南人民出版社,2018.

［16］ 黄如花.数字信息资源开放存取［M］.武汉:武汉大学出版社,2023.

［17］ 蔡迎春,张静蓓,虞晨琳.数智时代的人工智能素养:内涵、框架与实施路径［J］.中 国图书馆学报,2024,50(04):71-84.

［18］ 崔宇红,赵锦涛,张欢.基于生成式人工智能的学术搜索平台评价研究［J/OL］.图 书馆杂志,1-14［2025-04-01］.http://kns.cnki.net/kcms/detail/31.1108.G2. 20241230.1419.002.html.

［19］ 陈光.DeepSeek全攻略:人人需要的AI通识课［M］.北京:电子工业出版社,2025.

［20］ 袁曦临,宋歌.信息素养与科研训练［M］.南京:东南大学出版社,2023.

［21］ 蒋媛媛,李雪增.财经专业本科毕业论文写作［M］.北京:对外经济贸易大学出版 社,2023.